Schattenlicht

Matern Feuerbachers
abenteuerliches Leben im Bauernkrieg um 1525
Erzählung

Hanns-Otto Oechsle
Oberstenfeld 2013

Impressum

Alle Rechte beim Autor.
© 2013 Hanns-Otto Oechsle, 71720 Oberstenfeld
Satz:
Hanns-Otto Oechsle, Oberstenfeld
Layout:
Typographie-Studio E. Kircher, 71717 Beilstein
Zeichnungen und Fotos:
Hanns-Otto Oechsle, Oberstenfeld

Herstellung und Verlag:
Books on Demand GmbH, Norderstedt
ISBN: 978-3-7322-8978-3
Printed in Germany

Widmung

**Für meine Enkel
Alma, Rosa, Oscar, Elena und
Luis**

Ohne Wurzeln bleibt nur
ein Schatten.

Schattenlicht

Matern Feuerbachers
abenteuerliches Leben im Bauernkrieg um 1525
Erzählung

Hanns-Otto Oechsle

Inhalt

Inhalt

Vorwort

Grundlegende Veränderungen prägten die Epoche um 1500.
Christoph Columbus aus Genua entdeckte für die spanische Krone Amerika
und wandelte damit die Erdscheibe der Kirche
in die Kugel der Neuzeit.
Viele Denker bezweifelten gerade sowieso die Gerechtigkeit des ganzen Systems.
Von diesem Geist erfüllt deckte der strenggläubige Theologe
Martin Luther Fehler der Kirche auf und befreite damit viele Anhänger
aus ihrer Unmündigkeit.
Bezog sich seine Schrift über „Die Freiheit des Christenmenschen"
wirklich nur auf die Freiheit des Glaubens oder war er erschrocken darüber,
dass diese Ideen so vielen unterdrückten Bauern Grund
zum Aufruhr gaben?
Genau aus dieser Umbruchzeit berichtet diese Erzählung, von der Unterdrückung
der Bauern und ihrem Versuch unter dem Großbottwarer Wirt
und Bauernführer Matern Feuerbacher im Bauernkrieg 1525 bessere
Lebensbedingungen zu erreichen.
Hatte Feuerbachers Idee, eher durch Verhandlungen als durch Gewalt mehr
Gerechtigkeit zu erreichen, überhaupt eine Chance?
Die handelnden Personen sind weitgehend frei erfunden, da von kleinen Leuten
nichts überliefert ist. Nur von Feuerbacher, dem Bauernführer
wider Willen, gibt es kurze, bekannte Lebensabschnitte. Sie habe ich in meine
Erzählung eingearbeitet, Lücken ausgefüllt und so das Ganze
zu einem fiktiven Leben zusammengefügt.
Mein Ziel war es, ein Buch zu schreiben, das gut und interessant
zu lesen ist und ganz nebenbei für die Geschichte unserer Heimat Interesse
weckt.
So muss es nicht, aber so könnte es gewesen sein.

Viel Spaß beim Lesen.

Hanns-Otto Oechsle
Oberstenfeld im November 2013

Kapitel 1

Mühle an der Bottwar um 1524

„Weg da, ihr Bauernpack!" hörten die wartenden Bauern eine gefürchtete Stimme, die noch vom Knallen einer Peitsche und dem schmerzvollen Aufschrei getroffener Menschen übertönt wurde. Seit Stunden warteten Bottwartaler Bauern geduldig vor der Mühle auf den dicken Müller, der sich am Morgen gerne Zeit ließ. Gut, es war erst kurz nach Tagesanbruch, die Sonne zeigte sich noch nicht hinter dem Lichtenberg. Zu früh für den Müller, der hier das Sagen hatte, zu spät für die Bauern, die das ganze Tageslicht nutzen mussten, um ihre kinderreichen Familien über die Runden zu bringen.

Doch plötzlich, wie aus heiterem Himmel, war der brutale Verwalter ihres Freiherren über sie gekommen. Er bahnte sich mit Gewalt eine Schneise durch die wartenden Bauern, die mit wenigen Säcken ihrer kläglichen Ernte anstanden, um etwas Mehl oder ein paar Taler für wichtige Dinge wie Schuhe oder Kleidung einzutauschen. Manche trugen nur einen Sack über der Schulter, andere hatten einen Handkarren beladen und warteten bis der Müller ausgeschlafen hatte und das schon lange und seit einer Stunde sogar im Regen.

Gerade war der gefürchtete Verwalter mit einem gut gefüllten Wagen auch noch dazugekommen. Anstehen und warten konnte der natürlich nicht, das war noch nie seine Stärke gewesen. Er schlug so lange um sich, bis sein Wagen an erster Stelle stand. Eigentlich wäre diese Brutalität nicht nötig gewesen, denn alle Wartenden kannten ihn, fürchteten ihn und versuchten ihm überall aus dem Weg zu gehen. Alle wussten, dass ihm das Schlagen, das Quälen und das Auskosten seiner Macht in allen Dingen Spaß machte. Der Grätzer, früher ein Nichts, ein Häuslerkind, hatte sich mit Buckeln und Spionieren hochgedient und war nun seit zwei Jahren Verwalter des Gutes oben auf dem Berg und damit an einer Stelle, an der er all die Demütigungen der Bauern, die er in seiner Jugend erfahren musste, Schuldigen und Unschuldigen zurückzahlen konnte.

Die Bauern von Oberstenfeld, seit jeher fronpflichtig, hatten unter seiner Knute überall zu leiden, ob hier bei der Mühle, oben auf den Feldern oder in den Weinbergen. Zwei beliebige Wochentage waren Pflicht, natürlich wurden dann die Bauern an den besten Tagen zur Fron gezwungen, immer an den schönen Tagen. Wann konnten sie ihre eigenen Grundstücke bewirtschaften? In den restlichen Wochentagen, auch bei Regen, aber natürlich nicht am

Sonntag, denn auch der Kirchgang war Pflicht, denn gläubige Bauern machten keinen Aufstand. Dabei musste das Essen vieler Bauernkinder, die Pacht und auch der Zehnte am Ende des Jahres sichergestellt sein.

Seit diesem Winter mussten die arbeitsfähigen Männer häufig noch am Samstagnachmittag im Wald fronen, Holz für die gierigen Burgöfen schlagen, spalten und zur Burg bringen oder Eichenstämme zum Sägen in die Sägmühle schaffen. Diese zusätzlichen Schikanen waren Grätzer im Winter eingefallen, da hatten die Bauern auf den Feldern nichts zu tun. Doch als die Arbeit in den Weinbergen möglich wurde, blieb die Waldfron weiterhin Pflicht. Wer wollte etwas dagegen unternehmen? Seitdem gärte es unter den Bauern. Alles hatten sie ohne Murren ertragen, doch die Brutalität des Verwalters, seine Vorliebe für hübsche Bauerntöchter und die neue zusätzliche Fron brachte das Fass beinahe zum Überlaufen. Überall wo sich einige Bauern trafen, steckten sie die Köpfe zusammen, murrten und überlegten einen Ausweg aus der schlimmen Lage. So am Morgen vor der Mühle. „Jetzt ist es genug", zischte ein junger Bursche ganz hinten in der Reihe, „Grätzer hat den Bogen überspannt!"

Überall um ihn herum war zustimmendes Gemurmel zu hören. Ein anderer meinte, dass man dem Verwalter die Peitsche abnehmen sollte und der nächste flüsterte schon: „Dem Schwein sollte man damit selbst eine überziehen, der kennt die Striemen noch nicht. Schaut mal meinen Rücken an. Er heilt seit Wochen nicht." Das gefiel aber den besonnenen Bauern nicht. „Was soll das bringen, Johann? Willst du im Burgverlies verrotten? Bist doch kaum zwanzig". „Da war ich schon und alle wissen, dass ich nur meine Schwester vor ihm gerettet habe, vor diesem Schwein", meinte der Angesprochene. „Völlig zu Unrecht saß ich wochenlang im Verließ, bis mich Feuerbacher ausgelöst hat. Aber schaut, die Schramme auf seiner Stirn ist mein Werk. Mich bringt niemand mehr lebendig in dieses Rattenloch, das könnt ihr mir glauben. Frei oder tot! Aber wenn wir zusammenstehen, hält uns niemand auf. Der Grätzer nicht und die paar Burgwächter auch nicht!"

Das ganze Gespräch war im Flüsterton ganz am Ende der wartenden Bauern geführt worden. Wer wollte wegen Aufruhr am Galgen baumeln? „Sei still Berner! Aufruhr hat noch nie jemand befreit," hörte man nun eine gewichtige Stimme. Alle erschraken bis ins Mark, Mithörer oder gar Spione konnten alle Umstehenden ins Verderben schicken. Von ganz hinten war ein etwas besser gekleideter Mann in den besten Jahren in den Kreis der Flüsternden getreten. Alle schauten erleichtert auf. Der würde sie nicht beim Baron anzeigen. Ein gerechter, aufrechter Mann war der Goßbottwarer Wirt, das stand für alle fest. Aber was wollte der Feuerbacher hier, der hatte doch gar keine Felder.

Gastwirt war er, hoch angesehen bei allen, sogar beim Baron und manchmal hatte seine Fürsprache beim Herrn, einem jugendlichen Heißsporn, die bittere Zeit im Kerker erspart. So hatte er vor ein paar Wochen auch Johann vom Hof mit dem Versprechen wieder aus dem Kerker geholt, ihn in Zukunft zu besänftigen. „Eben du, Johann, solltest dein keckes Mundwerk im Zaum halten. Beim nächsten Mal hängst du. Unser Freiherr ist kein Grätzer, er ist uns gnädig gesinnt und möchte Ruhe im Tal. Und du wiegelst mir die Bauern nicht auf, sonst…!"

Aber auch andere Bauern murrten und ein von der Peitsche getroffener zeigte blutige Striemen und rief: „Die heilen wieder, Matern, aber mein neues Hemd ist hin, mein einziges und ich wollte doch im Frühjahr heiraten. Das bezahlt er mir noch einmal, der Hund!" „Als wenn du bei deiner Marie das Hemd anlassen würdest, Konrad. Haut ist der lieber!" spottete sein Nachbar. „Sei still Brückner! Ein ganzer Monatslohn hat's mich gekostet und der zerfetzt es mit seiner Menschenpeitsche."

„Was ist da hinten los? Möchte sich einer von euch Tagedieben mit mir anlegen?" beendete das Brüllen des Verwalters augenblicklich das Flüstern. „Nichts was euch angeht, Grätzer," beruhigte Feuerbacher den Verursacher des Streites, weil er eine weitere Zuspitzung der Angelegenheit unbedingt verhindern wollte. Der Emporkömmling wollte nur die Bauern reizen, um seine Macht zu beweisen, denn wenn einer der Bauern sich mit Fäusten wehrte, er konnte noch so sehr im Recht sein, kam er ohne Urteil wegen Aufruhrs in das Gefängnis. Genau so war es ja auch Johann gegangen, der nur seine Schwester aus den lüsternen Klauen des Vogtes retten wollte. Damals bei Liese war er nur eine Minute zu spät gekommen. Das ärgerte ihn noch heute. Seit jener Stunde war das hübsche Mädchen wie vom Erdboden verschwunden.

„Sieh mal an, der berühmte Gastwirt, Retter von Witwen und Waisen und Beschützer von Mordbuben gibt uns die Ehre", spottete Grätzer. Feuerbacher ging auf diese Spitze nicht ein, flüsterte schnell Johann zu, dass er ihn gerne heute bei Dunkelheit in seiner Wirtschaft sehen würde. „Drehe deine Laterne drei mal gegen die Uhr und ich öffne", flüstert er und verdrückte sich schnell nach hinten und in die Büsche der Bottwar, die ihn sofort verbargen.

„Wo ist der Kerl hin?" möchte der Verwalter wissen. Keiner gibt Antwort, alle schauen auf den Boden. Den Feuerbacher würde kein rechter Bauer ans Messer liefern. Er bewahrte sie oft vor dem Schlimmsten.

Kapitel 2

Unter falschem Verdacht um 1510

Ein Fischreiher flog auf, strich über die Bottwarwiesen neben dem Mühlenstau und setzte sich auf einen Erlenast über dem künstlichen Teich. Die Sommersonne beschien seit vielen Stunden das Tal, erwärmte das Land und ließ nun am späten Nachmittag die Luft über den abgeschnittenen Feldern erzittern. Ein Plätschern war in der trägen Sommerlandschaft das einzige Geräusch, sicher auch die Ursache der Flucht des Reihers. Nun durchbrach noch ein Sirren die Stille, der Reiher krächzte auf und fiel mit einem letzten Aufbäumen ins Wasser. Der Pfeil hatte seinen langen, schlanken Hals durchbohrt.

„Ein hervorragender Schuss" lobte eine Jungenstimme, „brillant. So könnte ich nie schießen!" „Darfst du auch nicht. Jagen dürfen hier nur mein Vater, meine Brüder und ich," stellte eine zweite Stimme fest und gleichzeitig trat ein fast zu prunkvoll gekleideter junger Mann aus der Deckung des Ufergestrüpps. „Aber du könntest mir den Vogel herausfischen, wenn du schon im Wasser liegst". „Komm doch selbst rein. Ich kann das Schwimmen bei der Hitze nur empfehlen", lachte der Schwimmer.

• •

Historischer Hintergrund

Natürlich hatte die Unterdrückung der Leibeigenen nicht erst um die Reformationszeit begonnen, sie reichte viel weiter zurück. Wenn die Gewalten nicht geteilt sind, also der Regierende und der Richter eine Person waren, der dazu auch noch Gesetze erlassen konnte, lag es am Charakter dieses Alleinherrschers, wie er mit seinen Untertanen umging. Am schlimmsten, weil eigentlich keine Kontrolle da war, ging es den leibeigenen Bauern. Die Bürger der Städte hatten sich, da sie wichtige Steuerzahler waren, schon mehr Rechte ertrotzt. Übereifrige Vögte und Verwalter, kleine Adlige oder bürgerliche Emporkömmlinge, taten oft ein Übriges dazu, die Lage zu verschlimmern. Bürger, wie etwa Matern Feuerbacher, erkannten oft diese Ungerechtigkeit. Ein Erlebnis in seiner Jugend hatte ihn hellhörig gemacht und das Ansehen der Familie Feuerbacher beim örtlichen Adel gab ihm Schutz. Wenige Jahre vorher hatte Matern selbst diese Willkür der Obrigkeit erlebt. Das hatte sein weiteres Leben geprägt.

„Geht leider nicht. Mein Vater hat es streng verboten, nachdem vor wenigen Wochen der Junge des Ravensteiners beim Schwimmen in der Zaber entführt wurde. Du hast sicher davon gehört," erklärte der junge Adlige seine Zurückhaltung. „Ich entführe dich nicht. Mein Vater hat genügend Münder zu stopfen und Adlige wären nicht satt zu bekommen. Sie benötigten immer mehr und mehr. Das meint jedenfalls mein Vater", lachte der andere. „Eine lockere Zunge hast du, Bauernbub. Wie heißt du eigentlich?" Nun zögerte der mit der Antwort doch. Lief es wieder darauf hinaus, dass man still sein und kuschen musste? „Ich weiß nicht?"

Doch der junge Ritter hatte sich inzwischen auf einer umgefallen Weide bequem gemacht und lächelte. „Wo ist nun dein Mut? Mich kennst du sicher. Ich bin Rupprecht, ein Sohn des Burgherrn da oben. Und du Herr Namenlos?" „Matern, wenn's recht ist. Aber Bauer ist mein Vater nicht. Der hat es weiter, ja sogar bis zum Schultheißen gebracht." „Auch so eine moderne Marotte, sagt mein Vater immer. Die Bürger wollten sich nun selbst regieren und liegen sich nun im Stadtrat jede Woche in den Haaren."

Mit der Hand deutete er nun wieder auf den geschossenen Reiher: „Nachdem wir nun Höflichkeiten ausgetauscht haben, kannst du mir den Reiher herausgeben, oder bist du zu schwach dafür, Matern." Bald hatte er den triefenden Vogel in der Hand und zog den Pfeil heraus. Darauf kam es ihm an und nicht auf den Vogel, der bald danach wieder im Wasser landete. „Kann ich den haben?" fragte Matern. „Gerne, an dem ist kein guter Happen dran."

Matern stieg aus dem Wasser, zog seine verschlissenen Hosen an. „Holla!" meinte bewundernd der junge Adlige. „Muskeln habt ihr offensichtlich auch. Dabei heißt es immer ihr hättet nichts zu essen." „Gnädiger Junker," spottete Matern, „Muskeln kommen ganz selten vom Essen, eher vom Arbeiten und natürlich vom Schwimmen wie heute." „Stimmt, ich treibe auch lieber Sport, reiten, Bogen schießen, jagen. Fressen, sagt mein Vater, fressen lieben nur die Dummen," stimmte Rupprecht zu. „Hier hast du das gerupfte Vögelchen, aber lass dich nicht vom Schorrer erwischen, der kennt bei Wilderern keine Gnade."

„Danke, bei uns wird alles Fleisch verwertet und wenn es meine Mutter stundenlang zu einer Suppe kocht. Wir haben es nicht so üppig wie ihr Adligen, weißt du! Vielleicht sehen wir uns mal wieder?" „Sicher, wir sind ja noch jung. Es war interessant mit dir zu reden."

Noch im Wegreiten fuhr er fort: „Vor allem, weil du kein Blatt vor den Mund nimmst wie all die anderen Speichellecker, die um uns rumscharwenzeln. Nach vorne buckeln , nach unten treten und alle betrügen. Du kannst dir nicht vorstellen, wie ich diese Lügner verachte. Hier hast du den Vogel als Vesper oder Erinnerung!"

Elegant fing Matern die Beute auf und verschwand im Gebüsch. Natürlich wusste er genau was Wilderern blühte und er wäre nicht der erste, der auf der Flucht erschossen worden war. Oberjäger Schorrer meinte, dass dieser „kurze Prozess" zur Abschreckung weit besser wäre. Nicht weit entfernt hing sein Hemd an der Heugabel. Es nahm nun etwas unvollständig den Reiher auf, Schnabel und Beine hingen heraus.

„Wen haben wir denn da?", ertönte von vorn plötzlich eine Stimme. Matern erschrak heftig und dachte: Wenn man vom Teufel spricht … Der Teufel in Gestalt des Oberjägers versperrte ihm mit zwei Gehilfen an der engsten Stelle zwischen Bottwar und Mühlkanal den Durchgang. „Heinrich, schau mal was der junge Wirt in seinem Hemdchen trägt", spottete der Jäger. „Vielleicht gibt es beim Vater heute Abend Fasan in guter Rieslingssoße." Immer noch in Schreckstarre ließ Matern sich seine Last abnehmen. „Ja, was haben wir denn da, gut nicht gerade einen schmackhaften Fasan, aber einen zähen Reiher. Aber gewildert ist gewildert, oder hast du von unserem Baron das Jagdrecht erhalten?"

Trotzig sah Matern auf, fand endlich seine Sprache wieder und antwortete: „Gewildert habe ich nicht, das kannst du mir nicht anhängen, Schorrer. Ich renne auch nicht freiwillig davon wie der Wagner, damit du mich von hinten erschießen kannst. Hab ja gar keine Waffe dabei und von selbst flog der nicht in meinen Hemdensack." Doch Schorrer blieb unerbittlich, schließlich waren alle jungen Burschen im Tal erfahrene Wilderer. Eigentlich war er schon lange auf der Suche nach dem Abnehmer des ganzen gewilderten Rot- und Schwarzwildes und der vielen Hasen. Oft fand er nur noch die unbrauchbaren Reste der heimlich erschossenen Tiere. Irgendwo musste sie auch jemand zubereiten. Der Feuerbacher mit seinem Gasthaus in Großbottwar erschien ihm verwegen genug, um seinen Gästen gewilderten Braten vorzusetzen. Bürgermeister und Wilderer, zumindest Hehler! Eine interessante Verbindung!

„Packt ihn am Schlawittchen. Wir nehmen ihn mit zum Herrn. Er soll sehen wie weit diese neuen Demokraten gehen, schicken ihre Söhne zum Wildern und behaupten sie könnten in ihrer Stadt besser für Recht und Ordnung sorgen als der Adel. Lumpenpack!"

Matern wurde ein Strick um den Hals gelegt. Genau die Schlinge, die mir höchstwahrscheinlich auch das Leben rauben wird, dachte er, sagte aber nichts, denn er war ja unschuldig. Die wahre Geschichte würde ihm keiner dieser Herrenknechte glauben, vielleicht aber der Baron selbst oder wenn sein Sohn da wäre … Er war noch lange nicht am Ende, war doch sein Leben endlich erst richtig spannend geworden.

Wie gut, dass ihn sein Vater auf Vorschlag des Pfarrers in die Murrhardter Klosterschule geschickt hatte. Harte Jahre waren das für ihn gewesen und am Anfang hatte er viel geweint. Grund waren die Buchstaben und Zahlen und das Heimweh nach Großbottwar und seiner Familie. Allein war er, der einzige Bottwartäler, denn sein Freund Frieder hatte vom Vater nicht die Erlaubnis zum Lernen bekommen, obwohl er in der Sonntagschule beim Pfarrer sogar besser als er gewesen war. „Was soll ein Bauer mit Lesen und Schreiben anfangen?" war die Antwort seines Vaters gewesen. „Das setzt ihm nur Flausen in den Kopf. Er ist mein Ältester und wird den ganzen Weiler am Holz erben."

Das geht auch ohne Schreiben mit nur drei Kreuzen. So habe ich, sein Großvater und alle Vorfahren schon unterschrieben und es hat noch immer gegolten. Schluss damit, basta!" Nicht mal der Pfarrer und auch nicht der Bürgermeister Feuerbacher, dem ein Begleiter für seinen einzigen Sohn lieb gewesen wäre, konnte danach den sturen Bauern von seiner Meinung abbringen. Immerhin war der Holzweiler Bauer der einzige freie Bauer des Tales. Sein Urahne hätte den Herzog vor vielen Jahren einmal aus einer misslichen Lage befreit und seitdem hatten die stolzen Bauern dort draußen nicht nur die Freiheit, sondern sogar das Jagdrecht in dem Wald hoch über dem Neckar.

Matern hatte aber bald Freunde gefunden, denn er sog all die Neuigkeiten aus der Welt der Wissenschaft wie ein Schwamm auf , behielt sie gut im Gedächtnis und konnte oft etwas eigenes daraus entwickeln. Da fand er bald unter den Bürgersöhnen und reichen Handwerkersöhnen Bewunderer.

Auch die Mönche lobten ihn als besten Schüler. Wo waren alle Freunde hingekommen? Nur von Horner hatte er aus der Schweiz einen Brief erhalten. Sein Vater, Schiffsbauer und Zimmermann aus Heidelberg, hatte ihn nach der Schule noch auf die Walz geschickt. Von Meister zu Meister zog er. Dabei sei er in Zürich hängen geblieben, was seinem Vater sicher nicht gefiel. Aber Gottfried gefiel der Tochter des Meisters und deshalb blieb er in der Fremde.

Matern ärgerte sich, dass er diesen fast wertlosen Vogel mitgenommen hatte. Welchen Sinn hatte nun das ganze Studieren, wenn du noch heute oben am Galgen baumelst oder, wenn du Glück hast, langsam im Verließ von den Ratten gefressen wirst? dachte Matern und bemühte sich mit den Pferden Schritt zu halten, die seine Häscher kurz nach seiner Gefangennahme bestiegen hatten. Sie zogen ihn brutal am Hals gefesselt den steilen Weg zur Burg hoch. Zum Glück verdeckten inzwischen mächtige Gewitterwolken die Sonne und machten so den Aufstieg etwas einfacher, wenn auch der immer quälende Durst Matern beinahe die Sinne raubte. Und als endlich der schattige Burghof erreicht war, sank er fast ohne Bewusstsein um und blieb auf den harten Pflastersteinen liegen. „Wen bringt ihr da, ihr feigen Leuteschinder?" hörte Matern wie durch eine Nebel eine Stimme, freundlich und hell. Ein junges Mädchen?

„Wo bin ich angekommen?" dachte er und öffnete die Augen. Seine junge Retterin war in allen Belangen das genaue Gegenteil der Jäger. Eigentlich passte sie überhaupt nicht hierher in diese raue Männerwelt. Was ihn aber besonders verwunderte, war, dass eben diese Gewaltmenschen vor ihr kuschten und ganz zahm, ja richtig unterwürfig wurden. Ja sie konnte sogar befehlen: „Liegen lassen! Ich hole einen Krug Wasser und du Schorrer bist in kurzer Zeit mit einigen Decken da, aber schnell, sonst fällt mir ein, wo das verschwundene Reh von gestern gerade gegessen wird. Los!"

So etwas hatte der Wirtssohn noch nie erlebt: In so kurzer Zeit vom Sklaven in Stricken zum umsorgten Verletzten.

Und es kam noch besser, denn eben hörte man Pferdehufe in dem tunnelartigen Burgtor. Ein junger Mann mit einem großen verzierten Bogen ritt in den Innenhof. Die junge Retterin sprang mit lautem Jubeln zu dem Ankömmling, umhalste und begrüßte ihn so stürmisch, dass er zu Boden ging. „Bring mich nicht um, Gudrun, das kannst du mit deinem Liebsten in ein paar Jahren machen," lachte Rupprecht, denn kein anderer war eben nach Hause gekommen. „Hab keinen Liebsten, brauch auch keinen. Habe einen lieben Bruder, der mir helfen wird, diesen armen Jungen aus den Fängen der Jäger zu erretten," seufzte das junge Mädchen.

Da schaute sich der Sohn des Burgherren das Menschenbündel genauer an, das halb besinnungslos in der Ecke auf dem harten Pflaster lag. „Den kenne ich!" stellte er fest. „Hast du mir nicht erst vorhin den Reiher aus dem Mühlenteich gefischt?"

Matern hörte die bekannte Stimme, doch es gelang ihm nur mit Mühe den Kopf zu heben und zu stöhnen: „Genau das war mein Fehler, hoher Herr. Wir sind nicht mal das zähe Fleisch eines Reihers wert. Wilderei, Kopf ab!"

Entsetzt sah der junge Adlige die Furcht erregende Veränderung, die mit dem kecken jungen Bürgersohn vor sich gegangen war. Konnte er ihm irgendwie helfen? Doch in diesem Moment kam Schorrer mit einer schmutzigen, stinkenden Pferdedecke zurück und warf sie seinem Gefangenen hin.

„Die ist für Diebe und Wilderer für ihr letztes Stündchen gut genug," schrie er, „und sie wird dem verwöhnten Näschen des Fräuleins kaum gefallen. So hält sie den nötigen Abstand, was meinem Herrn sicher recht sein wird." Nun drehte er um und gab der Burgwache den Befehl, dieses Bürschchen ja nicht entwischen zu lassen. „Auch nicht wenn er sich durch die liebevolle Pflege des Fräuleins wieder aufrappelt. Ist das klar! Er wird heute noch baumeln und dieses Schauspiel wollt ihr euch doch nicht entgehen lassen, oder?"

„Baumeln macht Spaß", lachte der eine Wachtposten und der zweite stimmte ein: „So lang du es nicht selbst bist, Kunz." „Mich wundert nur, dass Schorrer den Wilderer nicht in die Kugeln springen ließ," meinte der erste Wächter. „Ich kenn den," erwiderte sein Kollege, „das ist der einzige Sohn vom Feuerbacher, unserem Schultheiß, der ist wohl mehr als eine Kugel wert."

Inzwischen kam Oberjäger Schorrer mit dem Freiherrn die Treppe herunter, schüttelte wegen seiner mildtätigen Tochter den Kopf, schickte sie sofort in die Kemenate zur Mutter und fuhr schroff seinen Sohn an: „Was stehst du herum, Rupprecht, und behinderst die Arbeit meines Oberjägers?" Endlich hatte er einen der Schurken erwischt, die im Trüben fischen.

Solche stahlen ihm täglich das beste Wild aus Wald und Flur. „Heute werde ich ein Exempel statuieren und ihn am höchsten Galgen aufknüpfen lassen, den Halunken," sagte er. „Das wird ein tolles Schauspiel," lachten die Wachen, „Nur schade, dass es schon so spät ist, Baron." „Morgen am Samstag kämen viel mehr Gaffer," meinte nun auch der Jäger.

„Du hast recht, Schorrer, mehr Gaffer, mehr Abschreckung. Morgen wird er gehängt und der Büttel soll es in meiner Stadt bekannt machen!" Der Baron schaute nun den Gefangenen genauer an: „Wie heißt du Bürschchen? Und steh auf, wenn ich mit dir rede!" „Feuerbacher, ihro Gnaden, Matern, aus Großbottwar."

Nun schien die Aufmerksamkeit des Burgherrn wirklich geweckt: „Doch nicht ein Sohn des Bürgerschultheißen Feuerbacher, der mir seit der völlig unnötigen Wahl ständig das Leben verbittert?" „Doch Vater, genau der einzige Sohn des Feuerbacher," warf sein Sohn ein. „Halte dich da raus, Rupprecht, du bist zu weich dafür".

„Aber Schorrer, wenn ich es genau bedenke, hängen wir ihn morgen nicht. Gut Ding will Weile haben. Vielleicht können wir den Vater zum Rücktritt bewegen und wieder einen eigenen Mann einsetzen. Gehängt ist einer schnell."

Warum hat Rupprecht mir nicht gleich geholfen und das Ganze richtig gestellt? dachte Matern und war nahe daran seinen neuen Bekannten in die Sorte ungerechte, selbstsüchtige Adlige einzuordnen.

Doch irgendwie passte dies nicht zu dem Eindruck, den er unten am Weiher machte. Wie er mit ihm gesprochen, gar nicht vom hohen Ross herab, wie er mit ihm sogar gescherzt hatte, das unterschied ihn doch wieder von den anderen Adligen, die Matern bisher kennen gelernt hatte. Mit solchen war der Wirtssohn auf der Klosterschule zusammengetroffen und von fast allen hatte er den Eindruck gewonnen, dass sie sich so viel besser fühlten, so abgehoben von seiner bürgerlichen Welt, nur bei Rupprecht und seiner Schwester hatte er gleich das Gefühl der Wahrhaftigkeit. Ihnen konnte man vom ersten Moment an vertrauen. Und nun das!

Wer nun denkt, den jungen Adligen hätte diese zweite Begegnung kalt gelassen, der kennt Rupprecht nicht und irrt sich gewaltig.

Seit er den Wirtssohn als hilfloses Bündel im Burghof gefunden hatte, arbeitete es in seinem Kopf unablässig. Genau das, was er befürchtet hatte, war eingetreten, Matern war vom Pech verfolgt, genau in die Fänge Schorrers geraten, des zwielichtigen Oberjägers seines Vaters, dem er alles nur nichts Redliches zutraute. Was hatte den am hellen Tag und so gar nicht zur Jagdzeit in die Bottwarauen getrieben? Hatte seine Schwester doch recht, die den Jäger selbst der heimlichen Wilderei verdächtigte? Verwunderlich wäre es nicht, denn dann wäre es auch verständlich, dass nach so langem Suchen nie ein Wilddieb gefasst werden konnte. Wer fängt sich schon selbst?

Er musste noch einmal mit seiner Schwester Hilda sprechen, denn sie meinte, etwas Verdächtiges gesehen zu haben. Er wollte dem armen Jungen wirklich helfen, aber wie? Das eigentliche Problem war allerdings damit nicht gelöst, denn er war entgegen des Auftrags seines Vaters, der ihn als Ernteaufseher auf das hintere Feld geschickt hatte, hinunter an die Bottwar geritten, um seinen neuen Bogen zu testen. Das war kein Problem, denn er konnte sich auf die Oberstenfelder Bauern und ihren Fronmeister verlassen. Diese hatten am Morgen nur einen Wunsch, nämlich möglichst schnell fertig zu werden, um unten im Tal bei gutem Wetter, auch ihre eigene Ernte einbringen zu könnten. Fronmeister Färber hatte ihm versichert, dass sie heute auf jeden Fall mit der Ernte fertig würden. Bald waren die letzten Garben aufgestellt. Dann würden sie hinunter können.

Beruhigt hatte er sie dann alleine weiterarbeiten lassen, weil sie ohne ständige Bewachung schneller arbeiteten. Sie konnten dann auch ihre Lieder singen, in denen die Adligen nicht gut wegkamen. Vor ein paar Tagen hatte der junge Herr sie beim Singen erwischt. Alle waren erschrocken und Färber hatte offensichtlich eine schlimme Strafe befürchtet. Doch Rupprecht, der schon aus der Klosterschule für Adlige die Probleme der leibeigenen Bauern kannte, hatte sich zu ihnen gesetzt und alle Strophen des Liedes hören wollen. Schnell waren einige Schranken gefallen und er erschien nun den armen Leuten in einem ganz anderen Licht. Alle sahen ihn sehr viel freundlicher an. War trotz der Standesunterschiede gegenseitige Achtung oder gar Freundschaft möglich? Seinem Vater gefiel das allerdings nicht. Der Vorfall musste ihm noch am Abend von irgend einem willfährigen Bauern zugetragen worden sein.

Er hatte ihn am nächsten Morgen zur Rede gestellt, ihn getadelt und eben diese notwendige Distanz zu den Leibeigenen gefordert, die ihm so schwer fiel. Seine Einstellung kam zum Teil aus der Erziehung durch seine Mutter und auch die Ideen des Mönchs Thomas in seiner Schule steckten dahinter. Dieser erzählte ihm von Schriften der Aufklärung, die alle bisherige Ordnung über den Haufen warfen und die ungeheure Gleichheit aller Menschen vor Gott und auch vor dem Gesetz aus verbotenen Schriften kühner Denker entnahmen. Thomas versuchte ganz vorsichtig junge Adlige an dieses neue Denken heran zu führen, denn nur sie konnten eine gerechtere Weltordnung begründen, mit Lebensmöglichkeiten für alle Menschen.

„Und wo bleiben dann die Vorrechte der Adligen," hatte er ihn damals gefragt. Die gäbe es nicht mehr von Geburt, sondern die müssten durch eine umsichtige, treu sorgende Art zu regieren erst erworben werden. Ein solcher Fürst müsste sich auch nicht vor seinem Volk durch Soldaten schützen lassen, der könnte inmitten seiner Leute in den Kampf ziehen und diese würden ihn gegen alle Feinde schützen. Das hatte damals sein geschätzter Lehrer, allerdings nur ihm und wenigen Freunden, als neuer Weg zu einer neuen Weltordnung erklärt. So revolutionär waren diese Ideen, dass der Mönch ihnen zuerst den Schwur strikter Geheimhaltung abgenommen hatte, bevor er aus einem Pergament Schriften verschiedener Aufklärer, wie von einem Erasmus von Rotterdam gezeigt hatte. Wie er zu diesen Blättern gekommen sei, wollten die Schüler gleich wissen.

Die Schriften, oft nur lose Blätter, würden in den Städten von fahrenden Händlern angeboten und denen gewissermaßen aus den Händen gerissen. Das wäre erst möglich seit eine neue schnellere Drucktechnik von einem Guttenberg in Mainz erfunden worden war. Auch in der Kirche sei dieses Gedankengut nun angekommen und frei denkende Kirchenleute würden nun auch manche Dogmen der Kirchenoberen hinterfragen, ob sie wirklich aus der Bibel stammten oder nur der Machterhaltung oder Geldvermehrung dienten. Solche Ideen kamen schon öfter auf und manche Freidenker, wie ein Johannes Huss, wären dafür auf dem Scheiterhaufen verbrannt worden. Diesmal allerdings gab es für diese neuen Revolutionäre mächtige Fürsprecher, denn nicht allen Adligen gefiele das prunkvolle Leben der Päpste und ihre oft willkürlichen, nur ihre eigene Macht stärkenden Entscheidungen stießen bei kritischen Adligen oft auf Unverständnis. Das sei auch die neue Zeit. Deshalb hätte auch gerade ein Columbus die Erdenscheibe als veraltet erklärt und wäre nach Indien in westliche Richtung gestartet. Kein Papst konnte das verhindern. Wer oben bleiben wolle, müsse das neue Denken lernen, seine Untergebenen schätzen, ja die fähigsten Söhne dieser sogar fördern. Diese neuen Vorstellungen gingen nach Ende der Schule nicht mehr aus Rupprechts Kopf und beeinflussten schon häufig seine Handlungsweise, obwohl er wusste auf welchem gefährlichem Pflaster er sich als Mitglied des Adels hiermit bewegte.

Sein Vater meinte, dass man mit der Autorität des Standes und durch Distanz zu den Leibeigenen am besten diese Zeiten überstehen könnte. Menschenfreundlichkeit den Untergebenen gegenüber hielt er für eine Schwächung der Position, wenn man ihm auch nicht seinen Gerechtigkeitssinn, gleiches Recht für jedermann, also auch für die Leibeigenen, nicht absprechen konnte. Überall trat Dietrich von Weiler für das Recht ein, auch wenn es seinen Standesgenossen nicht gefiel.

Erst seit zwei Wochen war Rupprecht wieder von seinen Studien zurück und in dieser Zeit mehrfach wegen dieser neuen Ideen von seinem Vater getadelt worden und nun heute wieder. Wie konnte er seinem neuen Freund helfen, ohne zu verraten, dass er den Auftrag seines Vaters nicht richtig ausgeführt hatte? Da fiel ihm seine Schwester ein, sie war Vaters Augenstern. Nur sie konnte den in langen, schwierigen Regentschaftsjahren hart gewordenen Mann umstimmen. Vielleicht gelang es noch besser, wenn beide Mutter auf ihre Seite bringen konnten. Die Freifrau stammte aus dem fernen Burgenland und war von ihrer Heimat her einen ganz anderen Umgang mit den Untertanen gewohnt. Bei ihr zu Hause musste man, von äußeren Feinden bedroht, zusammenrücken. Adlige mussten sich ganz auf ihre Unter-

tanen verlasen können, denn nicht selten war eine dörfliche Kirchenburg schon letzter Zu-
fluchtsort für einen ihrer Ritter gewesen, wenn er fernab von seiner Burg verfolgt worden
war. Wohl dem, der bei Bauern und Bürgern gut angesehen war, nur dem wurde Unterschlupf gewährt.

Rupprecht begann sofort sein Vorhaben in die Tat umzusetzen. Da er nicht ohne Grund
in die Frauengemächer durfte, besann er sich eines alten Zeichens, das er noch in der Kindheit mit seiner Schwester abgesprochen hatte. Zum Glück sah er Kerzenschein in ihrer
Kammer. So konnte er kleine Steinchen an ihr Fenster werfen. Als er ihren Kopf in der Öff-
nung sah, ahmte er ein Käuzchen nach und sie machte ein Zeichen mit der Hand, um anzu-
zeigen, dass sie verstanden hatte. Kurz darauf trafen sie sich in der Futterkammer neben
dem Stall.

„Gudrun, ich brauche ganz dringend deine Hilfe", begann Rupprecht das Gespräch.
„Aber du darfst von dem, das ich dir nun sage, kein Wörtchen zu Vater sagen. Versprichst
du mir das?" Die Schwester schaute ihn fragend an und meinte: „Habe ich dich je verraten,
Rupprecht? Ich bin doch so froh, dass du endlich wieder da bist. Mama übrigens auch. Hat
es etwas mit unserem jungen Gefangenen zu tun?" Rupprecht erklärte ihr schnell das Problem. Sie machte ein besorgtes Gesicht und sagte: „Da hast du dich aber in eine gefährliche
Zwickmühle begeben, lieber Bruder. Wo bist du so revolutionär geworden?" Er erzählte ihr
von den Ideen Martin Luthers, die er in den letzten Tagen seiner Schulzeit kennen gelernt
hatte und Hilda meinte: „Erstaunlich welchen Mut dieser Augustinermönch hat. Du siehst,
welche Intelligenz auch im Bürgertum steckt. Man muss sie nur entdecken und dann fördern."
Rupprecht stimmte ihr zu: „Und unsern Gefangenen schätze ich auch so ein. Er hat auf das
Anraten des Pfarrers ebenfalls eine Schule besucht, kann lesen und schreiben und auch,
was noch wichtiger ist, denken." „Solche Bürger hängt man nicht wegen so einer Lappalie,
was ist denn der Reiher wert, solche Bürger muss man für sich gewinnen. Sie können für
das ganze Land sehr wertvoll sein!" meinte das Mädchen. Natürlich waren sich die Geschwister darin einig, doch wie konnte man Matern aus seiner gefährlichen Situation befreien?

Die zündende Idee kam von dem Mädchen: „Nun muss ich dir auch von einer Beobachtung erzählen, die ich vor wenigen Tagen unten an der Bottwar gemacht habe. Weil es
so heiß war, bin ich in der kleinen Kutsche mit meinen Dienerinnen hinunter zum Mühlstau
gefahren und wir wateten zu Abkühlung im Bach. Plötzlich sahen wir in der Ferne drei Reiter, die schwere Lasten mit sich führten. Sie lagen über den Pferden und waren von Decken
verborgen. Einen der Reiter erkannte ich gleich, es war Schorrer, der Oberjäger. Die anderen waren seine Diener oder Jagdgenossen. Sie sahen uns nicht, verschwanden hinter
den Uferbäumen und tauchten weiter weg beim Mühlschuppen wieder auf. Von der Ferne
hörten wir die schwere Angel des Schuppens quietschen und danach ritten die drei ohne

Last weg. Dabei kamen sie auf dem Weg zur Burg bei uns vorbei und wir hörten lockere Sprüche über Badenixen, bis sie mich erkannten. Schorrer erschrak ziemlich, das konnte ich gut sehen, fing sich aber und wünschte mir einen guten Tag."

Sehr interessiert hörte Rupprecht der Erzählung zu und fragte, ob sie wüsste, was Schorrer da verborgen hätte. Gudrun erzählte weiter, dass sie eben das auch wissen wollte, weshalb sie Marie, die Dienerin, die vom Hof stammte, heimlich zu dem Schuppen geschickt hatte. Dort hätten einige ausgenommene Rehe an einer Stange gehangen und der ganze Boden wäre dunkel von Blut gewesen.

Rupprecht brauchte nicht lange und sagte: „Da haben wir die Wilderer. Deshalb war er so froh unserem Vater einen Ersatzmann präsentieren zu können. So kann er ruhig weitermachen. Ein schlimmer Schurke, wir müssen ihm sofort sein Handwerk legen." „Lass uns nichts voreilig unternehmen, vielleicht können wir ihn dazu bringen, den Jungen, er ist ja nur wegen dieses wertlosen Reihers gefangen worden, zunächst auf Bewährung wieder frei zu lassen," schlug Hilda vor. „Ich habe eine Idee. Ich benachrichtige seinen Vater, der wird sich sicher für seinen Jungen verbürgen und du lässt bei Schorrer etwas durchblicken, damit er etwas nachgiebiger wird."

Am nächsten Morgen lief dann alles wie geplant ab: Zunächst erschien der berühmte Bürgermeister Feuerbacher mit seinem halben Stadtrat vor dem Burgtor und bat um eine Unterredung mit dem Freiherren. Diese kam wirklich unerwartet schnell zustande. Sonst musste oft erst ein Termin für eine Audienz beantragt werden und das zog sich erfahrungsgemäß hin. Heute war das nicht so. Bei der Besprechung, Bürgermeister Feuerbacher durfte sich sogar setzen, war auch der Oberjäger Schorrer zugegen. Der Baron sprach von den schlimmen Schäden im Wildbestand, den Wilderer zur Zeit ständig anrichteten und davon, dass man eigentlich vorhätte, ein Exempel zu statuieren. Nun sei dem Jäger ausgerechnet Feuerbachers Sohn, der Matern , mit einem gewilderten Reiher in die Hände gefallen. Was er dazu zu sagen hätte? Immerhin hätten sie ja eine Gaststätte und könnten dort gewildertes Fleisch gut gebrauchen.

„Ihro Gnaden," begann der Bürgermeister, „mit allem gebührenden Respekt. Aber meine Kinder sind ordentlich erzogen, Matern hat sogar die Lateinschule besucht. Meine Kinder wildern nicht!" „Wie kommt er dann zu dem Reiher?" wollte der Baron nun wissen. „Matern hat weder Bogen noch Schleuder, er kann den Reiher nicht geschossen haben. Fragen sie ihn bitte doch selbst," stellte Vater Feuerbacher fest.

Seltsamerweise kam der Oberjäger dem Jungen mit einer eigenen Aussage zuvor: „Er meinte ja gleich, dass er den Vogel nicht selbst geschossen hätte. In Anbetracht des Wertes dieses Vogels, lieber Herr, bin ich nun auch der Ansicht, dass wir Gnade vor Recht walten lassen sollten. Der Herr Bürgermeister soll ihn ermahnen und dafür sorgen, dass er nie mehr in Verdacht gerät." Der Baron stimmte, nicht ohne Hintergedanken, auch dieser Lösung zu. Vielleicht konnte ihm der angesehene Bürgermeister Feuerbacher auch noch einmal behilflich sein.

Rupprecht und seine Schwester beobachteten vom Umgang aus wie Matern vom Vater in eine Decke gewickelt und zum Burgtor hinausgeführt wurde.

Kapitel 3

Schorrer wird entlarft

Warum alles so gut ausgegangen war, wussten nur sie und sie schwiegen zunächst. Doch Schorrers Wilderei kam nur wenige Monate später auf. Er und seine Helfer wurden abgeurteilt. Die Verbindung der beiden jungen Leute, Rupprecht und Matern, riss nie mehr völlig ab. Manchmal gingen aber einige Wochen ins Land bis sie sich irgendwo wieder trafen.

Kurz nach der Festnahme Schorrers hatte Rupprecht aber selbst ein Treffen gesucht und war an einem Abend in der Kleidung eines Bauern plötzlich in der Gaststätte der Familie Feuerbacher aufgetaucht, hatte sich ganz hinten in das Halbdunkel des großen Schankraumes gesetzt und ein Glas Roten verlangt. Der Bedienung war der junge Gast seltsam bekannt vorgekommen. Sie konnte aber nicht sagen woher. Deshalb gab sie ihre Beobachtung an Matern weiter, der an diesem Tag hinter der Theke stand. Trotz seiner Verkleidung und der schlechten Beleuchtung erkannte Matern den jungen Adligen gleich und brachte ihm den bestellten Wein selbst. „Was führt dich, pardon Sie, in unsere unwürdige Hütte?" begann er mit dem Gespräch. „Bleiben wir für heute bei dem Du, ich möchte nicht erkannt werden," warf Rupprecht ein, „Hast du vom Ende Schorrers gehört?" „Vom Prozess schon, vom Ende nicht, schließlich ist er ja wohl entkommen." „Leider. Einer der Wächter hat ihn befreit und ist mit ihm geflohen. Es heißt, sie wären zu Aufständischen an den Hochrhein. Dort brodelt es schon lange unter den Bauern. Aber in den dunklen Schwarzwaldtälern lässt es sich trefflich verstecken. Ganze Horden Gesetzlose würden da ihr Unwesen treiben, reiche Kaufleute und sogar kleine Burgen überfallen. Wenn dies alles so weiter läuft, wird es zu einer Vergeltungsaktion der Adligen kommen und ich befürchte sogar zu einem Flächenbrand, einem Aufstand der kleinen Leute bis zu uns ins Schwäbische Land."

Auch Matern war dies schon zu Ohren gekommen, denn die durchziehenden Kaufleute, mancher schlief in den Gästekammern der Wirtschaft, erzählten von Ausschreitungen und Übergriffen aufständischer Bauern. Manche hatten Verständnis, da die Adligen dort zum Teil rechte Schinder wären und ihre Untertanen nichts zum würdigen Leben ließen, andere aber meinten, man müsse solche Aufstände mit Stumpf und Stiel ausmerzen, da sie das ganze Handelstreiben in Süddeutschland gefährdeten.

Als Matern sich nun mit einem Glas Wein zu Rupprecht setzte, rückte der mit seinem Anliegen raus: „Ich hoffe, Matern, dass ich dich richtig einschätze, wir von der Burg bräuchten unbedingt einen Mittelsmann, der uns hilft, so eine unliebsame Entwicklung zu verhindern. Willst du uns, und auch mein Vater und die ganze Familie wissen von meinem Besuch hier, willst du uns auch zum Wohl der kleinen Leute helfen, einen solchen Aufstand zu verhindern?"

Matern ließ sich zur Antwort Zeit, trank noch einen Schluck und meinte: „Ob wir das Schlimmste, einen Aufstand, wirklich verhindern können, weiß ich nicht. Auch im Bottwartal fühlen sich viele Bürger und vor allem Bauern mit dem „Armen Konrad", den Leuten, die in ihrer Lage „koan Rad" mehr wissen, sehr verbunden. Wir leben auch kaum besser."

„Sag das nicht Matern! Wir versuchen doch immer etwas auszugleichen. Und die „falschen" Gewichte hat mein Vater gar nicht eingeführt, das habt ihr doch bemerkt, oder?" warf Rupprecht ein.

„Zu seinem Glück wurden sie nach dem Gottesurteil von Peter Gaiß, sie schwammen ja nicht in der Rems, und nach dem Zug der „armen Teufel" vor die Feste Schorndorf ganz schnell gegen die alten Gewichte wieder ausgetauscht," meinte Matern Feuerbacher. Der junge Adlige wunderte sich:" Du kennst dich ja gut aus, alle Achtung! Aber die Sache mit der Steuer und den veränderten Gewichten haben viele von uns abgelehnt. Sie hätte den ganzen Handel in Europa beeinträchtigt und die ganzen Händler gegen uns aufgebracht. Unter uns, das war wirklich Quatsch."

„Gut, im Remstal ist ja nun wieder etwas Ruhe eingekehrt, aber verbessert hat sich nichts. Vielleicht können wir etwas bewegen, wenn ihr auch bereit seid etwas nachzugeben. Wie ich gehört habe, gibt es unter den Adligen auch sozialere und gerechtere Menschen. Der Götz aus dem Jagsttal wird in dieser Richtung immer gelobt und soll sogar bei mancher

Ungerechtigkeit den Kaiser als Schiedsrichter angerufen haben." „Stimmt. Seinen Sohn kenne ich sogar persönlich, denn er war auf unserer Schule. Aber der arme Götz ist seitdem bei allen Standesgenossen unten durch. Er wird noch nicht mal zu Festen und Turnieren eingeladen," bedauerte Rupprecht. „Siehst du, wie weit der Weg zur Gerechtigkeit noch ist."

Manchen Hitzköpfen dauerte er viel zu lange. Sie beriefen sich auf neue Ideen von Freiheit und Gleichheit, die sich in der Schweiz schon durchgesetzt haben. Da Adlige auch Christen wären, müssten sie auch den Leibeigenen diese Freiheit zugestehen." „Eigentlich haben sie recht, das sehe ich auch so, aber ohne Fronarbeit der Bauern stünden die Rittergüter vor dem Aus. Schau, Ritter wie mein Vater, müssen dem Kaiser zu vielen Diensten ständig bereit stehen und sogar mein älterer Bruder, der Nachfolger in allen Würden, muss einige Zeit die Feste besetzt halten. In diesem Monat machen sie zusammen mit allen unseren Knappen und Berittenen Dienst auf der Burg Weinsberg. Der Graf von Helfenstein, der Schwiegersohn des Kaisers, ist Burghauptmann und seine Gruppe muss dann zu Hause alles stehen und liegen lassen und die Burgmannschaft stellen. Eine Feste ohne Besatzung ist nichts wert und diese Burg ist auch mit dieser kleinen Besatzung gegen anstürmende Feinde kaum zu halten." „Das wundert mich, denn ich fand sie als Kind so riesig und völlig uneinnehmbar", wirft Matern ein. „Das ist vorbei, aller Glanz wird matt, wenn man die Mauern nicht erhält und sie einfach, da der Kaiser lieber in Spanien Paläste baut, verfallen lässt. Mein Vater erzählt spöttisch, dass es weniger ein Steinwall wäre, der die Burg umgibt als eher ein Korb." Das schien verwunderlich. „Verteidige mit wenigen Leuten einen Korb gegen Brandpfeile. Er wartet nur, dass sich das bei den Heißspornen der Bauern herumspricht."

„Nun verstehe ich eure Entscheidung, mich, besser wäre meinen Vater, zur Vermittlung einzuschalten. Aber eines könnt ihr nie von uns verlangen: Wir werden euch niemals Spitzeldienste leisten, nie im Leben, das schwör ich. Ich werde auch meinen Vater von dem Gespräch unterrichten. Sei unbesorgt, er kann genau wie auch ich schweigen wie ein Grab. Ich denke schon, dass man im Bottwartal auch unter eurer Herrschaft einigermaßen leben kann, besonders wenn ihr so Emporkömmlinge wie den Schorrer im Griff habt. Für Bürger, also Händler und Handwerker, auch für die Wirte ist Aufruhr und Krieg immer schädlich. Aber für die leibeigenen Bauern müsste etwas getan werden. Sie verarmen immer mehr, große Familien, häufige Frondienste und dann muss nur eine Missernte kommen und ihre Hofstelle ist weg. Dazu haben sie noch weiter Schulden beim Geldverleiher, die sie als Taglöhner abtragen müssen. Ganze Familien stehen so mit dem Rücken zu Wand. Da schreckt der mögliche Tod die jungen Burschen kaum, denn der ist manchmal erstrebenswerter als das weitere Leben in Kälte, Not und Unterdrückung."

Rupprecht hatte den offenen Worten Matern Feuerbachers genau zugehört, denn genau diese Offenheit brachte ihm die Erkenntnis wie es um das Bottwartal stand. Die Speichellecker, auch normale Bürger, die seinen Vater umgaben, lobten nur, wiesen nie auf Probleme hin. Es waren ja auch eher wohlhabende Bürger, Händler, die seinen Vater besuchten. Seltener kamen die Priester der eigenen Dörfer auf den Lichtenberg und dann oft als Bittsteller, wenn das Kirchendach schadhaft war oder Geld für Notfälle gebraucht wurde. Einen mit neuen Gedanken gab es unter ihnen nicht, obwohl diese in den größeren Städten wie Heilbronn, Hall oder Esslingen langsam die Mehrzahl stellten. Gerechtigkeit und Wahrheit setzte sich langsam aber stetig auch in seiner Heimat durch, das wusste der junge Adlige.

Langsam wurden die anderen Gäste auf das eindringliche Gespräch der beiden aufmerksam und sie mussten leiser reden und als Hänslin, der Schneider, sich auch dazu setzen wollte, einfach abbrechen. Matern ließ Ruppert durch die Hoftüre hinaus, verabschiedete sich und beide vereinbarten sich nun häufiger zu treffen, vielleicht auf der Burg oder in der Hofer Mühle, die auch einen Gastraum hatte. „Ich sende dir so ein Papier mit Wappen, mit Treffpunkt und Zeit," schlug der junge Adlige vor. „Und du kannst Marie, unserer Magd, die musst du kennen, denn sie kennt dich auch, also, du kannst ihr vertrauen und bei ihrem wöchentlichen Marktbesuch eine Botschaft mitgeben. „Schnell verschwand er durch die Tür, denn Hänslin war schon wieder in seiner schnüffelnden Art hereingekommen.

„Wer war denn das, Matern?" Doch der blieb die Antwort schuldig. Beide hörten nur noch auf das Getrappel der Pferdehufe im Hof. Was möchte dieser zwielichtige Bursche hier ausspionieren? dachte Matern und beschloss den windigen Schneider mal genau unter die Lupe zu nehmen. Der hatte wirklich spioniert, wahrscheinlich für den Vogt, doch als Matern dies über Marie an Rupprecht meldete, war der Schneider verschwunden, wohin wusste niemand.

Kapitel 4

1525 – Der Aufruhr beginnt

Einige Jahre mit gelungenen und auch gescheiterten Versuchen waren nutzlos verstrichen. Besonnene Bürger und aufgeschlossene Adlige hatten mit aller Kraft versucht, das Bottwartal gewissermaßen als Insel aus allem herauszuhalten.

Wenn der Vogt nun von Feuerbacher sprach, dann meinte er nicht den Bürgermeister, Materns Vater, sondern Matern selbst. Der alte Bürgermeister Feuerbacher war tot, unerwartet und für viele unerklärlich. Matern war dadurch ganz schnell in die Aufgabe des Familienoberhauptes gedrängt worden. Noch heute munkelte man im Tal, dass es bei dem Tod des angesehenen Mannes nicht mit rechten Dingen zugegangen war. Möglicherweise war manchen Adligen der Demokrat Feuerbacher zu mächtig und zu unberechenbar geworden. Der Familie von Rupprecht nicht, sie hatten die Zusammenarbeit und den Einsatz für Frieden und Ausgleich geschätzt. Aber genau wie bei den Bauern gab es auch unter den Adligen nicht wenige, die notfalls auch mit Mord das alte Herrschaftsverhältnis wiederherstellen wollten.

So führte Matern schon einige Jahre die Gaststätte, hatte, da seine Mutter durch die Trauer sehr gebrechlich worden war, sogar geheiratet und war schon zweifacher Vater, als sich die Dinge so schnell und unerwartet sehr ungut entwickelten.

Kurz nach dem Tod seines Vaters hatte Matern mitten in der Nacht wieder einen heimlichen Besucher empfangen. Ein Bote hatte das Treffen allerdings schon am Tag zuvor angekündigt und deshalb saß auch Matern um zwei Uhr in der dunklen Gaststätte, als die Tür aufging und eine Gestalt fast lautlos in das Zimmer huschte. „Bist du da, Matern," hörte der Wirtsohn eine ihm wohlbekannte Stimme. „Ja, hier in der Ecke, Rupprecht," antwortete Matern, „Was führt dich mitten in der Nacht in die Niederungen?" „Umwälzende Ereignisse in Deutschland, genauer im Thüringischen," sprach der junge Freiherr. „Ereignisse, die mich nicht mehr schlafen lassen, weil ich denke, dass sie alle Herrschaftsverhältnisse verändern, ja das alte System hinwegfegen werden und auch gute Teile, wenn wir Oberen uns nicht mit vernünftigen Bürgern verbinden."

In kurzen Sätzen schilderte Rupprecht, was sich vor ein paar Monaten im sächsischen Wittenberg zugetragen hatte. Ein junger Augustinermönch, Martin Luther, hätte den ersten

Funken gelegt. Er war seinem Landesherren, dem Kurfürsten Friederich schon länger durch seine Klugheit, seinem Glaubenseifer und dem Drang zur absoluten Wahrheit aufgefallen. Der Fürst hätte Luther in so jungen Jahre zum Professor für Theologie an der Wittenberger Universität gemacht. Natürlich wäre dadurch dessen Eifer nicht geringer geworden und er hätte sogleich mit Studenten verschiedene Glaubensätze überprüft und nebenbei wichtige Bibelteile ins Deutsche übertragen. Endlich könnten nicht nur ein paar Pfaffen die Bibel lesen, sondern auch sie beide zum Beispiel.

Eben zu dieser Zeit wäre dem Papst in Rom das Geld zum Bau einer riesigen Kirche ausgegangen und er wäre auf die Idee verfallen mit der Angst vor dem Fegefeuer Angst zu schüren. Reiche Leute könnten nun Ablassbriefe kaufen für alte und noch zukünftige Sünden und damit die Zeit im Fegefeuer der Hölle verkürzen. „Eine prima Idee und sicher sehr einträglich. Auf so etwas können nur ganz abgebrühte Geschäftsleute kommen," meinte Matern. „Und die Armen schmoren allein in der Hölle!" „Genauso schätze ich diesen römischen Klerus ein. Aber unsere Bischöfe waren gleich begeistert, denn ohne viel Geld lassen sich die vielen Paläste nicht bauen und das fürstliche Leben auch nicht finanzieren. Deshalb profitiert der jeweilige Bischof immer von dem Ablass und erhält seinen Anteil." „Geteiltes Leid ist halbes Leid, das gilt bei Geld eben auch." Rupprecht lacht: „Du hast das gleich durchschaut, Matern.

Nur, dass Luther die Studenten auf die Ablassprediger losließ. Ausgerechnet in der Nacht vor Allerheiligen, also am 31. Oktober letzten Jahres, da gehen doch am Morgen alle Menschen in die Kirche, genau da lässt Luther ein großes Pergament mit 95 Thesen, also Streitsätzen, gegen den Ablasshandel und andere Irrungen der Kirche, an die Kirchentür der Schlosskirche nageln." „Die wurden sicher gleich wieder entfernt, "meinte Matern. „Sicherheitshalber verteilten Studenten auch noch Handzettel mit denselben Sätzen. Und diese gibt es nun in ganz Deutschland im Umlauf. Wie ein Lauffeuer haben sie sich überall verbreitet," erklärte Rupprecht. „Und die entsprechenden Bibelteile in deutsch kann man auch kaufen. Hast du noch nie etwas davon gehört?"

Irgendwas wäre in seiner Schenke davon auch gemunkelt worden, aber Großbottwar wäre ja nicht Heilbronn. „Schau, Matern, hier habe ich so ein Blatt!" Rupprecht gab einen Handzettel seinem ungleichen Freund. Der las ihn sofort durch und meinte: „Alle Achtung! Dieser Luther hat Mut! Er legt sich damit gleich mit der ganzen Kirche an. Was meint der Papst dazu?" „Der kocht und hätte ihn längst wie Huss geröstet. Aber wie die Nürnberger sagen: Man röstet keinen, man hätte ihn denn!" „Der Kaiser wird ihn nach Rom bringen müssen," meinte Rupprecht. „Der ist alt und wartet auf sein Ende. Der Kurfürst von Sachsen rückt Luther nicht raus. Nun möchte Maximilian gerne, dass sein Karl der Nachfolger auf dem Königsthron wird. Und wer muss ihn mitwählen?" „ Friedrich von Sachsen."

„Siehst du nun, warum Luther noch lebt. Maximilian möchte es sich nicht mit dem Kurfürsten verscherzen und wie ich höre, hätten auch andere Fürsten sich schon auf Luthers Seite geschlagen." Seit diesem Treffen ahnte Matern Feuerbacher, dass nur noch ein kleiner Funke fehlte und Bauern, unterstützt von manchen städtischen Bürgern, würden gegen ihre Grundherren aufbegehren. „Vielleicht ist das Geschehen nicht mehr aufzuhalten," meinte auch sein adliger Freund beim Abschied, aber ich bitte dich als denkender Bürger mitzuhelfen, die Sache irgendwie in Grenzen zu halten, sonst schwemmt sie wie eine riesige Flut Burgen, Klöster aber auch Städte weg. Was übrig bleibt ist ein Chaos". Das war auch Feuerbachs Meinung und so versuchte er überall zu mäßigen.

Kapitel 5

In Feuerbachers Schänke

In den Gassen der Großbottwarer Altstadt war es dunkel. An eine Straßenbeleuchtung dachte niemand, denn ordentliche Bürger waren nach zehn Uhr in ihren Häusern, auch Gäste von Feuerbachers Schänke. Wer aus wichtigen Gründen in der Stadt trotzdem noch unterwegs war, musste eine Laterne tragen und den Grund seines nächtlichen Ausganges dem Nachtwächter jederzeit nennen. Alle Menschen ohne Laterne wurden als Diebe angesehen, konnten gefangen und am nächsten Tag zu einer Arreststrafe verurteilt werden. Da die Stadttore nachts auch geschlossen waren, konnten auch keine Fremden unterwegs sein. In der Nacht nach dem Vorfall bei der Mühle war Johann Berner noch in Materns Schenke gekommen. Der junge Mann, er stammte aus der Mühlgasse, hatte natürlich auf dem Weg zu Feuerbacher eine Laterne dabei. Doch als Großbottwarer kannte er die Zeiten des Nachtwächters und mied ihn. Schließlich wollte er niemand den Grund seines Besuches bei dem Wirt nennen.

Vor der Gaststättentür schwenkte er wie besprochen seine Laterne, die Tür öffnete sich und Matern ließ ihn selbst in die dämmrige Gaststube. Ganz hinten, vom Fenster nicht einsehbar, geleitete der Wirt seinen jungen Gast an einen Tisch. „Gut, dass du gekommen bist, Johann," begann Feuerbacher das Gespräch. „Ich kann dich nur warnen, dich noch einmal vor Grätzer so aufzuführen. Du weißt, dass er dich im Auge hat und besonders deine Schwester. Wo steckt sie eigentlich?" „Sie ist vor dem Schwein in Sicherheit. Ich habe sie zu Verwandten nach Heilbronn gebracht," murrte Johann, „da reichen seine Fangarme nicht hin. Wie gut, dass es Freie Reichstädte gibt, Matern." „Das war ein guter Schachzug, aber wie hast du das ohne Pass geschafft?" „Seltsam, plötzlich lagen zwei auf wenige Tage begrenzte Passierscheine am Morgen vor der Haustüre." „Wer hat sie ausgestellt? Sicher nicht der Vogt, oder?" „Das Wappen des Barons war darauf, aber die Unterschrift war nicht zu entziffern. Vielleicht Rupprecht, denke ich." „Gut möglich, er kann den Grätzer auch nicht ausstehen, aber sein Bruder hält große Stücke von ihm, wegen seiner Härte den Bauern gegenüber," meinte Feuerbacher. „Kaum zu glauben, dass beide Söhne dieselben Eltern haben." Johann seufzte und bedauerte: „Wenn der alte Baron stirbt, geht es uns noch dreckiger. Rupprecht kann uns dann auch nicht mehr helfen. Davor haben viele richtig angst. Ich werde das aber hier sicher nicht mehr erleben, ich habe die Schnauze voll und verschwinde irgendwann. Genau wie einige Bauernburschen zuvor."

Feuerbacher machte ein bedenkliches Gesicht und sagte: „Davon möchte ich nichts wissen. Von denen habe ich nie mehr etwas gehört. Ob sie noch leben? Ich halte es für schade, dass du nicht mithilfst, das Ganze etwas lebenswerter zu gestalten." „Da sehe ich so keine Möglichkeit mehr, nur ein totaler Umbruch kann unser Leben noch verbessern und ich hatte bei meinem Besuch in Heilbronn zu einigen freiheitsliebenden Bürgern Kontakt. Sie wollen mithelfen, das verknöcherte System aufzubrechen, obwohl sie als Kaufleute in einer Freien Reichstadt viel mehr Freiheiten genießen." „Ich warne davor. Wir hier leben ja fast noch gut, wenn man die Ereignisse am Oberrhein vergleicht. Dort sitzen viele arme Bauern im Kerker, wenn sie nicht wie die Jugend in die Wälder geflohen sind," gab der Wirt zu bedenken. „Die haben zu lange gezögert, gebuckelt und waren zuletzt keine Menschen mehr, eher Arbeitstiere. Doch selbst Tieren gibt man, um ihre Arbeitsleistung zu erhalten, genug und ordentliches Futter und einen warmen Stall im Winter. Kennst du die windschiefen Hütten der Häusler unter dem Lichtenberg? Ich war vor kurzem dort, als ich meine Schwester schnell verstecken musste. Die haben noch nicht mal für alle Kinder warme Kleidung, sie ernähren sich von den Abfällen der Burg und schlafen im zugigen Dachboden. Aber eines war bewundernswert bei dieser Familie: Sie verbargen ungefragt für einen Kupferling meine Schwester drei Tage lang. Die Häuslerin gab an, dass sie in der Jugend dasselbe Problem, aber keine Hilfe hatte." „Ich weiß, dass es den untersten auf unserer Leiter sehr schlecht geht, denke aber, dass eben sie einen Aufruhr nicht überleben. Die jungen Männer werden auf unsere Seite oder für ein paar Heller auch auf der Seite der Adligen in den Krieg ziehen. Wer ernährt die Familien in schlechter Zeit? Da wird es nicht einmal die Abfälle geben, Johann Berner, sagte Matern. „Aber dich warne ich vor übereilten

Entscheidungen. Da und dort sammeln sich Bauernhaufen, das weiß ich. Aber ich habe von der Burg gehört, dass sie dem Truchsess von Waldburg Waffen, Geld und Söldner geben wollen, um zunächst in seiner Heimat am südlichen Schwarzwaldrand die Aufständischen aufzustöbern und zu schlagen. Steht das Heer mal, kann es auch zu uns geführt werden und dann ist es mit Jäcklein Rohrbach und seinem Dreschflegelhaufen schnell zu Ende. Gegen Musketen und Kanonen helfen die nichts." „Du kennst Rohrbach, den Böckinger Bauernführer, Matern?" möchte Johann wissen. „Jeder interessierte Mensch kennt diesen Wirrkopf. Ich bin vielleicht etwas wohlhabender als du, Berner, aber auch nicht gerade reich. Der Rohrbach aber möchte, wie der Thomas Münzer, alle gleich arm sehen. So blöd wäre ich nicht, unter diesem Verrückten in den Krieg zu ziehen. Alle Rohrbachs werden hängen, vielleicht sogar brennen, da gehe ich jede Wette ein!"

So leicht ließ sich Johann aber nicht von seinem Vorhaben abbringen. „Weißt du, Feuerbacher, ich bin nur der dritte Sohn eines armen Bauern. Ich habe nichts und werde es in dieser Gesellschaft auch zu nichts bringen. Ich habe nichts zu verlieren!" „Doch hast du was, Johann, deinen Verstand. Setze ihn gut ein, damit du nicht deine Seele und zuletzt dein Leben verlierst," riet ihm Feuerbacher wohl wissend, dass dieser junge Hitzkopf kaum auf ihn hören würde. „Da trink noch ein Glas Bottwartäler Roten, der beruhigt," lud Matern seinen Gast ein. „Wenn du dann in den nächsten Tagen beim Fronen fehlst, weiß ich nichts. Das verspreche ich dir. Nur musst du mir zusagen, dich immer mit deinem Kopf und nicht nur mit den Fäusten in die Schlacht zu stürzen. Grundloses Töten bleibt auch beim Aufstand Mord."

Da Johann sich von seinem Vorhaben nicht abbringen ließ, schenkte ihm Rupprecht eine kleinen Lederbeutel mit wenigen Geldstücken und meinte: „Nimm diese Münzen und nähe sie in den Saum deiner Jacke ein, als Notgroschen. Hier ist noch ein besonderer Siegelstein. Ganz kenne ich seine Wirkung nicht, aber ein Freund schenkte ihn mir, falls ich einmal fliehen müsste. Er wäre von einem weitsichtigen Mönch, der sein Lehrer war, Thomas wäre sein Name. Er meinte, dass er Türen öffnen könnte. Sollte er verloren gehen, kannst du das Baumsymbol mit dem Kreuz notfalls auch mit einem Stöckchen in den Sand zeichnen." Die beiden ungleichen Freunde, der bürgerliche Wirtsohn und der arme Bauernjunge umarmten sich zum ersten Mal und versprachen irgendwie Verbindung zu halten.

Kapitel 6

Johann auf der Flucht

Natürlich war Matern mit dem Ausgang des Gespräches nicht zufrieden und als drei Tage später, die Bauern von Großbottwar wurden gerade zum Fronen in verschiedene Arbeitsgruppen eingeteilt, plötzlich Johann aus Großbottwar vermisst wurde, gab es ziemlichen Ärger. Grätzer wollte gleich einen Suchtrupp bilden, um den Flüchtenden zu suchen und zu bestrafen. Zum Glück hatte an diesem Herbstmorgen Rupprecht die Oberaufsicht, er behielt einen kühlen Kopf und meinte: „Wenn so viele Männer den Berner suchen, kommen wir mit unserer Arbeit nicht zurecht und verlieren einen ganzen Tag. Dabei bin ich sicher, dass wir den Flüchtling, den du, Grätzer, mit deiner Sturheit auf deinem Gewissen hast, nicht finden werden. Der versteckt sich irgendwo den Tag über und versucht bei Nacht ins Fränkische zu kommen. Wenn er Heilbronner Gebiet erreicht, hat er gewonnen und das ist nicht weit."

Der Vogt bekam einen hochroten Kopf. Selten war er vor versammelter Arbeiterschaft so gemaßregelt worden. Eigentlich wäre er gleich auf Rupprecht mit den Fäusten losgegangen, doch hätte ihm das seine Stellung gekostet. Einen Adligen körperlich anzugreifen, wäre ein schlimmes Vergehen und brächte auch ihn ins Gefängnis. So ballte er die Fäuste nur in der Hosentasche und schwor sich, es diesem Schnösel auf andere Weise heimzuzahlen. Da gab es viel feinere und ungefährlichere Wege. Die Zeit würde es richten. Auch unter den Fronarbeitern wurde an diesem Tag heimlich überlegt, wo der Johann wohl hin geflohen sein mochte. „Denkt dran, dass seine Schwester, die Liese, auch verschwunden ist," warf einer der Bauern ein. Doch eine junge Frau schaute beim Traubenschneiden unter der Burg auf und gab zu bedenken: „Die Liese hatte völlig recht und es war höchste Zeit. Ein hübsches, unschuldiges Mädchen ist in den Klauen dieses Menschenschinders in nur einer Nacht völlig verloren. Ihr Leben und alles, wenn auch nur geringe Hoffnung auf ein kleines Stücken Glück wären vertan." „Aber in Heilbronn bringt sie es ohne Papiere auch nur zur Magd in einem Herrenhaus," flüstert eine ältere Frau. „Und die jungen Herren haben auch kein anderes Ziel, als ..."

„Still," rief von unten eine Stimme, „der Grätzer kommt." Bald ertönte die furchterregende Stimme des Vogtes, der mit der Peitsche durch die Reben trat: „Auf ihr faules

Pack, dieses Gewann müssen wir heute schaffen und wenn einer flüchtet, müssen das die anderen ausgleichen. Ist das klar?" Murrend gingen die Fronarbeiter ihrer Arbeit nach und als der Vogt weiter weg war, meinte der Mutigste: „Wenn wir wenigstens einen Schluck von diesem Wein bekämmen. Alles fließt durch die Gurgeln unserer Herren und wir müssen mit saurem Most vorlieb nehmen:" „Das würde dir so passen, Gottlieb," hörte man seine Frau aus der nächsten Reihe. „Wenn wir Wein hätten, würde der verkauft, damit die Kinder endlich ein ordentliches, warmes Wams für den Winter hätten. Und du könntest dich weiterhin jeden Abend mit Most volllaufen lassen. Zu etwas anderem bist du ja nicht mehr nütze!" „Hoho," spotteten die anderen Männer um den Blamierten. „Die hat es dir aber gegeben, Gottlieb. Lass lieber das Saufen!" „Ihr habt gut reden," beschwerte er sich. „Sechs Bälger muss ich füttern und jeden Tag das Gezeter meines Weibes anhören. Ohne Rausch kann ich das nicht durchhalten."

So verging der ganze Tag der Weinlese. Von Johann fand niemand eine Spur, auch Feuerbacher nicht, der ihn aber in einer der Häuslerhütten unter der Burg vermutete und damit gar nicht so falsch lag. Wer auf der Flucht Nerven behält, ist allen Häschen überlegen, wusste Berner und versteckte sich, wenn auch mit knurrendem Magen, auf dem Dachboden einer windschiefen Hütte. Zur Flucht würde er die Nacht benutzen, denn in Lembach gab es keinen Nachtwächter. Natürlich würde er dabei hinten im Tal zum Wald hoch fliehen müssen, denn auf den Wegen hätte der Baron sicher Posten aufgestellt. Die Flucht eines jungen Fronarbeiters war immer eine ernste Sache. Dabei war das Herrschaftsgebiet des Barons nicht groß, aber alle Adligen halfen sich gegenseitig um einen Flüchtling dingfest zu machen, denn alle brauchten solche billigen Arbeiter. Erwischte ihn der Löwensteiner, oder der Helfenberger war er am nächsten Tag wieder zu Hause, aber im Gefängnis. Nur die Freien Reichstädte nahmen einen arbeitsfähigen Flüchtling auf, denn sie benötigten ständig billige Arbeiter in den Lagerhäusern oder Handwerksbetrieben. Aber eigentlich hoffte Johann, im Heilbronner Wald auf die Anhänger von Jäcklein Rohrbach zu treffen oder auf andere Gesetzlose.

Kapitel 7

Johann auf dem Weg in die Freiheit

Dass es langsam dunkel wurde, konnte Johann durch das undichte Dach gut erkennen und auch an den heimkehrenden Häuslern. Er kannte die Familie gut, denn der Mann hatte oft mit ihm beim Fronen zusammen gearbeitet und er hatte ihm schon früher mit Rudolf über eine mögliche Flucht gesprochen. Verraten würde ihn der Johann nie, vielleicht könnte er ihm später auch helfen. Keiner der Leibeigenen kannte sich jenseits der Grenzen aus, nur Johann. Der hatte schon seine Schwester bei ihnen versteckt und sie dann an einem Sonntag nach Heilbronn begleitet. Da er unbeschadet auch wieder zurückgekommen war, traute man ihm auch jetzt eine erfolgreiche Flucht zu.

„Bist du noch da, Johann?" hörte man den Häusler von unten. „Wo soll ich sonst sein?" fragte Johann. „Kann ich mich endlich wieder ausstrecken?" „Komm kurz runter und iss etwas mit uns," meinte die junge Frau. „Aber dann musst du weg, da ich dem Grätzer nicht traue. Schon um uns zu schikanieren, kann sein, dass er noch in der Nacht alle Hütten durchsucht. Dann kann er auch gleich nach hübschen Häuslertöchtern schauen." „Wir haben leider keine," bedauerte Rudolf ihre Kinderlosigkeit. „Aber Fritz unser Nachbar hat gleich zwei und die sind beinahe flügge. Schau sie dir an!"

Schüchtern kamen zwei wirklich hübsche Mädchen aus dem dunklen Hintergrund der Hütte. Die etwas ältere blickte sogar kurz auf und musterte den Besucher. Dabei sandte sie einen Blick aus, der Johann lange beschäftigte. Kein Wunder, dass dieser Weiberheld Grätzer die heimatliche Hütte der Nachbarn gerne aufsuchte. Erst vorhin war er wieder da und hat das Haus genau durchsucht. Im letzten Moment waren die beiden Mädchen durch die Hintertür zum Nachbarn geflohen. „Nun möchte ich die beiden auf dem Dachboden verstecken, da man nicht weiß, ob der Wüstling noch einmal zurückkommt. Aber erst musst du weg sein, denn, sei mir nicht böse Johann, sie mit dir zusammen oben zu verstecken, wäre für unseren Ruf auch nicht gut." Johann sah, wie die Ältere errötete und meinte, dass diese jungen Damen ja noch viel zu jung wären. „Bin ich gar nicht, ich bin siebzehn und meine Mutter war da schon ein Jahr verheiratet. Nur nimmt uns keiner, da Vater keine Mitgift aufbringen kann," meinte sie kokett. „Sei still Lotte. Du musst dich doch nicht anpreisen, unserem Gast fallen ja jetzt schon die Augen aus dem Kopf," meinte Gudrun, seine

Frau. „Da bin ich froh, keine solchen Töchter zu haben. Man muss sie wie einen Sack voller Flöhe verstecken und sie auch noch vor euren lüsternen Blicken schützen, ihr Mannsvolk!" Johann und Lotte konnten ihre Blicke kaum trennen und er meinte: „Ohne solche Mädchen sterben die Großbottwarer glatt aus, Gudrun. Aber eines sollst du wissen Lotte: Ich weiß noch nicht wie es weitergeht, aber wenn ich wiederkomme , nehme ich dich zur Frau. Auch ohne Mitgift." Die Häuslerin lachte: „Männer versprechen viel, Lotte." „Der Johann nicht," meinte die Angesprochene. „So heißt du doch?" Ganz kurz drückte Johann das Mädchen an sich. Für beide ein Versprechen. Dann verabschiedete er sich von seinen Helfern und Gudrun meinte: „Lotte wird warten, notfalls auch lange. Vielleicht kannst du uns zu dritt nachholen. Wir sind ja leider kinderlos. Aber nur allein haben wir die Möglichkeit gelegentlich dir, Johann, nachzukommen. Schicke uns mal über den Händler Funkelstein Nachricht." Der jüdische Händler war ständig mit Waren und Tieren in dieser Gegend unterwegs und da er als Geldverleiher auch den Adligen nützte, konnte er alle Grenzen passieren. Verschwiegenheit war sein Kapital. Dazu kam, dass er von den Oberen wegen den Zinsen gehasst, sich eher an die kleinen Leute hielt. Johann versprach das, aß noch eine Kante Brot und etwas Suppe und war noch vor Mitternacht verschwunden.

In den Weinbergen war es jetzt ruhig und er stieg fast am Ende des Tales den Berg hoch, um rasch gegenüber den Waldrand zu erreichen. Im Wald wanderte er nach Norden, umging das erste Tal und war nun auf dem Bergsporn, auf dem ganz vorne die Scheiterburgruine lag. Auch Gronau wollte er links liegen lassen. So stieg er steil durch den Wald hinunter zur Kurzach, die er schnell überquerte. Im Mondlicht lagen die abgemähten Wiesen der Talaue vor ihm. Johann lauschte auf Geräusche, die keinen natürlichen Ursprung gehabt hätten, denn er wollte auch keinem Jäger begegnen, die alle das Jagdrecht von den Adligen hatten und deshalb ihn gleich festnehmen würden. Außer dem Geplätscher eines kleinen Wehr, hier begann der Mühlbach für die Gronauer Mühle, hörte er nichts. Trotzdem bemühte er sich schnell ungesehen über die Wiesen zu kommen, um kurz darauf in den Hangwald über der Bottwar unterzutauchen. Wie beim letzten Mal wollte er noch in der Nacht eine der Mühlen im Ölmühlental erreichen.

Der hintere Ölmüller war mit seiner Mutter verwandt und würde ihn den Tag über in einer Scheuer verstecken. Da die Bauern gerade bei der Weinlese waren, verirrten sich in dieser geschäftigen Zeit nur selten Fremde in diesen hintersten Winkel des Bottwartales. Bald sah er das Wohnhaus der vorderen Mühle hinten im Tal. Dem Besitzer, Konkurrent seines Verwandten, traute er nicht und wollte das Gehöft in weitem Bogen umgehen, als vor ihm plötzlich ein Schuss einer schweren Jagdbüchse durch das Tal dröhnte. Instinktiv warf sich Johann zu Boden und bemerkte gleich, dass der Schuss natürlich nicht ihm, aber einem Reh gegolten hatte. Eher ein Wilderer als ein Jäger, dachte er. Hier im Niemandsland zwischen verschiedenen adligen Herrschaftsgebieten wagten sich manche mutige Burschen, etwas Wildbret für das eigene Essen oder gar zum Verkauf an eine Gastwirtschaft in der Stadt zu schießen. Als Johann ruhig liegen blieb, konnte er bald zwei vermummte Gestalten erkennen, die das Tier aufbrachen und an einer Stange hängend abtransportierten. Wer es war, konnte er nicht erkennen, weshalb er sicherheitshalber wartete, bis beide nicht mehr zu sehen waren. Sie mussten bis zum ersten Mühlengebäude denselben Weg haben. Das konnte man aus den Geräuschen entnehmen. Dann leuchtete für Augenblicke im Stall eine Kerze auf und die beiden Wilderer verschwanden mit ihrer Beute im Haus. Interessant, was man auf der Flucht so sieht, dachte Johann und ging nun am gegenüberliegenden Hang im Wald weiter hoch zur hinteren Mühle.

Der Müller öffnete etwas verschlafen auf seinen Ruf vorsichtig die schwere Türe nur einen Spalt. So abgelegene Häuser wurden auch manchmal von Gesindel überfallen, die wussten, dass Müller nicht zu den Ärmsten zählten. „Hallo, Heiner, ich bin's, der Johann, lass mich schnell ein," flüsterte Berner. „Was, du schon wieder? "lachte der Müller. „Jahrelang sieht man keinen von euch Großbottwarer Städter und nun seid ihr in der Nacht ständig hier hinten bei uns. Aber Spaß beiseite, sei leise und komm schnell herein, denn ich meine, dass heute Jäger im Wald unterwegs sind. Ich habe einen Schuss gehört." Johann erzählte gleich von seinen Beobachtungen und der Müller meinte, dass er den Ältesten seines Kollegen schon lange in Verdacht hätte, denn er hatte ihn schon mehrmals mit schwerer Last bei sich hinten über den Berg ziehen sehen. Einmal hätte der Wind das Tuch etwas weggeweht und es wären Läufe eines Rehs zu sehen gewesen. Säcke hätten nun mal keine Beine und mit Mehl müsste der sich auch nicht heimlich aus dem Tal schleichen. Gut, meinte der Müller zum Schluss, jeder muss sehen, wo er in diesen schweren Zeiten bleibt, nur gefällt es mir gar nicht, dass der versucht hat, als die Gendarmen da waren, es mir anzuhängen, indem er bei mir in der Nacht ein aufgespanntes Rehfell an die Stalltür gehängt hat. „So eine Gemeinheit!" meinte Berner. „Wirklich!" lachte der Müller. „Nur war ich an dem Tag wie immer schon früh auf, sah es und habe es in den alten Brunnen geworfen. Das kriegt er noch zurück, nur abwarten!" Der Rest der Nacht verlief ruhig. Johann durfte sich im obersten Gaden des alten Mühlenschuppen verstecken.

Er bemerkte gleich, dass er nicht der erste Flüchtling hier war, denn überall stieß er auf Spuren von früheren Bewohnern. Sehr langsam verging der lange Herbsttag. Erst in der Dämmerung ertönte von unten ein Pfiff, das verabredete Zeichen, dass die Luft für die weitere Flucht ins Heilbronner Gebiet rein war. Ausgeruht und froh dem Eingeschlossensein zu entrinnen, bedankte er sich bei seinem Verwandten, der ihm noch die Adresse von einem Seifensieder in der Altstadt mitgab.

„Dem machst du mit dem Rötel hier diese Zeichen links neben seine Tür. Er weiß dann wer dich schickt und kann dir weiterhelfen. Hier hast du noch etwas Brot und ein Stück Speck und verrate nie wer dich beherbergt hat", meinte der Müller.

Nur wenige Augenblicke später verschwand Johann im Bergwald und versuchte nun die Gegend von Löwenstein zu erreichen. Vielleicht konnte er sich im Vorhof den nächsten Tag über in einer Scheune verstecken.

Kapitel 8

Bei Köhlern im Wald

Natürlich hatte Johanns Verschwinden auch auf der Burg für großen Ärger gesorgt. Grätzer hatte noch am Abend dem Baron berichtet und nebenbei auch verraten, dass ausgerechnet der junge Freiherr eine sofortige Suche verhindert hätte. So wurden am frühen Morgen Boten zu allen umliegenden Grundherren geschickt, mit der Bitte, den Flüchtling aufzugreifen und zur Bestrafung zurückzuschicken.

Wegen der Weinlese, die alle Hilfskräfte in Anspruch nahm, wurde zunächst auf einen eigenen Suchtrupp mit Spürhunden, der sonst bei jungen Fronarbeitern üblich war, verzichtet. Irgendwie war Rupprecht froh darüber, obwohl er sich auch ärgerte, dass Johann geflohen war. Johann als Gefangener, der möglicherweise verwundet im Kerker schmachtete, hätte er auch nicht ertragen. Er wünschte ihm insgeheim Glück auf dem Weg in ein besseres Leben. Er an seiner Stelle hätte genauso gehandelt. Wo Johann nun wohl war?

In der Dunkelheit den Wald mit all seinem Unterholz hochzusteigen, war ziemlich mühselig. Nicht selten blieb der Flüchtling in Dornen hängen und musste sich mit seinem Messer befreien. Endlich ging der Mond über dem Berg auf und leuchtete ihm aus seiner Heimat. Würde er je wieder zurückkommen? Plötzlich tat sich links ein Pfad auf, entweder ein Schmugglerweg oder ein Wildwechsel. Ihm folgte Johann hinauf zum Grat. Endlich kam er besser voran und gelangte an einen Waldrand über einem kleinen Weiler. Das könnte Jettenbach sein, dachte er und wanderte im Wald weiter nach Norden. Mit einer Holzfuhre war er schon einmal unten im Schmidbachtal gewesen und hatte erfahren, dass alle Bergrücken da oben irgendwie im Wald zusammenliefen, ganz oben zwischen dem Stocksberg und Löwenstein. Erst wenn er diese Höhe erreicht hatte, würde er nach Westen abbiegen, um durch die Wälder in das Heilbronner Gebiet oder in das Fuggergebiet bei Untergruppenbach zu gelangen. So hatte er damals mit seiner Schwester auch versucht in die Freiheit zu gelangen, war aber mitten in der Nacht auf eine Schmugglerkarawane gestoßen, die ihn zuerst sehr kritisch musterten und eigentlich nur wegen seiner hübschen Schwester mitnahmen. Liese hatte dafür die ganze Zeit alle Hände voll zu tun, sich den lüsternen Angriffen des Anführers zu widersetzen. Vielleicht kam er bis zur Morgendämmerung noch zum Bleichsee. Dort bestückte ein Köhler einige Meiler, ihn kannte er schon von früher und er könnte sich vielleicht bei ihm den Tag über verstecken.

Schon von Ferne zogen Rauchschwaden durch den Wald. Sie leiteten Johann quer durch den Wald. Noch im ersten Dämmerschein erreichte er das Lager des Köhlers, der mit einigen Gesellen bereits bei der Arbeit war. Da sich im Wald immer auch einiges Gesindel herumtrieb, waren die Köhler immer auf der Hut und hatten den Flüchtling schon lange bemerkt. Zwei kräftige Arme ergriffen ihn plötzlich von hinten. Andere Arbeiter standen mit erhobenen Prügeln vor ihm und zerrten ihn zum Feuer. Erst dort konnten sie ihren Fang begutachten. „Halt," rief der Chef, „ihr könnt ihn am Leben lassen, den Burschen kenn ich!" „Johann Berner", lachte er. „Was schleichst du bei Nacht durch die Löwensteiner Wälder? Beinahe hätten wir dich wie ein Wildschwein geschlachtet, denn Hunger haben wir immer. Und du sicher auch. Pause!" Alle lachten und der Riese, dessen Arme ihn hochhielten, ließ ihn einfach fallen. „Au, „jammerte der Ankömmling. „Der hat ja Arme wie Schraubstöcke, der Riese." „Ja, und wenn er einen erdrückt, ist er verschwiegen wie ein Grab. Unser Josef hat irgendwo seine Zunge gelassen. Noch hat er den Schinder, der die Zunge hat, nicht gefunden und darüber kann der froh sein," erklärt Köhler Siegfried das Verhalten. Dabei funkelten die Augen des Riesen böse auf und ein undeutliches Nuscheln war zu hören. „Uns gegenüber ist er aber ganz zahm," meinten die anderen," und arbeiten kann der für zwei, das steht fest."

Johann war von der freundlichen Aufnahme durch die armen Köhler ganz betroffen. Gleich gab es Rauchfleisch und ein warmes Getränk, das etwas nach Honig roch. „Du bist in den letzten Wochen bereits der neunte, der hier Unterschlupf sucht. Und da waren sogar Kuttenträger dabei, die etwas von Luthers Freiheitsschrift erzählt haben", sagte Siegfried. „Sie verändert die Welt, wenn alles stimmt, denn nach ihr sollen alle Menschen frei sein und gleiche Rechte vor dem Gesetz haben. Hast du etwas davon gehört?" „Ja, Der Feuerbacher von Großbottwar hat mir schon einiges über den Glaubensrevolutionär erzählt. Der ehemalige Augustinermönch Luther hat sich sogar mit dem Papst angelegt und den Ablasshandel als reiner Schwindel bezeichnet. Diese Schrift muss in den Freien Reichstädten kursieren. Ein Guttenberg hätte in Mainz eine neue Drucktechnik entwickelt und drucke nun alles, was Luther schreibt, sofort." „Wo willst du hin, Johann?" „Zunächst würde ich mich über Tag gerne bei euch verstecken und in der Nacht erst weiter in die Heilbronner Wälder fliehen. Dort hätte es aufständische Bauern, die genau wie ich das System nicht mehr ertragen können. Wenn wir alle zusammenstehen, können wir vielleicht ein besseres Leben erkämpfen, Siegfried." „ Ich glaube da nicht daran, unterstütze dich aber doch, weil mir die alte Ordnung zum Hals heraushängt. Siehst du die beiden Meiler? Die muss ich dem Fürst als Steuer abführen, aber er erhält sie erst, wenn ich morgen dem Heilbronner Kaufmann Hager die Kohle aus den beiden anderen Meiler mitgegeben habe. Sonst nimmt, wie beim letzten mal, sein Vogt den Rest auch noch mit, um die Holzkohle für sich zu verkaufen. Eine gute Nebeneinnahme, fürwahr." „Betrügen alle Vögte? Dann muss ich aber schnell verschwinden, bevor dieser Pfeffersack kommt!," meinte Johann. „Nicht unbedingt. Ich habe eine viel bessere Idee: Du und der Riese begleiten den Handelszug durch das Räubergebiet bis an die Tore der Stadt. Keiner wird deinen Pass sehen wollen, denn es sind nur Heilbronner Kontrollen unterwegs und die filzen keinen Pfeffersack."

Beruhigt schlief Johann den ganzen Tag und auch die Nacht in einem kalten Meiler. Wie gut, dass er diese Kohlenbrenner angesteuert hatte. Am frühen Morgen wurde er vom Geschrei einiger Pferdeknechte und dem dumpfen Rollen schwerer Räder geweckt.

Der Heilbronner Kaufmann war zur Abholung der Holzkohle mit mehreren Wagen hinauf nach Löwenstein gekommen. Johann half sofort mit die Wagen zu beladen, während der Köhler nach einigem Feilschen mit dem Kaufmann handelseinig wurde. Um die Mittagszeit gab es noch eine warme Suppe und die Gespanne rumpelten auch von Johann und dem stummen Riesen beschützt durch den Vorhof, wo der Heilbronner noch einige Fässer Wein lud, hinunter nach Unterheinriet. Dort wurde die Straße etwas besser, denn die Fugger in Burg Stettenfels, hoch über Gruppenbach, sorgten stets für gute Transportwege für ihre Waren. „Wisst ihr, dass diese Burg einer der wichtigsten Umschlagplätze für Waren aus ganz Europa ist. Sie liegt genau an der Kreuzung zweier Handelsstraßen, der Nord-Süd-Route von Italien nach Dänemark und der Ost-West-Route von Holland und Frankreich nach Polen, vielleicht sogar Russland." Johann staunte nicht schlecht über die Bedeutung dieses Ortes und der Händler fuhr fort: „Als meine Tochter im letzten Jahr geheiratet hat, kaufte ich bei den Fuggern einige Gläser aus Murano, direkt aus Venedig, und eine weißen Zobelpelz zum Umhängen über ihr Brautkleid. Wenn der erste Enkel da ist, das kann ja nicht mehr lange gehen, werde ich ihr sechs Sätze chinesisches Porzellan schenken, die habe ich bereits bei den Fuggern bestellt."

Johann wurde ganz schwindelig, wie dieser Reiche Geld für Prunk verschwendete, während seine Pferdeknechte nicht einmal gutes Schuhwerk besaßen. Würde es je gerechter zugehen?

Kapitel 9

In Räuberhand

Etwas später bewegte sich der Wagenzug auf der schlechten Straße hoch über Heilbronn durch den Wald. Zwei bewaffnete Knechte ritten auf Pferden einige hundert Meter voraus. Eine sehr gefährliche Gegend, sei dies, hatte der Händler schon vorher gewarnt, denn hier in den großen Wäldern mit versteckten Schluchten würde immer Gesindel hausen und die Wagenzüge mit wertvollen Gütern auflauern. Plötzlich blieb der Wagenzug stecken, ausgerechnet der erste Wagen hatte sich mit dem linken Vorderrad in einem Schlammloch festgefahren. Da aber der Hohlweg durch einen umgefallenen Baum beengt ein Überholen unmöglich machte, steckte der ganze Tross fest.

Johann hatte gerade noch bemerkt, dass der gestürzte Baum Beilspuren hatte und somit wohl alles auf eine Falle der Räuber hinwies, als die Hölle losbrach. Steine flogen, mehrere Bäume stürzten die Böschung herunter und Pfeile und Speere flogen auf die erschrockenen Begleiter des Kaufmannszuges. Dazu erschall ein vielstimmiges markerschütterndes Geschrei, das schon alleine dazu geeignet war, die armen Pferdeknechte in die Flucht zu schlagen. Auch von der Vorhut war keine Hilfe zu erwarten, denn am kläglichen Schreien war zu hören, dass auch sie getroffen waren.

Der Händler stand, zufällig von keinem der fallenden Äste getroffen, alleine da und hatte eine Pistole gezogen, während Johann unweit davon von einem Baum eingeklemmt dalag und sich nicht mehr bewegen konnte, als eine Stimme aus dem Wald drohte: „Leg dein Muspritzchen weg, Pfeffersack, sonst spicken wir dich mit Pfeilen. Du bist ja dick genug, um eine gut Zielscheibe abzugeben." Der Händler, der seinen Angreifer nicht einmal sehen konnte, warf die schön verzierte Pistole schnell in den Dreck und jammerte: „Lass mich am Leben, Rohrbach! Es soll dein Schaden nicht sein. Ich werde dich reich belohnen, wenn ich zu Hause bin." „Welche Ehre, der reichste Kaufmann Heilbronns kennt den armen Bauern! Ich kenn dich auch gut! Hast du mir nicht im Sommer nach der Missernte zuerst Geld zum Wucherzins geliehen, um es nach einem Monat zurückzufordern? Du und deine Freunde, ihr seid nicht besser als der Adel und die Pfaffen stecken auch mit euch unter einer Decke. Ihr seid schuld, dass wir hier im Wald kümmerlich leben. Vogelfrei und ohne ein Dach über dem Kopf. Packt ihn, aber vorsichtig wie ein rohes Ei, der ist lebendig viele tausend Taler wert!"

Plötzlich sprangen von überall her verwegen aussehende Gestalten herbei, packte den Kaufmann, fesselten ihn und schleppten ihn unsanft mit. Vorne stand ihr Anführer, Jäcklein Rohrbach, der Bauernführer von Böckingen, der lange Pächter eines Gutes der Wimpfener Mönche war. Nach einer Missernte, es war kaum Getreide für das eigene Überleben da, forderte das Kloster völlig unchristlich den ganz normalen Pachtzins. Und wie eben zu hören war, hatte Rohrbach noch versucht mit einem Kredit die schlimme Lage zu überstehen. Alles half nichts. Nun lebte er zeitweilig bei den Aufständischen im Wald. Diese Wegelagerer hatten ständig mehr Zulauf von Bauern und anderen Gestrandeten, die denselben Hass auf die Obrigkeit hatten.

Manche der Pferdeknechte hatten sich ohne Verfolgung davon gemacht. Die Gesetzlosen verschonten meistens bewusst die kleinen Leute. Als einer der Gefolgsmänner den Weg nach Beute absuchte, entdeckte er Johann eingeklemmt unter dem Ast. „Johann, was treibst du denn da? Bist du zu den Pfeffersäcken übergelaufen" fragte er. Johann versuchte unter dem dichten schwarzen Bart und dem wilden Haarschopf den Sprecher zu entdecken. „Wer bist du?" fragte er. „Mensch, alter Freund, kennst du nicht mal deinen alten Nachbarn?" „Jörg, bist du das wirklich?" „Klar, und ganz lebendig. Vorsicht, ich helfe dir da heraus." Der Bärtige hatte ein kleines Beil dabei und befreite Johann mit einigen gezielten Hieben aus der schlimmen Lage.

Johann erinnerte sich noch gut an den heftigen Streit, den sein Nachbarsohn wegen eines einzigen Mehlsackes mit Grätzer, dem Verwalter, hatte. Dabei kam es zu einem Handgemenge, bei dem Jörg kaum gewinnen konnte, denn er wollte den Sack nicht loslassen. Das Ganze spielte sich auf der Brücke bei der Bensenmühle ab. Schließlich hatte der Verwalter, der sich vor vielen wartenden Bauern keine Blöße geben wollte, den Widerspenstigen an die Brüstung der Brücke gedrängt. Dabei verlor Jörg durch einen kräftigen Stoß das Gleichgewicht, stürzte mit seinem schweren Mehlsack rücklings in den tiefen Mühlkanal und tauchte nicht mehr auf. Damals waren alle anwesenden Bauern über so viel Brutalität des Verwalters aufgebracht gewesen. „Du gemeiner Hund hast ihn umgebracht," hörte man aus dem Bauernhaufen. Grätzer konnte nicht genau herausfinden, wer gerufen hatte. Und in die Nähe der Bauern wagte er sich auch nicht. Sie hätten ihn vielleicht umgebracht. Wenn nicht Matern Feuerbacher zufällig gerade da gewesen wäre, hätte es ganz schnell zu einer richtigen Revolte kommen können.

„Gebt sofort Ruhe! Ihr wisst, was euch blüht, wenn ihr euch am Verwalter des Freiherrn vergreift,“ hörte man seine durchdringende Stimme. Einige besonnene Bauern hielten ihre Freunde zurück und riefen: „Lasst uns lieber mit den Stangen im Wasser nach Jörg suchen! Vielleicht ist er auch nur nach unten getrieben.“ Doch so sehr sich alle, sogar Grätzer, bemühten, Jörg der Bottwar zu entreißen, der junge Bauernsohn blieb verschwunden. Er war wohl ertrunken.

Davon war Johann bisher auch ausgegangen und nun traf er ihn bei den Aufständischen um Jäcklein Rohrbach.

Kapitel 10

Auch im Bottwartal regt sich Widerstand

In den nächsten Wochen wurde die Lage im Bottwartal immer angespannter. Von durchreisenden Händlern, sie verkauften ihre Waren meistens im Untergeschoss des Rathauses, hörten auch die Einwohner von Großbottwar von den Aufständen im Herzogtum Württemberg.

Besonderes Interesse weckte die offensichtlich erfolgreiche Erhebung der Remstaler Bauern und Kleinbürger gegen die neue zusätzliche Steuer, die Herzog Ulrich, des Landesherrn über reduzierte Gewichte erheben wollte. An manchen Abenden trafen sich die aufgebrachten Bürger und Bauern in Feuerbachers Gaststätte. „Stellt euch vor, was das für uns arme Leute bedeuten würde,“ meinte Wenzel Sauer am Stammtisch, „wenn mein Weib für die fünf Kinder zusätzliches Mehl braucht, bekommt sie immer etwa ein Viertel weniger und das für das gleiche Geld! Das Viertel erhält nicht etwa der Müller, gut, er hat ohnehin genug, nein, das bekommt der Ulrich, um noch mehr Burgen und Schlösser zu bauen, oder im Italienischen Kriege zu führen, wo unsere Buben umkommen."

Alle waren entsetzt über so viel Ungerechtigkeit und ein anderer warf ein: „Die adligen Schurken erfinden immer neue Dienste und Abgaben und wir können uns kaum noch von den Brotsamen unter dem Tisch ernähren." „Habt ihr von den Remstal-Bauern gehört." meinte Frieder, dessen Mutter aus Waiblingen stammte. „Der Peter Gaiß aus Beutelsbach hat alle Arme und Ratlose unter der Buntschuhfahne versammelt und ein Gottesgericht veranstaltet. Vor aller Augen warf er die neuen Gewichtssteine in die Rems. Würde Gott sie zum Schwimmen bringen, wäre die neue Abgabe vor seinen Augen gerecht. Natürlich sind sie untergegangen, da Metall nie schwimmt."

„Der Gaiß hat Mut, der hat es ihnen gezeigt, habe ich gehört," rief nun Wenzel. „So einen Anführer sollten wir auch haben." „Ja und danach sind sie alle vor Schorndorf gezogen. In die Stadt hinein kam allerdings keiner der Aufständischen. Die württembergischen Truppen schlossen einfach die Tore und mit Sensen und Dreschflegel hast du da keinen Erfolg." „Trotzdem hat der Herzog nachgegeben und das neue Gesetz zurückgezogen," meinte Frieder.

Da hörte man vom Tresen her die tiefe Stimme des Wirts: „Nichts haben sie erreicht. Der Herzog gab nur zunächst nach, da er kaum Truppen hier hat. Alle kämpfen in Italien," warf Feuerbacher ein. „Wartet bis sie zurück sind, dann geht es dem Gaiß an den Kragen." „Ach Feuerbacher, warum bist du nicht unser Anführer? Du bist besonnen, alle achten dich und würden gerne hinter deiner Fahne herziehen," riefen alle. Feuerbacher winkte ab: „Ich bin doch nicht lebensmüde, habe eine liebe Frau und kleine Kinder. Und wenn ihr fast täglich euch bei mir trefft, habe ich auch ein gutes Einkommen."

Von hinten, aus dem Halbdunkel drohte nun ein anderer: „Aber irgendwann wirst du dich entscheiden müssen, Matern, auf welcher Seite du stehst. Zu oft besucht dich so ein adliger Nichtsnutz." „Halt die Klappe, Flickschuster!" stellte sich Frieder vor den Wirt. „Da habe ich dich viel eher im Verdacht, dass du uns für ein paar Heller verrätst. Geld stinkt nicht."

Als sich nun auch andere auf Feuerbachers Seite stellten, verschwand der Schneider schnell und vergaß seine Zeche zu zahlen. „Ein windiges Bürschchen," meinte Matern. „Ihm traue ich alles zu. Er hat mich schon einmal belauscht, als ich mit dem jüngeren Sohn des Baron sprach." „Du meinst den Rupprecht? Der ist in Ordnung, der schützt uns manchmal vor dem brutalen Aufseher und hört sogar unsere Klagen an," warf Frieder ein und viele der Anwesenden waren derselben Ansicht.

Matern Feuerbacher war froh, dass viele der Anwesenden so dachten, so richtige Hitzköpfe waren bereits geflohen oder saßen wie der tolle Stuber und seine Freunde im Stadtgefängnis. Sie hatten versucht einen Wagenzug der Fugger abzufangen und auszuplündern, waren aber von der Stadtwache und den bewaffneten Begleitern bei der Kleinbottwarer Mühle geschnappt worden. So ein Raubzug konnte von der Stadt nicht geduldet werden, denn man freute sich auch in Großbottwar über das interessante Warenangebot der durchreisenden Händler, bot zum Verkauf einen Raum im großen Rathaus an und verdiente auch noch an Steuern und Mieten.

„Ich meine, wir sollten uns so lang es geht zurückhalten. Unsere Baron gehört nicht zu den Scharfmachern. Er möchte zu Hause Ruhe, ist er doch oft als Burgbesatzung in der Weinsberger Feste eingeteilt. Der Herzog hat immer noch Bedenken, dass sich die Freie Reichstadt Heilbronn das reiche Weinsberg unter den Nagel reißen könnte." „Unsere Weiber sind auch deiner Meinung, Matern. Ich weiß nur nicht, wie lange wir auf Weiber hören sollen," lästerte ein Leibeigener aus dem Sauserhof. „Sei still Rieger! Wenn ich so wenig zu verlieren hätte, wie du, würde ich auch gleich losschlagen," meinte Frieder.

Auch an dieser Diskussion in der Großbottwarer Schänke konnte man leicht erkennen, dass die zum Protestieren bereiten Bauern und Bürger durchaus unterschiedliche Meinungen hatten, wie man vorgehen sollte. Gegen die immer wachsende Ungerechtigkeit sich wehren, wollten alle, doch zum Aufstand waren nur die Habenichts gleich bereit. Diese hatten oft weder Haus noch Hof und wer auch keine Familie hatte, musste nicht befürchten, beim Scheitern des Aufstandes noch schlechter dazustehen als zuvor.

Kapitel 11

Historischer Hintergrund

Herzog Ulrich von Württemberg hatte durch das Ausspielen seiner Macht nichts zur Beruhigung der Lage beigetragen. Die alten Rechte, die den Untertanen vieles abverlangten, dafür aber den nötigen Schutz brachten, wurden von manchen Adligen aufgehoben und zusätzliche Forderungen, oft unbegründet, beschworen den Widerstand herauf. So konnten oft sogar die Friedfertigsten nicht mehr in Ruhe weiterleben, sie wurden vom Strudel der Ereignisse einfach mitgerissen.

In ganz Süddeutschland brodelte es und auch im Elsass schworen Bauern und Bürger auf die Buntschuhfahne. Herzog Ulrich gab notgedrungen immer wieder etwas nach, ja er hob sogar Steuern wieder auf und beließ es zunächst bei den alten Maßen. Bei Weingarten wurde sogar ein Vertrag mit den Aufständischen geschlossen. Nichts half.

Viele dieser Maßnahmen bestärkten nur die Scharfmacher unter den Aufständischen, weil ihre wilden, ungeplanten Aktionen scheinbar Erfolg hatten. Solche Scharfmacher gab es auf beiden Seiten. In unserer Geschichte wird der Bauernjörg, der Truchsess von Waldburg, als ein typischer Unterdrücker häufig erwähnt. Die Bauernführer Rohrbach und Nonnenmacher gehörten auf der Seite der Bauern zur gleichen unbesonnenen Art.

Doch auch unter den Adligen, besonders unter dem niederen Adel, der unmittelbar mit den Untertanen zu tun hatte, gab es einige, die wussten, dass Unterdrückung nur den Widerstand förderte. Verzweiflung bringt Räuber und Heckenschützen hervor. Das wussten auch alle Adligen des Bottwartales genau. Schwierig wurde die Lage auch dadurch, dass der Kaiser in seinem riesigen Reich keinen Widerstand dulden konnte. Schnell würde daraus ein Flächenbrand und seine Herrschaft wäre gefährdet.

Kapitel 12

Im Räuberlager

Nachdem Jörg seinen ehemaligen Nachbarn befreit hatte, nahm er ihn einfach mit und führte ihn zunächst quer durch den Wald.

„Bleib mal stehen, Johann, ich muss dir nun leider die Augen verbinden. Das ist eine Sicherheitsmaßnahme, bis unser Hauptmann dich begutachtet hat," meinte Jörg und band ihm mit einem Tuch die Augen zu. Nachdem er ihm durch mehrfaches Drehen im Kreis auch den Richtungssinn genommen hatte, führte er ihn noch längere Zeit an der Hand durch dichtes Unterholz. „So nun setz dich bitte hier auf den Boden. Es kann noch etwas dauern, denn schließlich müssen meine Kameraden die Schätze des Heilbronner Pfeffersackes verstecken. Dann erst kann über dich entschieden werden. Aber da du wahrscheinlich außer zwei Pferdeknechten, die zu uns gehörten, und dem Kaufmann der einzige Überlebende bist, ist dein Los durchaus erträglich", lachte sein Führer.

Glück im Unglück, dachte Johann, dass mich Jörg gefunden hat. Aber warum kämpften die Aufständischen mit solcher Härte gegen die Heilbronner. War diese Stadt, die manchen geflohenen Leibeigenen aufgenommen hatte, doch nicht so uneigennützig, doch nicht so freiheitlich gesonnen. Johann lehnte Mord und Totschlag immer ab. War das Rohrbachs Idee? Er wollte ihn nicht als Anführer.

Lange Zeit lag er ohne sehen zu können an der angewiesenen Stelle und es wurde ihm empfindlich kalt. Da hörte er von ferne Stimmen und Geräusche, die immer näher kamen.

Inzwischen ertönte auch freudiges Rufen und in die vielen männlichen Stimmen mischten sich nun auch einige weibliche. Also war er nicht weit vom Lager der Rebellen entfernt und die erfolgreichen Männer kehrten mit ihrer Beute heim. Nicht weit von ihm gab es offensichtlich eine lebhafte Diskussion, aus der Johann nur einige Brocken verstand wie: Begleiter des Zuges, mein Nachbar, Hand ins Feuer, Schwager. Und eine kräftigere Stimme, die mit den Brocken zu hören war: Verrat, Gefahr für die ganze Gruppe, aufhängen. Sein Fürsprecher, wahrscheinlich Jörg, schien zum Glück die Oberhand zu behalten, erlöste Johann bald darauf aus seiner Lage und nahm ihm sogar die Augenbinde ab. „Komm mit Johann, aber mache mir keine Schande, denn ich bürge schließlich mit meinem Kopf für dich.

Aber das mache ich ja schließlich nicht nur für dich. Du wirst bald sehen…" beendete
Jörg geheimnisvoll seine Rede.

Nur wenige Meter ging es durch den Wald, dann steil hinunter in eine Sandstein-
schlucht, die hinten von steilen Felsen abgeschlossen war. Unterwegs gab es noch einen
kurzen Halt, da sie vom Posten angerufen worden waren: „Grüß dich Gesell!" hörte Johann
die Stimme eines unsichtbaren Wächters. „Was ist dein Wesen?" Johann hatte dabei ein
ungutes Gefühl, denn er wusste, dass diese Überprüfung tödlich enden konnte. Aber Jörg
kannte die Parole: „Wir mögen von den Paffen nit genesen!" Da lachte der verborgene
Wächter und meint. „Jörg, dich hätte ich nicht erschossen, aber dafür deinen Begleiter."
Was Johann nicht fröhlicher stimmte.

Nun gelangten die beiden in den engeren Lagerbereich. Mitten in dem kleinen Tal
brannte ein Feuer. Außen an die Felswände gelehnt waren einige windschiefe Hütten er-
richtet worden, vor denen sogar einige Kinder und auch Frauen zu sehen waren. Am Feuer
erwarteten mehrere bärtige Männer die Ankömmlinge. „Nimm Platz, Fremder!" erklang
eine barsche Stimme und Johann setzte sich auf einen Holzklotz, der vor ihm lag. „Was
willst du hier? Wo kommst du her? Wer schickt dich?" Die Fragen, nicht sehr freundlich
gestellt, prasselten förmlich über ihn herein. „Ich musste von zu Hause weg. Die Ungerechtigkeit und Unsicherheit trieb mich aus Großbottwar fort," antwortete Johann unsicher.
Jörg rettete ihn und meinte: „Ich habe ihn unter einem Baum in der Bergschlucht gefunden.
Es ist mein Nachbar von zu Hause und mein…" „Johann, Bruder!" erklang plötzlich eine
weibliche, wohlbekannte Stimme aus dem Hintergrund. Als der Ankömmling aufschaute,
sah er eine junge Frau mit dem schweren Gang einer Schwangeren auf sich zukommen. War
das Liese, seine in Heilbronn zurückgelassene Schwester? Diese Stimme, dieses Gesicht?
„Liese!" entfuhr es ihm. Der Anführer schaute böse auf die Frau und herrschte sie an: „Zurück, Weib! Weiber haben am Ratsfeuer nichts verloren. Auch du nicht, Liese!" „Meine
Schwester! Wir haben uns lange nicht gesehen," entschuldigte Johann. Der Anführer
schaute immer noch böse und verwies die Frau vom Feuer. Erst Jörg konnte die Situation
retten , indem er einwarf: „Hauptmann, ich sagte doch, es wäre mein Schwager." Nun verstand auch Johann Berner die ganze Sache.

Irgendwann musste Jörg seine Schwester geheiratet haben, die er wohlbehütet im
Haus eines Heilbronner Kaufmannes wähnte. Doch durch diese Tatsache lichtete sich das
Gesicht des Anführers etwas und er meinte: „Nun kennen wir schon zwei eurer Sippe und
das sind recht brauchbare Leute, da kannst auch du nicht so gefährlich sein. Aber du ver-
stehst, dass wir uns vor Verrat schützen müssen. Ist nur ein Spion darunter, baumeln wir
alle wie die Leute von Joß Fritz." „Ich bin froh, endlich Gleichgesinnte gefunden zu haben,"
gab Johann zu verstehen, „und meine Schwester, die ich damals gerade noch aus den Klauen

unseres Vogtes retten konnte, werde ich kaum diesen begehrlichen Schweinen verraten." „Oh," lachte der Anführer, „nun hat sie unser Jörg in seinen Klauen. Sieh, wie sie aussieht!" „Du würdest mich wohl auch gerne drücken, alter Schwerenöter," hörte man von hinten Lieses Stimme. „Nix da, dafür bin nun ich für alle Zeit zuständig," widersprach Jörg. „Und außerdem liebt er so dünne Frauen nicht, hat er mal gesagt. Schau doch seine Bärbel an." „Schlank ist sie gerade ja nicht mehr, Jörg," meinte Johann. „Eigentlich hättest du mich als Familienoberhaupt, nach Vaters Tod, um die Heiratserlaubnis bitten müssen. Bei uns ist das mindestens ein Schwein wert, das weißt du, Jörg."

Jörg erklärte nun, dass er das gerne noch nachholen würde, wenn das Kind blond und nicht schwarz wie die Seele und Haarfarbe des jungen Ratsherrn wäre. „Keine Angst," beruhigte er seinen verwundert schauenden Schwager: „Ich behalte sie auch mit einem schwarzen Baby. Ich wollte dir nur andeuten, welche Dienste der alte Pfeffersack und sein Erbe auch von der Dienstmagd gefordert hat." „Und mir hat er hoch und heilig versprochen, Liese nicht aus den Augen zu lassen," beschwerte sich Johann. „Hat er ja auch nicht, im Gegenteil er hat sie zu genau angeschaut, nachdem er die Kleider hat verschwinden lassen." „Halte den Mund Jörg," schimpfte nun Liese. „Du badest auch nicht in Kleidern im Waschtrog und dafür, dass Lore dem jungen Beierlein die verriegelte Tür geöffnet hat, dafür werde ich ihr noch die Augen auskratzen. Ich habe sie nur noch nicht erwischt. Schließlich bin ich noch in derselben Nacht davongerannt, wie du weißt." „Weit bist du nicht gekommen, meine Liebe," lacht nun Jörg, „aber offensichtlich hat dir meine Behandlung gut getan, denn damals warst du nur noch ein Häufchen Elend, hattest kaum mehr Tränen und deinen Mund hast du auch nicht mehr auf bekommen, als ich dich am Waldrand entdeckt habe."

Glücklich umarmte Liese ihren Retter und Johann war sicher, seine Liese in den richtigen Händen zu wissen, wenn auch die Verbindung von keinem Pfaffen abgesegnet war. So glückliche Augen hatte er in seiner Heimatstadt bei den oft unter den Vätern abgesprochenen Hochzeiten noch selten gesehen.

„Lass es gut sein Jörg. Meinen Segen habt ihr beiden. Aber eines muss ich noch loswerden: Mein Großvater, der Oberstenfelder Opa, hatte auch schwarze Haare. So könnt ihr es nur noch am Wesen des Kindes erkennen und da lässt sich durch liebevolle Erziehung viel ändern."

Irgendwie merkte man den beiden die Erleichterung an und sie zogen sich an den Händen haltend zurück. „Komm her, Johann Berner, und erzähl uns etwas von draußen. Seit Monaten sitzen wir hier im Hardtwald fest, kappern immer wieder einen Kaufmannszug, die füllen unsere Kriegskasse auf. Geld haben wir und wenn der Adel und die reichen Bürger weiterhin so ungerecht mit den kleinen Leuten umgehen, haben wir bald auch den Zulauf, um losschlagen zu können!" meinte der Anführer. „Das dauert nicht mehr lange. Wir warten nur noch auf die Böckinger Bauern, die Rohrbach mitbringt und den Haufen von der Jagst. Dann werden wir stark genug sein unser Recht zu erkämpfen. Wie kamst du denn zu diesem Kohlentransport?" „Nur zufällig, weil ich unbedingt nach Heilbronn wollte und der Zug ging nach Heilbronn, von Löwenstein bis zu eurem Hinterhalt. Was habt ihr mit den Knechten gemacht?" „Zwei waren von uns, die sind schon wieder weg. Niemand darf sie mit uns in Verbindung bringen. Vielleicht erwischen wir nächste Woche den Waffentransport der Fugger. Neueste Musketen und sogar einige kleine Kanonen sollen auf dem Weg vom Österreichischen sein, von der besten Waffenschmiede Europas. Da Gnade euch Gott ihr Adelspack und windige Pfäfflein, haben wir die Waffen, dann fliegt ihr in die Luft," drohte der heißblütige Anführer.

Auch Jäcklein Rohrbach, den er nur vertrete, würde so denken. Tod dem Adel und den Pfaffen, sei seine Devise. Johann hatte von dem streitsüchtigen Mann gehört. Eigentlich war dieser Heißsporn der Grund, dass keine Einigung zu erzielen war, denn nicht alle Bauern und Bürger des Bottwartales wollten ihn als ihren Hauptmann sehen. Alle wollten Gerechtigkeit, aber Räuberei und Mord, nein damit wollten sie nichts zu tun haben. Sie waren verzweifelt, aber trotzdem Christenmenschen. „Der Rohrbach, der Heißsporn, führt uns alle ins Verderben. Er kennt nur Sieg oder Tod und wer vernünftig ist, weiß, dass es, wenn alles gelingt, höchstens in der Mitte ausgehen wird," meinten zu Hause in Materns Schenke die meisten.

„Und was habt ihr mit den anderen gemacht?" fragte Johann. „Wer sich gewehrt hat ist tot. Einige sind zu uns übergelaufen und zwei verschwunden," antwortete der schwarze Rudolf, der Anführer. „Wir schlagen keine kleinen Leute tot." Zum Glück ist der Ast auf mich gefallen, dachte Johann. Ich hätte mich sonst auch gewehrt. „Und der Händler?" „Der sitzt dort hinten in der Höhle. Wir haben ihm kein Haar gekrümmt. Er ist uns viel zu wertvoll, soll er doch einer der Ratsherren sein. Erst wollen wir das Lösegeld und vielleicht mache ich dann ein Spielchen mit ihm. Ein Spiel um sein Leben. Ich habe als Böckinger, als ein ganz armer Knecht, noch mehrere Hühnchen mit diesen Ausbeutern zu rupfen." Hier hörte Johann den gefürchteten Rohrbach heraus, doch er wollte noch etwas wissen: „Und ich dachte die Freien Reichstädte würden die kleinen Leute leben lassen!" „So ein Quatsch! Sich lassen diese fetten Bürger gut leben, nur sich, einige Pfaffen und viele willfährige Schmarotzer. Und eines gilt immer: Haben die Reichen Geld in der Fülle, fehlt es den Armen an allem. Damit diese aber nicht aufmucken, predigen uns geschmierte willfährige Pfaffen, dass es Gottes Wille ist, den Reichen das letzte Hemd zu geben. Das vorletzte wollte schon die Kirche als Opfer."

Darin stimmte ihm auch Johann zu, denn beide Seiten ersannen sich immer neue Abgaben. So beharrten, wie er von einem der toten Fuhrleute gehört hatte, die Heilbronner neuerdings wieder auf das Hauptrecht, einer Ursteuer. Eine völlig ungerechte Abgabe, die nach dem Tod des Familienoberhauptes von den leibeigenen Familien verlangt wurde. Nicht wenig, nein, sondern ein Rind, auch wenn nur eines da war und weitere Ernteanteile. War dieser Tod unerwartet und wie oft durch Krankheit oder einen Unfall eingetreten, konnte sie höchstens durch neue Schulden beim Wucherer bezahlt werden. Wenn nicht, bekam der Älteste den Hof nicht und die ganze Familie flog aus ihrem angestammten Haus. So wäre es der Schwarzen Hofmännin gegangen, die man mit Rohrbach in den nächsten Tagen hier im Wald erwartete.

Der Fuhrmann, ein umgänglicher Familienvater aus Gruppenbach, war nun auch tot. Was machte nun die arme Frau, die vor ein paar Stunden noch dem Tross mit ihren Kindern gewinkt hatte. War das ein gerechter Aufstand? Gab es überhaupt Gerechtigkeit beim Töten? Nur drei Wächter blieben bei dem Kaufmann in der Schlucht zurück. Der Rest versuchte den Wagenzug der Fugger zu erobern, was aber fehlschlug, denn der war viel besser bewacht, was auf dem langen Weg durch Europa sicher notwendig war. Nachdem einige der Aufständischen durch Armbrustbolzen verletzt waren, zogen sie sich so schnell es ging in die Wälder zurück. Die Reiter, die den Zug bewachten, hatten strikten Befehl, solchen Angreifern nicht nachzusetzen, denn es konnte ja eine Finte sein, um die Wächter von dem Warentransport wegzulocken. Das ermöglichte immerhin die Flucht mit den Verletzten.

Der Winter in den Heilbronner Wäldern würde hart werden und viele der Aufständischen schlichen sich nun heim oder suchten in den umliegender Dörfern und den Weilern auf den Löwensteiner Bergen Zuflucht.

Jäcklein Rohrbach und seine Freunde waren in der Zwischenzeit nicht untätig, sondern nutzten die Dunkelheit der Abende, um in den Dorfschenken für die gerechte Idee der Bauern und kleinen Leute zu werben. Längst hatte Martin Luthers Ideen auch in den Köpfen der Bauern Einzug gehalten. Besonders natürlich die Schrift „Von der Freyheit eines Christenmenschen", die der Theologe aus Thüringen 1520 veröffentlich hatte, war hier auf fruchtbaren, gut vorbereiteten Boden gefallen und gleich aufgegangen.

Kapitel 13

Historischer Hintergrund

Die Rechtfertigung des Aufbegehrens der Bauern gegen die Ungerechtigkeit der Leibherren, schien in dieser Schrift von Gott abgesegnet. Jeder Mensch hatte vor Gott einen festen, angestammten Platz. Luther schrieb: Ein Christenmensch ist ein freier Herr und niemand untertan.

Während Luther dies auf den Glauben bezog und meinte, dass jeder Gläubige keinen Mittler auf dem Weg zum Glauben brauchte, legten die Bauern dies wörtlich aus und stellten ihre Leibeigenschaft in Frage. Selbst Luthers engste Mitstreiter, wie der Reformer Thomas Münzer aus Mühlhausen in Thüringen, hatten diese Schrift genau so wie unsere Bauern gedeutet. So fassten viele Unterdrückte aus dem Jagsttal, dem Umland von Heilbronn und auch dem Bottwartal den Mut, sich bewaffnet zur Wehr zu setzen.

Auch die Autorität der Kirche wankte, denn überall wurden die Ablassprediger verjagt, sogar die reichen Heilbronner Kaufleute, die den Rat beherrschten, hatten sich gegen diese Unsitte ausgesprochen. Viele schlossen sich Luthers Thesen an, der der Meinung war, dass der Weg zum Himmel weder mit dem Geld des Ablasses, noch mit guten Werken erkauft werden konnte, sondern allein durch die Gnade Gottes. Auf diese Weise wurden auch die Geistlichen genau beobachtet, ihre Prunksucht und auch ihr Lebenswandel. Waren die Wegbereiter zu Gott selbst auf diesem Weg?

Hintergrund dieser Gedanken war die Aufklärung eines Erasmus von Rotterdam (1465-1536), der wie Luther zu den Augustinern gehörte, nach der Lateinschule in Deventer in den Niederlanden an der Sorbone in Paris studiert hatte, ein breites, das Wissen erweiterndes Studium, das man heute Studium Universale nennen würde. So einem Gelehrten konnte die Kirche ihren Ablasshandel nicht nahe bringen, denn er durchschaute die Absicht der Geldvermehrung für Prunk und Prunkbauten.

Für unsere Geschichte ist interessant, dass Erasmus neben vielen Schülern und Studenten in ihrer Jugend die zwei größten Herrscher, dieser Zeit der Veränderungen, den Prinzen Heinrich von England, den späteren König Henry VIII und sogar den späteren Kaiser Karl V, damals noch Prinz von Burgund, unterrichtete. Zudem war er mit vielen Reformatoren brieflich verbunden und beeinflusste damit alle Reformen in

Europa. Alle alten Rechte und gültigen Normen wurden in dieser Zeit zwischen Kolumbus (1492) und dem Bauernkrieg (1525) in Frage gestellt und jeder denkende Bürger, Geistliche und Adlige musste entscheiden, wohin sein Weg führen sollte.

....

Kapitel 14

Bauernkrieg im Bottwartal

Die Bottwartaler Bauern und Kleinbürger hatten diese Entscheidung für sich schon im Winter 1524 auf 25 getroffen, sie versammelten sich immer wieder in den Schenken des Tales und als ihre Zahl zu groß wurde, im März kurz vor Ostern, auf dem Wunnenstein, ihrem Treffpunkt seit es Menschen in diesem Tal gab. (Titelbild)

Zu der Versammlung am Samstagabend nach Einbruch der Dunkelheit waren Bauern, kleine Handwerker und Gesellen, aber auch einige Bürger gekommen. Die ersten warteten schon um neun Uhr abends in den Ruinen der alten Burg. Immer mehr verzweifelte Männer aus den Gemeinden des Bottwartales und aus dem Schozachtal strömten in der Dunkelheit auf den Tafelberg, der schon in germanischer Zeit sicher ähnliche Versammlungen erlebt hatte. Lange war es her, dass die unterdrückten Leibeigenen und Kleinbürger so ein Treffen gewagt hatten. Die Einladung lief von Mund zu Ohr im Flüsterton und allen war klar, dass kein Spion dabei sein durfte, sonst wären alle verloren. Solche Geheimtreffen wurden von der Obrigkeit nicht toleriert und beim bekannt werden, kamen die Anstifter in den Kerker. Bald saßen und standen einige hundert zum Aufstand bereite Bauern auf der kleinen Kuppe hoch über den Weinbergen und diskutierten über das Für und Wider des Losschlagens und den richtigen Zeitpunkt. Zu lange wollten sie damit nicht mehr warten, denn die Arbeit auf den Feldern und in den Weinbergen sollte noch nicht begonnen haben. Außerdem war allen klar, dass ein Treffen dieser Größe den Leibherren nicht verborgen bleiben konnte. Ein

Losschlagen musste gut geplant sein und durfte nicht ins Leere laufen, denn es gab keine zweite Chance.

Schon während der Diskussion war ein Wortführer, den man später zum Hauptmann wählen konnte, sehr vermisst worden. Wer hatte den Mut, den Anführer zu spielen? Bei diesem Treffen hatte sich noch niemand dafür angeboten. Gut, aus den Dörfern und Städten kamen Gruppen, die schon ihre Führerpersönlichkeiten dabei hatten, aber keiner von denen war für den Posten des Hauptmannes bekannt genug. „Josef Bäuerle, du könntest den Posten doch übernehmen, du warst doch in der Jugend bei den Soldaten des Herzogs," rief ein Großbottwarer Bauer dem Oberstenfelder Sattler zu. Der aber wiegelte ab und meinte: „Auch nur gezwungen. Mitten auf der Straße haben mich einige Werber geschnappt und weil ich der dritte Sohn meiner Eltern war, konnte mich mein Vater nicht auslösen." „Du hast es bis zum Gefreiten gebracht," meinte sein Nachbar, „also hast du die größten Erfahrungen. Wir brauchen einen, der sagt wo es langgeht, sonst sind wir verloren." Josef lachte: „Mir folgt noch nicht mal mein Weib, wie soll ich da bei unserem Haufen die Oberhand behalten? Und so blöd bin ich nicht, den Kopf selbst in die Schlinge zu stecken!"

Er war nicht der erste, der den Posten verweigert hatte und so war guter Rat teuer. Plötzlich fiel der Name Feuerbacher, den Wirt, Stadtrat und Sohn des alten Schultheißen kannten viele der Anwesenden. Da riefen einige Anwesende: „Wo steckt der denn? Warum ist er nicht da? Ist er nicht auf unserer Seite?"

Selbst der vorher vorgeschlagene Oberstenfelder Sattler beruhigte die Menge und meinte: „Der Matern ist für uns. Ich habe erst beim letzten Markt mit ihm gesprochen. Er hat sogar mit den Böckingern unter Rohrbach Kontakt und meint, dass diese noch vor Ostern zuschlagen." „Mit dem Jäcklein will ich nichts zu tun haben," rief ein Bauer von Kleinbottwar, „der führt uns mit seinem Ungestüm nur ins Verderben!" „Nur den nicht," stimmten ihm viele zu. Da erhob Josef Bäuerle doch seine Stimme; „Ich glaube, dass kaum jemand von uns unter Rohrbach kämpfen möchte. Gerade deshalb benötigen wir einen starken eigenen Hauptmann. Die Haufen an der Jagst wollen den Götz von Berlichingen wählen, doch der ziert sich noch." „Ist auch nicht gut, sich bei einem Aufstand gegen den Adel einem Adligen zu unterstellen," meinte der Til von Winzerhausen, ein ganz junger Korbmacher.

Doch da waren die anderen Teilnehmer völlig anderer Ansicht und ein Beilsteiner meinte: „Wenn die Eisenfaust uns führt, kämpfe ich gerne unter ihm. Er hat meinem Bruder einen halben Wald gerettet." Nun erzählte Bernhard vom Walderbe seines Bruders, der eine Löwensteinerin geheiratet hatte. Die Frau hatte einige Hufen Wald mit in die Ehe gebracht, die direkt an das fürstliche Revier grenzten. Als nun der Bruder den Holzeinschlag für den nächsten Winter machen wollte, fand er die Grenzsteine nicht mehr an der richtigen

Stelle. Jemand hatte sie zu seinem Nachteil versetzt. „Nun kannte mein Bruder seinen neuen Besitz schon sehr gut und begann mit dem Schlagen einer starken Buche.

Noch bevor sie fiel, waren Löwensteiner Reiter da, verhafteten ihn wegen Holzdiebstahl und steckten ihn in den Kerker der Burg". Die Zuhörer murrten und viele meinten so ein Vorgehen sei typisch. Der Erzähler berichtete nun von den Problemen, seinen Bruder überhaupt wieder zu finden. Der schien zunächst wie vom Erdboden verschluckt, bis eine alte Frau aus Löwenstein von einem neuen Gefangenen im Burgverließ berichtete. Ohne jedes Urteil, das hätte ja möglicherweise den Schwindel mit den Grenzsteinen aufgedeckt, wäre sein Bruder schon einen Monat im Kerker der Burg gesessen.

Der Vogt machte auch keine Anstalten ein Gerichtsverfahren zu eröffnen. Wenn nicht ein Löwensteiner Ratsherr, er wäre mit seiner Schwägerin verwandt, den Götz von Berlichingen sozusagen als Schlichter angerufen hätte, säße sein Bruder wohl heute noch in dem Kerker zwischen Ratten und Mäusen. Danach ließen die Anwesenden den durch seinen Gerechtigkeitssinn und Mut bekannten Ritter hoch leben. „Das wäre der beste Hauptmann," riefen alle durcheinander. Einige Besonnene meinten allerdings, dass Götz sich besser im Hintergrund halten sollte, um im Falle des Scheiterns zu vermitteln. Diese Aussage erregte bei den Heißspornen großen Unmut, denn sie konnten sich ein Scheitern des Aufstandes nicht vorstellen. „Für uns wäre Matern Feuerbacher der richtige Mann. Ihm können wir alle vertrauen, denn er rennt nicht wie ein verwundeter Stier kopflos in jedes Scharmützel und durch sein hohes Ansehen bei unserem Baron ist er ein ernst zu nehmender Gegner," schlug Jörg Bäuerle vor. Nur wenige zeigten an ihren Gesichtern, dass sie nicht so für den überlegten Mann waren.

Eben die Bekanntheit zu denen von Weiler, den Späths von Höpfigheim und sogar zu dem Kleinbottwarer Adelsgeschlecht erschien denen nicht zu gefallen. Doch wurden sie schnell überstimmt, denn manchem unter ihnen hatte Feuerbacher eben durch seine Bekanntheit zu ihrem Recht verholfen. Nur schade, dass Matern Feuerbacher heute nicht da war, sie hätten ihn gleich zum Anführer gewählt.

„Hoffentlich übernimmt er das Kommando und hat noch nichts vom Untergang der Leute unter Joß Fritz im Südschwarzwald gehört. Außer Joß, der noch immer wie ein Schatten von Dorf zu Dorf flieht, sind alle Anführer gehängt worden", gab ein jüdischer Kleinhändler zu Bedenken. Davon hatten schon manche gehört und einer meinte: „Sogar ein Feuerbacher Schneider, der Hans Hummel, ist von dem brutalen Bauernjörg geschnappt und in Freiburg hingerichtet worden." So erging es den Anführern, die oft richtig gejagt wurden. Vor dem „Bauernjörg" hatten auch die Bottwartalbauern Angst.

Eben der Truchsess von Waldburg, ein kleinwüchsiger adliger Bauernhasser, war vom Kaiser eingesetzt worden, die aufständischen Bauern mit allen Mitteln zu bekämpfen. Er schien sich in dieser brutalen und blutrünstigen Bekämpfung richtig wohl zu fühlen. Die andere Seite war die Abschreckung , denn die gehängten Bauernführern ,wurden an den Straßenbäumen aufgehängt und durften von den Angehörigen nicht einmal zur Beerdigung abgenommen werden. Warum duldete dies der Kaiser? Dem jungen Kaiser Karl V, er lebte weit entfernt in Spanien, war jedes Mittel recht, den Aufstand niederzuschlagen, denn damit war auch gleichzeitig ein Gegner des katholischen Glaubens tot.

Gerade hatten die Bauern im Süden Deutschlands die „Zwölf Artikel der Bauernschaft in Schwaben" verfasst, die sich alle auf Luthers Reformation bezogen und alles deutete auf eine kriegerische Auseinandersetzung hin , bei der es eine weitere Front gab: Kaiser und kaisertreue katholische Fürsten gegen protestantische Fürsten. Auch für Karl V keine leichte Aufgabe. In Deutschland verlor er immer mehr Fürstentümer an die Protestanten und in den treu ergebenen süddeutschen Kleinstaaten tobte gleichzeitig der Bauernkrieg. Zudem war sein Augenmerk auf die neue Welt gerichtet, dort fanden die spanischen Heere das Gold, das Karl zum Bezahlen seiner Schulden an die Fugger benötigte.

Karl, dem Habsburger, kam die Untat des jähzornigen württembergischen Herzogs Ulrich gerade recht, hatte der doch 1515 den Ehemann seiner Geliebten, den Rittmeister Hans von Hutten erschlagen. Ulrichs Ehefrau Sabina, sie hatte eben den späteren Herzog Christoph geboren, beschwerte sich darüber beim Landtag und Ulrich wurde geächtet. Diese Acht wurde sogar 1518 vom Reichstag bestätigt. Der Herzog floh, versteckte sich in der Nebelhöhle und musste einige Jahre jenseits der Zuständigkeit des Kaisers in Mömpelgart, in Frankreich, verbringen. Schnell setzten die Habsburger den Kaiserbruder Ferdinand als Verweser ein und dieser hatte sicherlich noch weniger Interesse daran, den armen Bauern zu ihrem Recht zu verhelfen. Sicher hatte Ferdinand den Kaiser bewogen, den brutalen Bauernfeind Jörg von Waldburg mit der Bekämpfung des Aufstandes zu beauftragen und ihn zum Truchsess zu ernennen.

Kapitel 15

Verschwörung auf dem Wunnenstein

Alle dies Zusammenhänge kannten die Aufrührer auf dem Wunnenstein sicher nicht, davon hatte höchstens der Feuerbacher und einige Kaufleute, die im Norden Deutschland herumgereist waren etwas gehört. Die neu erfundene Drucktechnik allerdings ermöglichte das Vervielfältigen von Flugblättern und solche mit Luthers Ideen und den zwölf Artikeln hatten manche dabei. Trotz des brutalen Bauernjörg, dem Truchsess von Waldburg, wollten alle nicht klein beigeben, denn sie ahnten, dass dann das Leben noch trostloser werden würde.

Nach der Entscheidung Matern Feuerbacher zu bitten, ihr Hauptmann zu werden, beschlossen die Anwesenden noch, sich am Ostersonntag wieder hier oben zu treffen, einen Schwur auf die zwölf Artikel zu leisten und gleichzeitig den Hauptmann zu wählen.

Nach dem Überfall auf den Kaufmannszug, den Johann Berner begleitet hatte, mussten die Aufständischen mit einer Vergeltung der Stadt Heilbronn rechnen. Den Kaufmann selbst hatte seine Familie für ein hohes Lösegeld befreit. Erschöpft war er am Waldrand beim Jägerhaus von seiner Frau in die Arme geschlossen worden. Schon am nächsten Morgen bat ihn der Stadtrat von seiner Haft und von den räuberischen Bauern zu berichten. Natürlich beschrieb er auch den Ort seiner Gefangenschaft genau, nur den Weg von der Schlucht zum Jägerhaus konnte der Kaufmann nicht beschreiben, denn seine Augen waren verbunden gewesen. Noch nicht einmal die Dauer konnte er angeben, da er mehrfach vielleicht um eine Begegnung zu vermeiden, längere Zeit auf dem Waldboden gekauert war. Der Bürgermeister wollte die Jäger befragen, die eigentlich solche Sandsteinschluchten kennen mussten. Erst danach sollte eine Truppe zusammengestellt werden, die das Räubernest ausheben würde.

Die Aufständischen hatten beschlossen sich am Karfreitag wieder zu treffen. Ein Teil vereinigte sich mit anderen Bauern und wenn die Informationen stimmten, waren nun viele verschiedene Bauerngruppen auf dem Weg in die Gegend von Heilbronn. Ein Haufen aus dem Jagst- und Kochertal hatte das reiche Kloster Schöntal geplündert und teilweise in Brand gesetzt. Dem Nonnenkloster Lichtenstern ging es ähnlich. Dieses brutale Vorgehen bewog den Stadtrat von Heilbronn den Klosterbesitz innerhalb der Mauern kampflos den anrückenden Bauernscharen zu übergeben.

Jäcklein Rohrbach war nun der oberste Hauptmann, obwohl viele Bauern sein brutales Vorgehen nicht mochten. Da die adligen Verteidiger der Burg Weinsberg ebenfalls ohne Gnade kleinere Bauerngruppen aus dem Hinterhalt angriffen und hinmetzelten, bekam Rohrbach immer wieder Berechtigung für seine Blutrünstigkeit.

Ausgerechnet am Ostersonntag, am 16.4.1525, griffen die vereinigten Bauern die Weinsberger Festung an. Die desolaten Mauern hielten den wütenden Bauern nicht lange stand, so dass die Verteidiger, wie Johann Berner später berichtete, bald hinunter zur Stadt flüchteten. Aber auch deren Mauern hätten kein Hindernis geboten, da einige Bürger eine Pforte in der Stadtmauer geöffnet hatten.

Im letzten Moment flüchteten die Getreuen um den Grafen von Helfenstein in die Kirche und hofften, dass die Bauern gottesfürchtig genug waren, dort ihr Leben zu schonen. Da kannten sie Rohrbach aber schlecht, der in seiner Wut über das Wohlleben der Pfaffen jedes Christentum vergessen hatte. So wurde Dietrich von Weiler oben auf dem Turm erschossen. Der Graf von Helfenstein sei aber zunächst gefangen genommen worden. Als seine Frau um Gnade für ihren Mann bat, lachte der Bauernhauptmann sie nur aus und führte eine Abstimmung herbei, in der ihr Mann zum Spießrutenlauf verurteilt und so vor aller Augen auf schmachvolle Weise umgebracht wurde.

Diese Bluttat war dann für die meisten Bauern doch zu viel und sie sagten sich sofort von Jäcklein Rohrbach los. Viele der Bauern, die Weinsberg eingenommen hatten, fürchteten die Rache des Truchsess von Waldburg. Nur wenige der Böckinger blieben bei Rohrbach, die anderen schlossen sich Haufen im Norden von Heilbronn an. Auch Johann Berner beschloss sich dem Bottwartaler Bauernhaufen anzuschließen, der wahrscheinlich von Feuerbacher angeführt werden würde und damit kaum mit solchen Mordtaten zu tun haben würde. Zunächst brachte er seine hochschwangere Schwester in der hinteren Ölmühle unter. Ihr Mann, Jörg, war nicht bereit, sie in diesen unsicheren Zeiten dort allein zu lassen und blieb bei ihr. Johann versteckte sich im Wald beim Wunnenstein. Er ahnte, dass sich die Bauern des Bottwartales hier an dieser alten Versammlungsstelle treffen würden. Noch in der Nacht kamen die ersten Bauern, die von hier aufbrechen wollten.

Alle waren auf Rohrbach wütend, denn seine Untat würde jeden Ausgleich mit der Obrigkeit unmöglich machen. Die zwölf Artikel, nach denen sie ihre Freiheit und die alten Rechte forderten, erlaubten keinen Mord. Sie hatten Matern Feuerbacher nun doch zu ihrem Hauptmann wählen können. Lange hatte der diesen Posten zwar abgelehnt, ihn aber an Ostern nach kurzer Diskussion doch angenommen.

Die Bauern wussten nichts davon, dass Matern Feuerbacher in den letzten Tagen sogar von den Adligen der Umgebung gedrängt worden war, sich als Anführer wählen zu lassen. Rupprecht hatte ihn einige Male in der Nacht besucht. Alle Adligen des Tales und auch die wohlhabenden Bürger schätzten Matern wegen seiner besonnenen Art, deshalb war er ihnen als Bauernführer lieber, als so ein junger Heißsporn wie etwa Rohrbach. Auch hatte sich die Bluttat von Weinsberg in Windeseile bis ins Bottwartal herumgesprochen. Diese Tat gab letztlich für Matern den Ausschlag, sich dieser Aufgabe zu stellen. Denn zuvor hatte sich einiges so unerwünscht verändert, dass sich Matern Feuerbacher als verantwortungsvoller Bürger nicht mehr länger aus dem Ständekrieg heraushalten konnte, er musste Stellung beziehen. Schon am Osternachmittag hatte nämlich ein Bote die schlimme Nachricht vom Tod des Festungskommandanten, Graf von Helfenstein, und seines Gefolgsmannes, Dietrich von Weiler, in Weinsberg auf den Lichtenberg gebracht. Matern wurde darauf von der Witwe und ihrem Sohn um eine Unterredung gebeten. Beide Familienmitglieder waren über so viel unnötige Brutalität entsetzt. Matern konnte ihnen nur zustimmen.

„Werte Freifrau von Weiler," meinte er," zunächst möchte ich ihnen und ihrer Familie mein tiefstes Mitgefühl ausdrücken. Wir Bauern mussten selbst in den letzten Jahren viel Unrecht ertragen, nicht immer vom Adel selbst, mehr von den beauftragten Verwaltern, die oft ihre Macht zu zeigen wussten und selten wurde den Emporkömmlingen Grenzen gesetzt. Manchmal dachte ich, dass sie uns abschrecken sollten. Allerdings hat unser Leibherr, der ermordete Freiherr, fast immer das Schlimmste verhindert, wenn er davon erfuhr was ein Vogt Grätzer oder der Schorrer für Untaten begingen. Letztlich vertrat er das Recht und beugte es nicht wie andere Adlige. Insofern haben die Bauern wie oft bei so einem unüberlegten Vorgehen den falschen umgebracht. Wir hätten ihren Gatten gut bei der friedlichen Lösung unserer Probleme brauchen können."

„Danke für dein Mitgefühl, das, wie ich sicher bin, nicht nur so dahergesagt ist. Doch leider erweckt das meinen Vater nicht mehr von den Toten. Unsere Sorge gilt in diesen Stunden dem Lichtenberg und dem Fortbestehen unserer Familie. Wer schützt uns in der nächsten Zeit vor den mordenden und brandschatzenden Bauern?" gab Rupprecht zu bedenken. „Dieser Jäcklein Rohrbach ist ein Mörder und er wird auch unsere Burg nicht verschonen," meinte die Freifrau besorgt. „Zunächst hat er nichts mehr zu sagen. Der Scharfmacher wurde von den moderaten Bauern abgesetzt. Und im Bottwartal habe ich das sagen, wenn ich will," warf Matern Feuerbacher ein und gab damit sein Geheimnis preis. Ja eigentlich gab es danach kein Zurück mehr, er musste die Rolle des Bauernführers annehmen, das war ihm nun klar. Die Freifrau schaute ihm in die Augen und sagte mit leiser Stimme: „Das wissen wir längst und mein Mann hat dieses Wissen, das dich hätte täglich in den Kerker bringen können, immer für sich behalten, Matern Feuerbacher. Er hielt dich schon immer für den Bürgerbaron des Tales und hielt große Stücke von dir, von deiner zurückhaltenden Art und deinem absoluten Gefühl für Gerechtigkeit. Längst hätte er dir mehr Macht gegeben, aber es gibt natürlich auch in unserem Stand Scharfmacher, die ähnlich falsch denken wie dieser Rohrbach und dieses Weib, die schwarze Hoffmännin, die immer in seiner Nähe sein soll. Wahrscheinlich eine Hexe!"

Matern bewunderte diese adlige Frau, die trotz des schweren Verlustes sogleich wieder zu handeln wusste, um Schlimmeres von ihrer Familie abzuwenden. Irgendwie musste er ihr recht geben, denn bei den vielen willfährigen Untertanen, die von einem Verrat nicht zurückschreckten und sich dadurch Vergünstigungen erhofften, konnte seine freiheitliche Einstellung den Leibherren nicht verborgen geblieben sein. Niemand hatte ihn je zurecht gewiesen oder gar gewarnt. So eine Rolle konnte nur mit Duldung des Barons gelebt werden. „Und unser Sohn Rupprecht hat ganz in unserem Sinne mit dir Kontakt gehalten," ergänzte die Freifrau. „Deshalb möchten wir dich in all dem Chaos um ein Zeichen deiner Treue zu unserer Familie bitten: Möglicherweise könnte ein Schutzbrief von dir als Bauernführer des Tales uns vor dem Schlimmsten bewahren."

Da auch Rupprecht ihn darum bat und er sogar Pergament und Tinte schon bereitgelegt hatte, fertigten sie gemeinsam das Schreiben aus und Matern Feuerbacher unterzeichnete nach kurzem Zögern das vorbereitete Schreiben. Das kurze Zögern hatte er sofort aufgegeben, als ihn sein Freund auf die unsichere Nachfolge im Falle eines Todes der ganzen Adelsfamilie hinwies. Meist stritten sich danach alle möglichen Verwandten um das Erbe und nicht selten setzten sich die Gewalttätigsten durch. Das konnte nicht im Sinne der leibeigenen Bauern sein.

Den beiden Lichtenbergern schien danach ein Stein vom Herzen zu fallen und die Baronin wollte ihn noch vor Nacht am Burgtor anbringen lassen. Als ihn am nächsten Morgen ein Brief der Ritter Späth von Höpfigheim erreichte, die ihn auch zur Übernahme des Bauernhaufens rieten, war sein Weg klar. Er würde den Bauernhaufen nach Stuttgart führen.

War die Burg während seiner Abwesenheit vor den radikalen Bauern sicher? Gut, es gab seinen Brief. Matern war allerdings von der Wirkung des Briefes wesentlich weniger überzeugt, doch er sollte im Verlauf des Aufstandes noch von dessen großem Wert erfahren. Kurz darauf verließ er die Burg zu Pferd und bereitete sich auf eine längere Abwesenheit von seiner Familie und der Schenke vor. Der Strudel der Ereignisse, der ihn kurz darauf voll mitriss, würden ihm nie mehr eine Heimkehr ermöglichen.

Nach einem bewegenden Abschied von seiner Frau und den Kindern, sagte er noch: „Wenn alles verloren erscheint," meinte er zum Schluss, „versuche ich mich zu meinem alten Freund Horner in die Schweiz durchzuschlagen." Niemand wusste wie lange der Vater wegbleiben würde. Bald darauf ritt er zum Wunnenstein und sah, dass viele Bürger und Bauern denselben Weg nahmen. In all den Wochen vor der Weinsberger Tat, die letztlich zum offenen Konflikt führte, hatte Feuerbacher mit den anderen Bauernführern über Boten ständigKontakt. Er wusste, dass sich bei Lauffen viele Haufen treffen wollten.

Kapitel 16

Auszug der Bauern

Jeder der Bauern hatte auch etwas Proviant und eine eigene Waffe dabei. Wobei es sich dabei meistens um umgebaute Sensen und veränderte Dreschflegel handelte. Beritten waren nur wenige bei den Aufständischen und diese wurden als Vorhut zur Sicherung des Weges dringend gebraucht. Für die anderen, die Fußsoldaten, oft ohne gutes Schuhwerk, standen mühsame Wanderungen bevor.

Zunächst ging es auf unbefestigten Holzwegen quer durch den Wald. Da die Adligen durch die Weinsberger Tat gewarnt waren, musste überall mit wendigen berittenen Gegnern gerechnet werden. Der dichte Wald bot da noch den besten Schutz, denn hier konnte die Beweglichkeit wenig ausrichten, Fußsoldaten konnten sich da viel besser bewegen. Wie ein gespenstischer Lindwurm bewegte sich der Zug durch den dunklen Wald, als plötzlich von vorne ein Warnruf erscholl. Der Käuzchenschrei, auf dem Wunnenstein verabredet, brachte die Schlange mühsam zum Stehen. „Vorsicht Hauptmann, da vorne bei der Schenke stimmt etwas nicht", warnte einer der Reiter die beiden Frontmänner Matern und Johann im Flüsterton. „Was meinst du?" fragte Johann leise. „Ich kenne den Wirt gut, denn ich warb zwei Jahre um die Suse, seine Tochter," erklärte der Holzweiler. „Der lässt das Feuer nie ausgehen, aber heute ist die Schenke völlig dunkel." Matern beschwichtigte: „Das bildest du dir ein, vielleicht hat er zu viel Bier erwischt und schläft auf der Bank seinen Rausch aus. Johann geh mal mit vor! Wir schleichen natürlich, aber das weißt du ja." Auch der Holzweiler stieg ab und beide schlichen zum Waldrand vor. Nur noch wenige Meter weiter vorne lag der Bauernhof mit der Schenke, in der die Fuhrleute gerne den Straßenstaub hinunterspülten.

„Schon gespenstisch ruhig," meinte Matern, „um diese Zeit kommen immer noch Wagen vorbei und ein Wirt macht gerne ein Geschäft." „Der Kunz schon. Geld ist ihm das Wichtigste," stimmte der Holzweiler Gerhard zu. „Nur aus diesem Grunde durfte ich Suse nicht heiraten. Jetzt lebt sie in Besigheim bei einem reichen Kaufmann. Der bot mehr."

Natürlich kannte sich Gerhard durch seine Liebschaft in dem Gehöft gut aus und er führte die Späher zur Hintertür der Gaststätte, die weit offen stand. Nicht einmal der Hofhund schlug an, obwohl der seine Aufgabe stets erfüllt hatte. „Hier ist etwas faul!" flüsterte er Feuerbacher zu. „Wir wollen noch etwas warten und beobachten." Doch als längere Zeit nur die Geräusche des nächtlichen Waldes zu hören waren, wagten die beiden Späher sich aus der Deckung. Der Anblick, der sich ihnen bot, erforderte starke Nerven. Der Hund war da noch am leichtesten zu verkraften. In der Schankstube aber lag der Wirt und in der Küche die Wirtin offensichtlich mit einem Prügel erschlagen, der nicht weit davon blutverschmiert auf dem Küchenboden lag. „Schweine! Meuchelmörder!" brachte Gerhard nur heraus. Obwohl er durch deren Ablehnung als Schwiegersohn die beiden Wirtsleute sicher nicht sehr schätzte ‚hätte er ihnen so einen schlimmen Tod niemals gewünscht.

Seltsamerweise war die Geldschublade, Gerhard kannte sie von früher, verschlossen. Ja sie war sogar gefüllt. Diese erstaunliche Entdeckung machte er, als er in einem Versteck den Schlüssel fand. „Ein Raub war es also nicht," meinte der Hauptmann. Nun war ihnen völlig unklar, was hier vor wenigen Stunden geschehen war. Wer hatte die alten Leute umgebracht, und offensichtlich völlig grundlos?

Vorsichtig durchsuchten die beiden die restlichen Räume nach Spuren. Dabei kamen sie auch in das Zimmer des Knechts, ganz oben auf dem Dachboden. Hier machten sie eine interessante Entdeckung: Es waren keinerlei persönliche Habseeligkeiten des Knechts mehr zu finden und er selber schien schon länger weg. Gerhard wunderte dies sehr, denn der krumme Heinz gehörte gewissermaßen zum Inventar. Er war schon immer da und mit den Wirtsleuten alt geworden, seltsam! „Wir müssen zu unseren Leuten zurück. Was hier geschehen ist, können wir so schnell nicht klären," meinte Matern Feuerbacher. „Wir werden möglichst schnell das freie Gelände zum nächsten Wald überqueren, aber die nächtlichen Geräusche scheinen keinen Hinterhalt anzudeuten." Trotzdem schlichen sie möglichst leise zurück.

Plötzlich hob der Holzweiler etwas vom Boden auf, das wegen der besonderen Farbe ihm im fahlen Licht des Mondes aufgefallen war. „Schau mal Matern was ich da zufällig gefunden habe!" meinte Gerhard und hob das Fundstück hoch. Ein Stück Federbusch eines Hutes mit einer interessanten, seltenen Tönung, etwas gelb am Grund, dann rot und an der Spitze schwarz. „Die ist von einem Hut, aber nicht von einem Bauernhut," meinte Matern. „Vielleicht können wir durch den Fund die Mörder erwischen."

Bald hatten sie die Spitze ihres Zuges erreicht, die schon in Sorge auf die Rückkehr der Späher wartete und Johann meinte: „Es wir Zeit, dass wir loskommen, denn nun kommt noch ein kurzes Waldstück und danach bis zum Neckar hinunter viel freies Gelände, das wir möglichst noch in der Dunkelheit schaffen sollten. Unten am Neckar gibt es Gestrüpp genug, in dem sich unsere Schar vor feindlichen Augen geschützt bis kurz vor Lauffen vorarbeiten kann." Möglichst leise passierte der Bauernhaufen das Wegekreuz am Pfahlhof und der Wald auf der südlichen Seite nahm sie gleich wieder auf. Zwei Späher deckten die

Seite zur Straße ab und fanden bald den Kadaver eines erst vor kurzem gestorbenen Pferdes. Kein Bauernpferd, das sah man an dem wertvollen Sattel und einem Messingknauf. Matern, der zu dem Fund gerufen worden war, meinte zu dem Holzweiler: „Irgendwie scheint dieses arme Pferd zu der Quaste zu gehören, die du in der Tasche hast." Mehr war gerade nicht herauszufinden und die beiden schauten, dass sie wieder das Ende des Zuges erreichten. Vor ihnen lag das Dorf Neckarwestheim im Dämmerlicht des frühen Tages. Langsam sah man immer mehr Spuren links und rechts des Weges, Wagenspuren und Hufspuren. Hier musste eine größere Landsknechtsgruppe vor kurzem durchgezogen sein. Hatten sie mit dem grausamen Mord an den Wirtsleuten zu tun? Nun hatten beide, der Anführer und sein Freund, Sorge im nahen Dorf ähnliche Funde zu machen, da nicht einmal ein Hund anschlug. Entweder alle Bewohner waren gen Lauffen geflohen oder sie lagen wie die Wirtsleute ermordet in den Häusern.

Hauptmann Feuerbacher entschied den Haufen im Schatten einiger Bäume warten zu lassen. Er würde mit einigen kräftigen Burschen in den Häusern nach dem Rechten sehen. Ganz so Schlimmes brachte der Gang durch das Dorf nicht zu Tage. Einige Scheuern am Rand waren abgebrannt. Im hinteren Dorf rauchten noch die Reste eines Hauses. Die Ställe waren offensichtlich geleert und die Tiere weggetrieben worden. Quer über Äcker und Wiesen sah man die tiefen Spuren von Wagenrädern, Hufen und Menschen weiterführen. „Ein Söldnerheer," hat das Dorf überfallen und alles Essbare mitgenommen. Sicher sind auch die Keller leer," meinte Feuerbacher. „Können es nicht die Bauern selbst gewesen sein?" fragte Johann Berner. Doch der Hauptmann deutete nur stumm auf die Wintersaat und meinte: „Kein Bauer würde das mühsame Pflügen und Eggen vergessen, quer durch sein Feld ziehen und damit auch noch die aufkeimende Saat schädigen."

Offensichtlich waren die Bewohner gewarnt , denn sie fanden keine Leichen. Vielleicht hatten auch sie einen Teil der Tiere weggetrieben, denn wo die Soldaten einfielen, blieb meistens kein schlachtreifes Tier übrig. Johann sagte: „Die werden sich hinter die trutzigen Mauern von Lauffen geflüchtet haben. Da sind sie sicher! Wo das Heer plötzlich herkommt?" „Möglicherweise sind das Söldner vom Truchsess von Waldburg, die der Feste Weinsberg zu Hilfe kommen sollten," meinte Matern." Und nun ziehen sie plündernd und marodierend durch die Bauerndörfer, um uns zu bestrafen und abzuschrecken. Die wissen genau, dass nur Weiber, Kinder und alte Leute in den Dörfern zurückgeblieben sind. Die lassen sich leicht erobern."

Die Bottwartaler Bauern waren über solche Gemeinheit ziemlich empört und ängstigten sich wegen ihren Familien zu Hause. Feuerbacher deutete auf die Richtung der Spur, die eindeutig in Richtung der Freien Reichstadt Heilbronn führte, und versuchte seine Leute zu beruhigen. „Zunächst ist das Bottwartal sicher und wir schauen, dass wir einen großen

Haufen zusammen bekommen. Dann können wir sie schlagen und für die Brutalität bestrafen," warf Feuerbacher ein. „Auf nach Lauffen!"

Im Schutz der Uferbäume zwischen Neckar und Felsen rückten die Bauern langsam in Richtung Lauffen vor. Plötzlich hörten sie von oben ein seltsames Geräusch. Es klang wie ein Röcheln und einige Steine kullerten den Abhang herunter. Der Hauptmann schickte Johann und den Holzweiler hinauf, um nach dem Rechten zu sehen. Schnell stiegen die beiden Kundschafter die Böschung hoch und fanden in einer größeren Grotte ein stöhnendes Menschenbündel, das kaum mehr bei Sinnen war. „Ist das nicht der krumme Heinz, der Knecht vom Pfahlhof?" sagte Gerhard, als er das Gesicht sah. Auch jener musste den Holzweiler erkannt haben, denn das Gesicht erhellte sich kurz. Doch dann musste der Verletzte die Besinnung verloren haben. Schade, dass man ihn nun nicht über die Vorfälle befragen konnte. „Was machen wir mit dem?" meinte Johann. „Wir können ihn nicht allein zurücklassen," hörten sie die Stimme des Hauptmannes, der auch heraufgestiegen kam. „Baut eine Trage, in Lauffen gibt es ein Klosterspital, die Nonnen sollen ihn gesund pflegen. Außerdem ist er ein Augenzeuge der Bluttat an den alten Wirtsleuten vom Pfahlhof. Er weiß, wer dort gehaust hat."

Etwa um die Mittagszeit kamen die Bauern unterhalb der Stadtmauern der Amtsstadt Lauffen am Neckar an und fanden dort eine große Ansammlung von Bauern. Diese lagerten nach ihrer Herkunft getrennt auf den Neckarwiesen in Zweighütten und provisorischen Zelten. Als die Bottwartaler Bauern ankamen, erhob sich ein Jubeln, denn viele kannten Matern Feuerbacher, den Großbottwarer Wirt, und die Anführer hatten bereits auf ihn gewartet. Viele wussten von seinen guten Beziehungen zum örtlichen Adel, seinem Überblick und seiner Besonnenheit. Sogar der Lauffener Stadtrat, mehrheitlich auf Seiten der Bauern, wollte auf seine Einschätzung der Lage warten. Die Ankunft Feuerbachers möge doch gleich gemeldet werden, war der Wunsch des Bürgermeisters, dann würde man sich mit den Anführern der Bauernhaufen im Schloss, dem Rathaus der Stadt, treffen, um die Lage zu erörtern und das weitere Vorgehen zu beschließen.

Während Johann den verletzten Heinz zum Spital brachte, versammelten sich die Haufenführer, meist einfache, mutige Bauernsöhne um Feuerbacher, wählten ihn nach kurzer Besprechung zum Wortführer und gingen zum Rathaus. Bei einem guten Vesper und einigen Gläsern Lauffener Weins mussten sie noch warten, bis die Stadträte vom Büttel alarmiert und zusammengeholt worden waren. Die Stadträte versammelten sich erstaunlich schnell und einer meinte, sie hätten ja schon lange auf den Feuerbacher gewartet und die meisten hatten heute zu Hause oder im stadtnahen Weinberg unter der Mauer gearbeitet. Da Matern Feuerbacher ganz erstaunt schaute, erklärte der Bürgermeister die Sachlage: „Schon gestern kamen einige Böckinger Bauern mit ihrem Hauptmann hier an." „Meinst du den Rohrbach?" wollte Matern wissen. „Ein ganz wilder Typ. Sie wollten es nicht so genau sagen, aber einer unserer Händler kannte ihn von Heilbronn. Natürlich ist es dieser Mordbube, der Jäcklein. Sofort verließen viele unserer Bürger und auch Bauern von anderen Haufen den Versammlungsplatz. Seit Weinsberg möchten alle normalen Leute mit dem nichts mehr zu tun haben. Alle meinten, dass sie auf dich, Feuerbacher, warten würden. Wenn du kommen würdest, würden sie dich notfalls gegen Rohrbachs Bewerbung zum Anführer wählen."

Matern Feuerbacher und seine Begleiter wunderten sich über diese Aussage, denn er war seit seiner Kindheit nie in dem Oberamtsstädtchen gewesen. „Woher kennt ihr mich und vor allem, woher stammt der Vertrauensvorschuss für mich? Bin doch nur ein einfacher Wirt," warf Matern ein. „Du bist uns lange bekannt, vor allem unseren Händlern. Sie brachten die Nachrichten aus deinem Tal und manche lobten dich wegen deinem Einsatz für die Gerechtigkeit. Aber den Ausschlag brachte gestern ein Bote, der ein Schreiben der Vögte von Stockheim und der Grafen von Neiperg brachte. Auch die hohen Herren warnen davor den Rohrbach an die Spitze zu wählen. Dafür schlagen sie dich, Feuerbacher, gemeinsam vor. Sogar die Witwe deines Barons unterstützt dich."

Matern Feuerbacher schwieg lange. Alle Augen schauten auf ihn, als er zu sprechen begann: „Werter Bürgermeister, werter Rat der Stadt Lauffen! Wer mich kennt weiß, dass ich diesen verantwortungsvollen Posten nie angestrebt habe. Ich habe eine gut gehende Gastwirtschaft, eine liebe Familie und bin überall angesehen. Warum sollte ich gegen die Obrigkeit einen Aufstand machen? Mein Fehler ist, dass ich nicht wegschauen kann, wenn andere Unrecht erleiden. Ich mische mich ein und komme so in Streitereien und Gezänk, das mich eigentlich nichts angeht. Und nun soll ich noch der Anführer sein, wovon ich nichts verstehe. Mir fehlt die militärische Erfahrung, um einen Kampf gegen die Truppen des Waldburgers aufzunehmen. Ich weiß selbst nicht wie ich zu der Ehre komme. In einer Schlacht bin ich der falsche Hauptmann, viel zu unerfahren und zu weich. Inzwischen hat sich allerdings die Lage verändert und aus dem Feuerchen ist ein Großbrand geworden. Kein redlicher Mann kann nun mehr abseits stehen, er wird einfach in den Strudel hineingezogen. Die Kampferfahrung scheint mir nunmehr allerdings inzwischen nicht mehr so wichtig, denn unsere Zahl ist nun so angewachsen, so können wir auch ohne Blutvergießen unser Ziel, mehr Gerechtigkeit für Bauern und Bürger, erreichen. Auch unsere Herren sind nicht so verrückt, alle ihre Bauern abzuschlachten. Wir sind ja alle Christenmenschen und beziehen uns auf die zwölf Artikel. Niemand soll durch uns unnötig Gewalt erleiden! Mord und Todschlag sind unverzeihliche Sünden."

Die Stadtväter von Lauffen hörten ihm genau zu und spendeten dem Hauptmann aus dem Bottwartal für seine ausgewogene Rede viel Beifall. Der Bürgermeister lobte ihn besonders: „Was du sagst, Feuerbacher, überzeugt uns noch mehr von deinen Fähigkeiten, diese verantwortungsvolle Aufgabe zu einem guten Ende zu führen. Wir vertrauen dir unsere jungen, kampffähigen Männer an. Wohin willst du dich wenden?" „Ich meine, dass nur die Obrigkeit in Stuttgart das Ganze beenden kann," meinte Feuerbacher. „Eigentlich meinen wir auch, dass unser Herzog ein Machtwort sprechen könnte," sagte der Ratsvorsitzende, „nur ist der seit seinem Überfall auf die reiche Stadt Reutlingen vor sechs Jahren vom Kaiser geächtet. Er soll in seinen französischen Besitzungen leben. Und der Verweser, den der Kaiser eingesetzt hat, der Ferdinand, hat nur eine Aufgabe unser gutes Württembergisches Land mit den vorderösterreichische Städten wie Weil der Stadt oder Rottenburg zu vereinen und mit Habsburg zu verbinden. Das wäre ein Festessen für unseren neuen Kaiser Karl. Um euch Bauern aufzuhalten, hat er den Bauernhasser Jörg von Waldburg mit allen Freiheiten ausgestattet."

Fast alle der Anwesenden hatten schon von den Gemeinheiten des Bauernjörg gehört, der, wenn er unterlegen war oft schnell mit den Aufständischen Verträge schloss, nur um sie bei Überlegenheit zu brechen. Noch waren viele württembergische Söldner beim Krieg in Norditalien, der aber inzwischen beendet sein musste.

„Wir müssen schnell nach Stuttgart ziehen, solange der Truchsess auf seine Auffüllung wartet, dann mit unserm großen Haufen drohen, die Stadt zu zerstören", war die Meinung der meisten anwesenden Hauptleute. „Bist du bereit uns anzuführen, Matern Feuerbacher?" Matern wiegte seinen Kopf hin und her und sprach:

„Drei Bedingungen stelle ich:
- der Rohrbach hat nichts mehr zu sagen
- ihr wählt mich einstimmig
- alle schwören auf die zwölf Artikel der Bauernschaft von Schwaben.
Stimmt ihr dem zu, will ich es wagen."

Noch am selben Tag wurde Matern zum Oberhauptmann aller Bauernhaufen, die in Lauffen anwesend waren und von denen, die bis Stuttgart noch zu ihnen stießen, gewählt. Keiner der anderen Hauptleute hatte so viel Ansehen bei allen. Nur ihm würde die Mehrheit gehorchen. An seiner Seite wurde auch Hans Wunder bestätigt,denn bei so gefährlichen Unternehmungen empfahl sich immer eine doppelte Spitze.

Von Jäcklein Rohrbach war an diesem Tag nichts mehr zu sehen und ein Heilbronner Händler meinte, ihn mit ein paar Getreuen am Abend wegreiten gesehen zu haben. Das stimmte nicht ganz, denn er folgte mit seinen letzten Getreuen dem Bauernheer in gutem Abstand. Seine Zeit würde kommen, wenn die friedliebenden Bauern auf den Truchsess von Waldburg treffen würde, dessen Absicht, die totale Unterwerfung der Bauern war, wie Jäcklein von Götz von Berlichingen wusste. Der Waldburger hasse die Bauern von Grund auf, meinte Götz eines Tages in einem Gespräch, ja er hielte sie für Ungeziefer, das man ausrotten müsse. Damals hatte Rohrbach nach dem Grund gefragt. Das käme vielleicht von der gnomenhaften Gestalt des Bauernhassers, denn jeder normale Bauer wäre ihm an Kraft und Körpergröße überlegen. Als Johann die Hutquaste aus der Tasche zog, erkannte Jäcklein sie sofort und meinte: „Diese Farben tragen Kundschafter des Bauernjörgs." Johann und Matern erschraken über so viel unnötiges Blutvergießen. Wie würde der Waldburger mit ihnen umgehen? Die Bauern trennten sich nun:

Götz, der Anführer des nördlichen Bauernhaufens zog einen anderen Weg in Richtung Tauber und Main. Ziel war das reiche Würzburg. Ein Teil der radikaleren Bauern, Anhänger Rohrbachs, trennten sich von Feuerbacher und zog nach Osten, um dort Burgen und Städte zu erobern.

Später wollten sie sich mit den radikaleren Remstalbauern vereinen, die auch auf dem Weg nach Stuttgart waren. Obwohl in diesen Wochen einige Bauerngruppen ohne direkte Anführer die Burg Lichtenberg passierten, wagte es niemand, die Burg zu zerstören, denn es hatte sich bei allen herumgesprochen, dass sie unter dem Schutz des Matern Feuerbachers stand. Dafür brandschatzten und plünderten sie die Stadt Backnang, die ihnen keine Marschverpflegung liefern wollte.

Lauffen am Neckar · Ansicht von Westen

Kapitel 17

Zug nach Stuttgart

Als das gemäßigte Bauernheer aus Lauffen abrückte, gab es noch eine angenehme Überraschung. Die wohlhabende Stadt Lauffen öffnete für das abziehende Heer noch am gleichen Tag die vollen Speicher und versorgte alle mit Proviant. Das hatte Feuerbacher mit dem Bürgermeister ausgemacht, denn nur so konnte das Heer ohne unterwegs Dörfer und Städte zu schröpfen, zur Hauptstadt ziehen. Das Beschlagnahmen von Verpflegung brachte immer viel Ärger und Feinde im Rücken. Man wollte sich dadurch auch bewusst von den Söldnerheeren unterscheiden, die auf ihren Märschen durch das Land den armen Bauern Tiere und Korn abnahmen und somit manche Familie in höchste Not brachten.

Als Abordnungen aus dem Remstal, dem Schurwald und dem Neckartal hörten, dass der Verursacher der Bluttat von Weinsberg, Rohrbach, ausgebootet war, schlossen sich immer mehr Haufen diesem Zug an und zeigten damit ihre Solidarität. In späterer Zeit wurde die Menge auf beinahe 10.000 Menschen geschätzt, wahrscheinlich waren es mehr. Trotzdem verlief der Marsch nicht völlig ohne Störung, was an den kleinen Herrschaften lag, die man durchqueren musste. Auch hier zeigte sich das Fehlen des eigenen Herzogs, der sicherlich eine ähnliche Haltung den Bauern gegenüber durchgesetzt hätte. So erlebten sie an jeder Grenze höchst unterschiedliche Reaktionen. Das variierte zwischen freundschaftlichem Durchwinken bis hin zu hasserfülltem Aufhalten, manchmal sogar mit Waffen.

Auf dem Weg nach Süden, um auch dort andere Bauerngruppen aufzunehmen, wollten die Bauern bei Benningen auf einer alten Brücke den Neckar überqueren. „Stopp!" ertönte eine barsche Stimme aus einem Wachhäuschen an der Neckarbrücke. „Hier kommt keiner ohne gültige Papiere durch, das hat unser Herr persönlich angeordnet." „Komm mal raus, du Retter des Vaterlandes," lachte Johann, der an der Spitze des Zuges schon mehrmals ähnliches erlebt hatte. „Jetzt sagst du mir, wen du mit deiner Mussspritze erschießen willst, vorausgesetzt, dass das Ding auch funktioniert und das Pulver nicht nass geworden ist, so nahe am Neckar." Ein kleinwüchsiger Wachsoldat mit einer riesigen Muskete wagte sich aus der Deckung und fuchtelte mit seiner Waffe. „Sei vorsichtig, dass sie nicht ungezielt losgeht, weil, bis du wieder geladen hast, haben wir dich am Kragen," meinte nun auch der Holzweiler. „Du kannst vielleicht einen von uns treffen, aber die restlichen Tausende werfen

dich mit deinem schmucken Häuschen in den Neckar zum Baden. Kannst du schwimmen?"
„Ne..n..nein!" stotterte der Posten, denn inzwischen war die ganze Straße von Pleidelsheim
her mit Bauern, die Dreschflegel, Sensen und Äxte als Waffen dabei hatten, völlig überfüllt
und die ersten murrten über den Halt und brüllten: „Johann, lass ihn doch schwimmen!"
Nun wurde es dem Wächter doch zu ungemütlich und er rannte unversehens davon, indem
er die riesige Muskete wegwarf, da sie seine Flucht gebremst hätte.

Alle lachte und einer schoss mit einer Armbrust einen Bolzen dem armen Mann nach,
der ihn zum Glück verfehlte. „Das war dein Glück, Greiner," erschall da laut die Stimme
des Hauptmannes. „Auf Flüchtige schießen wir nicht. Der kann doch nichts dafür, dass er
der dritte Sohn der Familie war und nur zu den Soldaten konnte, kein Hof, keine Werkstatt."
„Der wollte Johann vorher erschießen!" versuchte sich der Schütze zu verteidigen. „Dass
ich nicht lache," meinte Johann, „ich kenne diese Waffe, wenn er nicht aufpasst, erhält er
beim Abdrücken so eine Ohrfeige, dass er halb erschlagen zu Boden geht und die Kugel
holt einen Reiher oben aus der Luft, versehentlich. Oh!" Ein pfeifendes Geräusch, gefolgt
von einem Schuss jenseits des Neckars, riss dem armen Johann den Hut vom Kopfe.

„Runter mit euch!" brüllte der Hauptmann und warf seinen Freund seitlich in ein Gebüsch. Gerade rechtzeitig, denn eine zweite Kugel streifte den nächsten Baum und verletze
eines der wenigen Pferde. „Ein vortrefflicher Schütze!" meinte Matern bewundernd. „Wahrscheinlich der Freiherr von der Burg dort oben, der seinem Wächter zu Hilfe geeilt ist.
Siehst du ihn?" Alle warteten nun auf eine weitere Kugel, denn dann könnte man die Position des Schützen möglicherweise am Mündungsfeuer ermitteln. Doch statt einer Kugel
drang eine Stimme vom jenseitigen Ufer herüber: „Das nur zur Warnung, ihr Bauernpack.
Bei mir kommt ihr nicht vorbei. ohne dass ich euch durchlöchere."

„Hier sind die vereinigten Bauern der ganzen Region," warnte ihn Feuerbacher, „und
wollen hier nur durch. Wir rauben nicht, wir brennen nicht und ich bin der Hauptmann Matern Feuerbacher, Baron. Lass er uns in Frieden passieren und höre mit dem Ballern auf.
Trifft er einen von uns, kann ich für sein Leben nicht mehr garantieren. Die holen jeden
und knüpfen ihn an den nächsten Baum. Baumeln nennt man das." Antwort gab es keine,
dafür einen gezielten Schuss in die Richtung des Sprechers. Adlige können auch verrückt
sein, dachte Matern, wie will er uns auf Dauer aufhalten. Ich wollte doch nur unnötiges
Blutvergießen verhindern und nun schießt der auf mich. Während er noch überlegte, wie
man dem Schützen habhaft werden konnte, hörten die Bauern einen weiteren Schuss, lautes
Fluchen und ein Aufspritzen des Neckarwassers gefolgt von ärgerlichem Schimpfen. „Das
werdet ihr mir noch büßen, ihr Verräter," erklang die Stimme des adligen Schützen zwischen
einigem Gurgeln tief unten im Neckarwasser. Offensichtlich konnte er schlechter schwimmen
als schießen. Die wartenden Bauern lachten, denn es sah gar zu komisch aus, wie der nasse

Baron im Wasser mit der unnützen Muskete herumfuchtelte. „Feuerbacher, willkommen im freien Benningen. Wir lernen dem Baron das Schwimmen," ertönte eine Stimme von der anderen Brückenseite und einige Wachsoldaten standen dort und schlossen sich dem Bauernzug an. Sie wollten lieber mit den vielen tausend Bauern ziehen, als zu fünft gegen sie, war die Meinung der Wache. Da die Burg gerade frei zugänglich war, ergänzten die Bauern dort ihre Vorräte.

„Ein Hamster ist euer Baron," meinte Johann, der noch nie so große Vorräte gesehen hatte. „Schaut mal, was der eingelagert hat!" „Eher ein Schurke," meinte ein Wachsoldat, „der hat im letzten Herbst ganz schnell die neuen Maße des alten Herzogs eingeführt, als der schon abgesetzt war. So bekam er immer ein Drittel mehr. Eigentlich hätte er das an die Stuttgarter abführen müssen, aber der Herzog war nicht mehr da." Matern hatte schon öfter von solchen Tricks gehört. Ein Eichmeister musste alle Gewichte prüfen. Was aber, wenn der selbst mit dem Adligen unter einer Decke steckte und seinen Anteil bekam? „Ein Bauer würde dafür hängen, "meinte er." „Unser Schurke schwimmt noch ein bisschen," lachte Uli, der Wachsoldat, der vorher noch auf sie geschossen hatte. „Nichts für ungut, Matern, ich habe absichtlich nach deinem Hut gezielt, weil ich dich nicht treffen wollte. Schau!" Er legte eine neuartige Pistole an und schoss einen Häher in der Luft ab. „Verdammt guter Schuss!" lobte Feuerbacher, dann warst du das mit meinem Hut?" „Klar, mit der zweiten Pistole des Barons. Ich wusste ja noch nicht, wie meine Kumpel, hier, denken," antwortete der junge Soldat. „War mal der beste Schütze vom ganzen Regiment." „Aber zunächst bist du davon gerannt, denke ich," spottete Johann. „Ich lass mich ungern von tausend Mistgabeln durchlöchern, Kumpel," erwiderte Uli. „Lieber feig als tot. Mit zu viel Mut hätte ich den Krieg in Italien nicht überlebt."

Als alle Säcke gefüllt waren, zogen die Bauern weiter hinauf auf die Hochfläche in die Gegend des herzoglichen Jagdreviers, wo sie in den dichten Wäldern lagerten. Matern Feuerbacher unterhielt sich noch lange mit dem Wachsoldaten und erfuhr, wie der zurück in seine Heimat gefunden hatte. Uli hatte zu einer ersten Gruppe von württembergischen Söldnern gehört, die fast mittellos und hungrig durch die Alpen zurück bis ins Oberschwäbische gezogen war. Recht froh waren die ausgehungerten Männer, als sie auf einen Werber des Truchsess von Waldburg stießen. „Wir hätten auch ohne Sold, nur für Essen und Unterkunft für ihn gekämpft, so verzweifelt waren wir," meinte Uli. „Aber kämpfen mussten wir nur selten, eher schlachten, denn die Bauern, gegen die es ging, waren fast ohne Waffen und wochenlang fast ohne Nahrung. Außerdem umgingen wir die größeren Haufen und fielen dafür über ihre Dörfer her, wo nur Frauen, Kinder und Greise waren. Da brannten, vergewaltigten und mordeten wir meist völlig ohne Gefahr, bis die verzweifelten Männer ihre Familien retten wollten und uns ins blanke Messer liefen." „ Kein ehrenvoller Kampf!" meinte

Feuerbacher. „Das kann man wohl sagen. Kaum einer von uns wollte so kämpfen, nur unser Chef, der Waldburger, nannte dies die effektivste Methode, diesen Aufstand schnell zu beenden. Und das mit den Bauernmädchen würde ihm durchaus Spaß bereiten, meinte der einmal, als er so ein armes Ding gerade vergewaltigt und ermordet hatte. Ich sehe heute noch ihre hübschen vor Schreck geweiteten Augen. Das gab mir den Rest und ich bin noch in der Nacht mit Sepp und Frieder, meinen Kumpeln, desertiert. Der Baron hier ist auch nicht sauber, aber er bringt seine Gespielinnen hinterher nicht um, wie der Bauernjörg." Ein Schwein und ein Mörder, wir müssen ihm sein blutiges Handwerk legen," warf Feuerbacher ein. „Wer war der Anführer der dortigen Bauern?" Uli überlegte und meinte: „Da gab es einige und das war auch das Ende der Bauern, die fast nie gemeinsam und nach einem rechten Plan gegen uns vorgingen. Deshalb hatten wir leichtes Spiel. Ein Stoffel von Freiburg und ein Hans Hummel, ein ehemaliger Schneider aus Feuerbach sollen manche Haufen geführt haben. Angestiftet zum Aufstand soll sie sogar der bekannte Thomas Münzer aus Mühlhausen in Thüringen haben, der überall Brandreden über die Gleichheit aller Christenmenschen und das Recht auf Freiheit gehalten haben soll. Auf solche Reden hatten die armen unterjochten Bauern und Kleinbürger schon lange gewartet. Münzer ist ja ein enger Vertrauter Martin Luthers und hat nur dessen Schrift zitiert."

Matern Feuerbacher hatte viel von diesem Revolutionär gehört, der ähnlich radikal wie Jäcklein Rohrbach war und lieber tot sein, als wieder zurück in die Unterdrückung wollte. Genau da, wo Münzer 1524 die Bauern mit seinen Reden überzeugt hatte, brach der Aufstand zuerst los, so bei Stühlingen am Hochrhein und bei Waldshut. Auch in der Rheinebene bei Speyer waren die Bauern zum zweiten Mal aufgestanden. Dort hatte die Buntschuhfahne ja schon kurz nach 1500 geweht. Dieses Mal hatten die Bauern, durch die Freiheitsschrift Luthers bestärkt, neuen Mut geschöpft. Matern aber wusste, dass dieser sich nun mehr auf die Seite der evangelische Adligen gestellt hatte, die keine aufständischen Bauern haben wollten.

Auch in diesen Tagen waren sich die Bauern nicht einig, denn während sie auf den Nordhaufen von Kocher und Jagst in Lauffen gewartet hatten, war der unter der Führung von Götz von Berlichingen nach Norden aufgebrochen, um sich gegen den verschwenderischen Bischof zu wenden. So zogen nur etwa 8.000 Bauern nach Stuttgart, allerdings noch immer in der Hoffnung für eine gerechte Sache zu kämpfen. In der Residenzstadt würden sicher noch Bauern von der Alb und vom Remstal zu ihnen stoßen.

„Du weißt, Uli, dass Luther sich nun gegen solche Ideen gewandt hat. Eine Schrift ist bereits im Druck und mir in Teilen von einem Freund aus meiner Schulzeit zugesandt worden. Irgendwie hat der große mutige Reformator die kleinen Leute vergessen wendet sich „wider die mörderischen und räuberischen Rotten der Bauern". Und das ist ihm nicht genug, denn er erlaubt es den Adligen sogar die Aufständischen ohne Gerichtsurteil abzuschlachten. Ich habe unseren Leuten noch nichts davon gesagt, denn somit handeln wir gegen Gottes Auftrag. Das würde uns mindestens halbieren, denn wir haben sehr gottesfürchtige Leute unter uns," meinte Matern Feuerbach. Seit er diese Blätter von Luther gelesen hatte, war er innerlich wieder von dem neuen Glauben abgerückt, denn er benötigte verlässliche Glaubenssätze und nicht solche, die je nach Windrichtung auslegbar waren. Auch alle anderen, die am Feuer zugehört hatten, waren von Luthers Wankelmut entsetzt. Sie mussten aber schwören , den einfachen Bauern noch nichts von der neuen Schrift zu sagen.

Kapitel 18

Die Bauern in Stuttgart

Diese neuen Entwicklungen bewegten Matern immer mehr, je näher sie Stuttgart kamen. Immer wieder kamen versprengte Bauern von Süden her zu ihnen und erzählten genau, wie Uli, von den Gräueltaten des Jörg von Waldburg. Wie würden sich die Stuttgarter verhalten? Würden die Bürger die Forderungen der Bauern unterstützen oder ihre Soldaten der Stadtwache auf sie hetzen? Als das Bauernheer von der Prag her, die Befestigungen der Stadt und das Wasserschloss des Herzogs sahen, auf dem die Fahne der Habsburger wehte, befiel manche eine große Furcht und Unsicherheit. Wie sollten sie diese Bollwerke einnehmen? Sensen, Äxte und Dreschflegel richteten da nichts aus, das war klar.

Erstaunlich war, dass die behäbigen Städter offensichtlich nicht kämpfen wollten. Sie verschlossen nicht mal ihre Stadt und die Bauern rückten einfach ein. Kurz darauf stand die Vorhut vor den Toren des Wasserschlosses, die allerdings verschlossen waren. Aber auch da fiel keine Entscheidung, denn der Vertreter des eigenen, verbannten Herzogs, Ferdinand von Habsburg, weilte nicht in der Stadt. So überkam Matern Feuerbacher das Gefühl, dass ihr Aufstand ins Leere lief. Manche Bauern waren enttäuscht. Sie waren doch nach Stuttgart gezogen, um dort durchaus friedlich dem Landesfürsten ihre Forderungen vorzulegen. Hatten sie doch gehofft, Gehör zu finden und dadurch irgendwie ihr Los verbessern zu können. Man konnte sich ja auf Luther berufen, der ihnen allen Recht und Freiheit versprach. Und nun war niemand bereit sie anzuhören. Matern ahnte Übles. Matern Feuerbacher beriet sich am Abend im Goldenen Hahn mit seinen Unterführern, was zu tun sei. „Unser Problem ist," meinte er, „dass unsere Vorräte zur Neige gehen und diese fetten Städter freiwillig nichts herausrücken. Auf Gewalt möchte ich es aber nicht ankommen lassen, dafür ist mir die Stadt zu groß und zu verwinkelt. Wer sich hier nicht auskennt, ist beim kleinsten Scharmützel verloren." „Die Böblinger haben Boten gesandt, dass ein großer Teil der Bevölkerung uns unterstützen würde," meinte einer der Unterführer. Doch Matern wiegelte ab: „Das ist nicht sicher und ich weiß, dass der Waldburger auch dorthin zieht. Ich möchte lieber versuchen den Statthalter Ferdinand, der nach Tübingen ausgewichen ist, zu einer friedlichen Lösung zu überreden. Lasst uns nach Tübingen ziehen und unterwegs vereinigen wir uns mit den Bauern der Alb und des Gäus."

Nicht alle wollten die berechtigten Forderungen der Aufständischen friedlich durchsetzen, waren sie doch schon so ein riesiges Heer. Man konnte so die Herren auch zwingen. „Soll er doch kommen, der Bauernmörder. Wir werden gerne ein Feuerchen unter ihm anzünden, wie er es bei einigen von unseren oberschwäbischen Hauptleuten gemacht hat," riefen einige Schwarzwaldbauern, die sich zur Befreiung ihrer Heimat dem Haufen aus dem Neckartal angeschlossen hatten. Böblingen lag dem Schwarzwald näher.

Matern Feuerbacher aber entschied noch drei Tage in der Stadt zu bleiben und mit einem erbeuteten Münzensack etwas Verpflegung zu kaufen. Dazu kam es aber nicht mehr, denn die Versammlung der Anführer wurde von einem Tumult vor dem Gasthaus unterbrochen. „Feuerbacher komm raus," riefen erzürnte Bürger. „Deine Leute plündern Stuttgart-Heslach und treiben den Bauern Kühe und Schweine davon. Ist das eure Art für unsere Gastfreundschaft zu danken?" Sofort ging der Bauernführer hinaus zu den erzürnten Bürgern. Hatte er nicht vor dem Einzug in die Stadt seinen Leuten extra verboten, irgend etwas zu stehlen. Selbst irgendwelche Liebesabenteuer sollten unterlassen werden, auch wenn die willigen Mädchen, wie er wusste, sich den Fremden anboten. Durch solche Taten wurde Unfrieden gestiftet und er wollte Stuttgart beim Abzug nicht als Feind hinter sich lassen. Was war geschehen?

„Gute Leute, was ist geschehen und wo?" wollte der Hauptmann wissen und ein total verwirrt aussehender Mann, dem noch der Schrecken in allen Gliedern zu stecken schien, meldete sich zu Wort: „Feuerbacher, ihr seid ein rechtschaffener Mann, das weiß ich, aber in deinen Reihen haben sich Schurken und Räuber versteckt!" „Gemach, gemach guter Mann, was ist dir geschehen?" beruhigte Johann. Das berichtete der Häslacher Bauer, der einen kleinen Hof etwas abseits von der befestigten Stadt hatte, von mehreren Bauern, die am frühen Morgen mit Gejohle in seinen Stall eingebrochen waren und alle seine Tiere zur

Kriegsbeute erklärt hätten. Auch seine einzige Kuh, die in diesen Tagen noch ihr Kalb bekommen sollte, hätten sie hohnlachend mit Stöcken auf die Straße getrieben. Als er sich in den Weg gestellt hätte, wäre er so lange mit den Stöcken traktiert worden, bis er aus Angst um sein Leben und das seiner Familie lieber weggerannt wäre. Im letzten Moment hätte er noch seine flügge Tochter, die Bärbel, aus den Klauen eines der Kerle befreit, sonst wäre deren Ruf für immer ruiniert gewesen.

Die anwesenden Bauernführer baten um eine Beschreibung der Übeltäter, doch die konnte nicht gegeben werden, denn in der Dämmerung und durch die große Aufregung hatte der Überfallene keine Täter länger anschauen können. „Ganz wilde Gesellen mit Bärten waren es und einer war ganz schwarz, wohl der Anführer," meinte schließlich der Mann. Der Bürgermeister, er war mit einigen Räten hinzugekommen, war sehr aufgebracht, obwohl er ahnte, dass die anwesenden Bauerführer nichts mit der Tat zu tun hatten. Er versuchte den Häslacher zu beruhigen und ließ alle Anführer schwören, nichts mit der Untat zu tun zu haben. „Guter Bürgermeister," meinte Feuerbacher, „ich verspreche dir, dass die Räuber abgeurteilt werden, wenn wir dieser Männer habhaft werden. So etwas ist ganz gegen unseren Befehl, denn wir wollen den Stuttgartern eher für die geleistete Hilfe danken. Wir haben bei euren Bürgern ein offenes Ohr für unsere Probleme gefunden und dafür danken wir allen Bürgern der Stadt." „Feuerbacher," sprach der Vertreter der Bürger, „das hilft uns aber nicht weiter, deshalb ordne ich zwei Dinge an: Ihr versucht die Räuber zu finden und sie noch heute dem Stadtgendarmen auszuliefern. Sollte das nicht gelingen, so muss das Bauernvolk bis morgen um Mittag aus der Stadt verschwunden sein, denn ich dulde weder Plünderung noch Übergriffe auf Frauen und Mädchen unserer Stadt."

Darauf ging der angesehene Mann, der bisher stets freundlich mit den Bauern umgegangen war, mit seinen Begleitern in Richtung Rathaus ab. Als sie unter sich waren, gingen die Mutmaßungen hin und her, wer diese Untat wohl begangen haben könnte. Alles deutete darauf hin, dass es wohl unzufriedene Bauern waren, die wenigstens ein bisschen Beute machen wollten. „Das geht noch etwas weiter, denke ich," meinte Feuerbacher, „hier sind Scharfmacher am Werk, die den Kampf und nicht den vernünftigen Ausgleich suchen." Johann stimmte ihm zu und meinte: „Der Dunkle könnte Rohrbach gewesen sein. Er soll an den Abenden immer mal wieder an unseren Feuern gesehen worden sein. Nicht gerade bei Matern, der ihn vertreiben würde, aber auch unter unseren Bauern gibt es radikalere Gruppen, die lieber kämpfen wollen.

Da meldete sich ein Remstäler zu Wort: „Ihr wisst, dass wir mit Peter Gaiß schon vor zehn Jahren im Remstal als „Armer Konrad" gegen die Obrigkeit aufgestanden sind, damals war der Herzog Ulrich noch an der Macht, verprasste unser Geld und versuchte mit der neuen Steuer über reduzierte Gewichte Geld für seine Kriege in Burgund und anderswo in

der Welt zu beschaffen." Matern Feuerbacher hatte natürlich davon gehört und ergänzte:
„Hat der Gaiß nicht in einer Art Gottesurteil die falschen Gewichte in der Rems schwimmen lassen?" „Genau! Dann waren wir vor Schorndorf gezogen," erklärte der Bauer aus dem nahen Remstal, „und der Herzog hat sogar klein beigegeben und die Gesetze zurückgezogen. Das wurde als großer Erfolg gefeiert, war es aber nicht, denn Spione brachten schnell heraus, wer uns angeführt hatte. Peter Gaiß musste fliehen und keiner weiß, wo er steckt. Er könnte auch dabei gewesen sein, denn er schwor der Obrigkeit Rache. Nur ein Krieg, so meinte er, könne unsere Lage bessern!" „Mir scheint auch, dass so etwas hinter der Sache steckt," gab Feuerbacher zu bedenken. „Meine friedlichen Forderungen sind gewissermaßen ins Leere gelaufen und verpufft. Nun bekommen die Scharfmacher wieder Oberwasser, die den bewaffneten Kampf suchen. Lasst uns nach Böblingen aufbrechen, das ist nicht zu weit und die Bürger wollen uns zunächst aufnehmen. Vielleicht können wir dort auf die Rückkehr des Regenten Ferdinand warten und einem Krieg ausweichen".

Die Mehrheit der Anführer stimmten dem Plan zu, obwohl immer mehr von ihnen eine bewaffnete Auseinandersetzung als unumgänglich ansahen. Die Ereignisse in der Stadt und die möglicherweise absichtliche Abwesenheit des Regenten, er musste doch vom Herannahen der Bauern Kenntnis gehabt haben, alles zusammen hatte Matern Feuerbachers Position sehr geschwächt. Sollten sie unverrichteter Dinge wieder nach Hause zurückkehren, um dort wie Sklaven und wahrscheinlich noch schlimmer unterdrückt, wie zuvor weiter zu leben, oder doch lieber versuchen mit Gewalt eine Besserung herbeizuführen? Vielen erschien der Kampf, selbst mit möglichem Tod, die bessere Lösung. Matern Feuerbacher hatte diesen Gesinnungswandel wohl bemerkt.

Kapitel 19

Zug durch das Neckartal

Am nächsten Morgen brachen die Bauern ihr Lager in der Stadt ab, denn ihr Anführer wollte mit den Stadtoberen keinen Streit. Die ganze Nacht hatte Johann heimlich versucht herauszufinden, ob wirklich der Rohrbach hinter der Plünderung des Bauern von Häslach steckte, doch ohne Erfolg. Niemand, auch die wenigen Freunde Johanns, die aus seinem Bauernhaufen sich den Bottwartalern angeschlossen hatten, wussten etwas über seinen Verbleib. Manche meinten, er hätte sich den Bauern von der Jagst angeschlossen. Matern glaubte das nicht, denn auch Götz von Berlichingen würde diesen Unruhegeist nicht in seinen Reihen dulden.

Mit etwas Geld versuchte Feuerbacher den überfallenen Bauern von Häslach zu besänftigen, aber der warf ihm den Heller und die zwei Gulden hinterher, und verwünschte das Bauernpack, ohne daran zu denken, dass er ja vom selben Stand war. Deshalb beschloss Feuerbacher nur einen kleinen Trupp mit Pferden, die für seine Bauern so mühsame Weinsteige hoch in Richtung Böblingen zu schicken. Sie sollten versuchen auch mit den Bauern aus der Herrenberger Gegend Kontakt aufzunehmen. Irgendwo bei Tübingen würde man sich treffen.

Die wenigen Wagen, meistens von den Besitzern gezogen , hatten große Schwierigkeiten mit dem schlechten Weg in Richtung Cannstatt, der zum Teil morastig war und zum anderen Teil grobe Pflasterung aufwies. Die Städter hatten einfach Steinplatten senkrecht nebeneinander in den Boden gesteckt. Selbst das Gehen, manche der Bauern waren ja barfuß, machte große Probleme. Alle waren froh, als sie endlich die Talaue des Neckars erreichten, denn hier war das Pflaster zu Ende und Sand tat den bloßen Füssen gut. Vor ihnen lag mit Mauern, Zinnen und Türmen die Oberamtsstadt Cannstatt. Einst von den Römern gegründet, war sie lange die größte Stadt der Gegend, nur, dass eben die Grafen von Württemberg ihr Wasserschloss im Nesenbachtal, dem Stutengarten, gebaut hatten. Vielleicht wollten sie, nachdem die alte Burg auf dem Württemberg wegen der gefährlichen Nähe zu der Freien Reichstadt Esslingen aufgegeben worden war, nicht gleich wieder im Nahbereich einer großen Stadt regieren. Die Anführer beschlossen die Stadt östlich zu umgehen, um sich irgendwo auf dem Weg durch das Neckartal mit den Bauern des Fils- und des Remstals zu vereinigen.

Als endlich die ersten Bauern über die Höhen des Luginslandes herunterströmten, machte der ganze Haufen, inzwischen etwa achttausend Mann stark, in den Neckarwiesen Rast. Die Anführer setzten sich zur Beratung an ein riesiges Feuer und Matern Feuerbacher begrüßte die Ankömmlinge. Es waren auch viele Bauern aus dem Limpurger Land dabei, die zum Teil auf ihren Pferden Säcke mit Kriegsbeute bei sich trugen. Einige Haufen hatten auf ihrem Zug in Richtung Stuttgart kleinere Städte und Klöster geplündert.

Matern Feuerbacher war ein absoluter Gegner solcher unkontrollierter Überfälle, die seiner Idee von mehr Gerechtigkeit für die kleinen Leute nur schaden konnten. Als Johann ihm berichtete, dass die wilden Limpurger offensichtlich auch das Kloster Adelberg geplündert hatten, erschrak er. Auch er hatte einige Zeit dort verbracht. Viele unbewaffnete Mönche wären dabei erschlagen worden und die Räuber hätten sogar die Reliquien des Klosters in einem Sack dabei. Feuerbacher hielt zwar wenig von dem Reliquienkult, denn damit wurde im Orient gutes Geld gemacht, doch Plünderungen, Mord und Totschlag wollte er unter seiner Verantwortung nicht dulden. Als endlich für das große Heer ein geeigneter Lagerplatz gefunden war, berief er den Bauernrat ein. Alle Anführer versammelten sich am Feuer. „Ich, Matern Feuerbacher, Wirt aus Großbottwar und gewählter Führer diese Heeres, begrüße die Neuankömmlinge. Mit euch haben wir Bauern nun eine Stärke erreicht, die von niemand übersehen werden kann. Wenn wir zusammenhalten und möglichst schnell mit dem Vertreter unseres Herzogs, Ferdinand, ein Gespräch suchen, muss auch er uns anhören, vor allem, weil alle von uns zur Bestellung der Felder bald nach Hause sollten."

In der nun aufkommenden Diskussion bemerkte der gemäßigte Feuerbacher bald, dass durch die neu hinzugekommenen Bauern seine Position geschwächt worden war. Er und sein Freund Hans Wunderer mussten sich immer mehr gegen die Scharfmacher, die Nonnenmacher aus Ilsfeld vertrat, verteidigen. Sie wollten nicht mehr verhandeln, sondern lieber um ihr Recht kämpfen. Beeinflusst von den Reden Thomas Münzers meinten sie durch die große Zahl nun den Adligen, den Truppen des Schwäbischen Bundes, überlegen zu sein. „Feuerbacher, du bist mit deinem Vorgehen längst gescheitert!" rief der Rädelsführer des Weinsberger Blutsonntags. „Köpfe ab, das ist die einzige Sprache, die diese Ausbeuter verstehen." Als Feuerbacher in die Runde schaute, bemerkte er mit großer Sorge, dass weit mehr seiner Hauptleute inzwischen die Meinung der Radikalen teilten. Viele hatten seit der Vorfälle in Stuttgart die Hoffnung auf eine gütige Einigung verloren und für alle, die bei Brandschatzungen von Burgen und bei der Ermordung von Adligen dabei waren, gab es kein zurück zur Scholle. Die Weigerung der Obrigkeit in Stuttgart mit ihnen zu verhandeln deutete darauf hin, dass auch im Adel und der reichen Bürgerschaft die Radikalen an der Macht waren, die am liebsten alle Aufständischen am Galgen sehen würden. Matern Feuerbachers Idee einer Reform der Bauernrechte, die ein menschenwürdiges Zusammenleben aller ermöglichen würden, war nicht mehr durchzuführen. Was sollte er nun tun? Noch wollte er weitermachen. Deshalb stellte er sich einer Abstimmung, die denkbar knapp zu seinen Gunsten ausging. Feuerbacher war klar, dass dieser Sieg der letzte war, es sei denn seiner Taktik der Mäßigung wären plötzlich Erfolge beschert.

So entschloss er sich mit dem Bauernheer den Neckar aufwärts bis Tübingen zu ziehen und, wenn es möglich war, dort mit dem Habsburger Ferdinand über eine gütliche Einigung zu reden. Schade, dass kein württembergischer Herzog als Verhandlungspartner zur Verfügung stand, dem viel mehr daran gelegen wäre, die Bauern auf ihre Äcker zurück zu schicken. Wenn das nicht bald geschah, konnte die Versorgung mit Lebensmittel im nächsten Winter im ganzen Herzogtum äußerst kritisch werden. Es wurde ja kaum gesät, wenn alle protestierten und so wird ein großer Teil der Ernte auch ausfallen. Was Feuerbacher gar nicht gefiel war, dass dadurch alles teurer werden würde, die Händler reicher und die Armen verhungern würden. Er musste noch einmal zu verhandeln versuchen.

Der Zug durchs Neckartal war kein einfaches Unterfangen, da mit Esslingen eine Stadt des Schwäbischen Bundes zu passieren war. Niemand wusste wie sie sich verhielt. Außerdem war die Versorgung des großen Heeres mit Nahrungsmittel, ohne Plünderungen zu erlauben, kaum zu bewerkstelligen. Schließlich sah sogar Feuerbacher darüber hinweg, wenn manches Brot oder manches Stück Fleisch ausgerechnet mit Schalen oder Kelchen aus Plünderungen bezahlt wurden. Nur so war manche Müllersfrau bereit, Brote, Rauchfleisch oder Äpfel aus ihren Vorräten zu verkaufen. Immerhin konnten so Plünderungen am hellen Tag vermieden werden, wenn auch in der Dunkelheit manches geschah, was Matern nie geduldet hätte. Immer wieder musste er junge Burschen bestrafen, die ihre Finger nicht von den Mädchen des Tales lassen konnten. Diese Strenge gefiel nicht allen, denn mancher Bauer hatte schon mal in einem Söldnerheer gedient und wusste, dass man es damit in Feindesland nicht so genau nahm. Aber war man in Feindesland? So wurde die Stellung des Anführers immer brüchiger und auch die normalen Bauern ahnten, dass bei der nächsten Versammlung eher ein Nonnenmacher oder gar ein Rohrbach, der auch schon zu sehen war, gewählt werden würde.

Mit den Filstalern kamen auch einige versprengte Bauern von der Balinger Alb mit. Sie berichteten von den furchtbaren Gräueltaten des Bauernjörg, der inzwischen aus den heimkehrenden Söldnern des Italienkrieges und mit viel Geld vom Kaiser und dem Schwäbischen Bund ein schlagkräftiges Heer zusammengestellt hatte. Zwar war es zahlenmäßig den Bauern noch unterlegen, doch die besseren Waffen und die Kriegserfahrung würden dies wohl wett machen.

Die Kirche von Plochingen hoch auf einem Hügel über dem Neckar gelegen und die kleine ummauerte Stadt darunter verschwand eben hinter dem Bauernheer. Über eine kleine

Brücke zog das ganze Bauernheer, das inzwischen weit über achttausend Menschen um-
fasste. Ständig stießen neue Bauern aus allen Regionen Württembergs dazu, andererseits
verließ mancher Bauer auch den Haufen, manchmal von Boten aus der Heimat durch be-
ängstigende Nachrichten bewogen, nach Hause zurückzukehren, um dort nach dem Rechten
zu sehen.

Das heutige Ziel war Kirchheim an der Teck, eine kleine Stadt mit württembergischem
Schloss und Vogt. Hier wollte man sich Proviant verschaffen, um in den kommenden Tagen
nach Tübingen zu ziehen. Dort sollte sich noch immer Ferdinand von Habsburg aufhalten.
Matern Feuerbacher wollte die Hoffnung nicht aufgeben, durch Verhandlungen mit ihm zu
einer gewaltfreien Lösung zu kommen. Kaum hatte die Vorhut der Bauern den Anstieg vom
Neckartal geschafft, als eine Staubwolke ein entgegenkommendes Fahrzeug ankündigte.
Letztlich gab der Staub einen Planwagen eines Kaufmannes frei. Hoch oben und wohl ge-
kleidet saß der reiche Besitzer. Mehrere bewaffnete Reiter schützten das Fahrzeug mit den
wertvollen Waren nach allen Seiten.

Kapitel 20

Von der Brutalität des Bauernjörg

Matern Feuerbacher, der an solch gefährlichen Wegkreuzungen wie hier an der Mündung
der Fils in den Neckar gerne an der Spitze ritt, erwiderte den etwas hochnäsigen Gruß des
reichen Mannes. Eben wollten sie an dem Wagen vorbei weiterziehen, als ein Ruf ertönte.
„Wartet einen Moment," rief der Händler, „ich habe noch ein Geschenk abzugeben." Dann
wandte er sich an seine Reiter: „Männer, ladet ihn ab! Ich hoffe der Kerl ist noch am Leben,
hat er doch so viel Blut verloren und meinen ganzen Wagen gefärbt." Zwei Knechte hoben
etwas ruppig ein Bündel vom Wagen aus dem nur ein schmerzverzerrtes Gesicht schaut.
„Ein Gruß vom Waldburger, so würden die normalen Bauern hinterher aussehen, wenn er
mit ihnen fertig ist, die Anführer aber würden an den Straßenbäumen hängen und von den
Krähen gefressen werden. Ein furchtbarer Schlächter, der Menschen nicht nur gerne tötet,
sondern sich auch freut, wenn sie lange leiden. Er hat mich gezwungen diesen Verwundeten

euch vor die Füße zu werfen. Ich glaube nicht, dass er überlebt. Ich soll euch suchen und alles ausrichten, wenn ihr der Bauernführer Matern Feuerbacher seid. Schaut, dass euer Kopf auf dem Hals bleibt und viel Glück. Wir Kaufleute mögen solche Schlächter wie den Bauernjörg auch nicht!"

„Der österreichische Ferdinand hat dem Waldburger alles Land, das er von aufständischen Bauern säubert, versprochen. Das ist eine billige Belohnung, denn fremdes Gut verschenkt sich leicht," erklärte der Kaufmann weiter.

„Ich bin Feuerbacher. Wo steht das Bundesheer?" „Es muss schon an Tübingen vorbei sein. Dort wurde es neu mit Munition und Proviant versehen. Seht euch vor und verschanzt euch, wo ihr könnt. Und hier," der reiche Kaufmann warf Matern noch ein Münzsäckchen zu, „das soll mein Beitrag sein, dass dieses Schwein in unserer Heimat nicht gewinnt." Dann setzte sich der schwere Wagen quietschend wieder in Bewegung. Zurück im Straßenstaub blieb ein Menschenbündel und stöhnte. Schnell wurde der Feldscher gerufen, um die Wunden des fremden Bauern zu versorgen. „Er scheint sehr zäh zu sein und hat auch gutes Blut. Ein Wunder, dass er vom Wundbrand nicht gestorben ist," meinte der Hilfsarzt. „Aber eigentlich hat er nur eine Stichwunde im Bein. Die anderen Verletzungen scheinen absichtlich verursacht zu sein. So wurden ihm erst vor kurzem die Arme gebrochen und das Bein aus der Gelenkpfanne gedreht." Mit einem Ruck und unter furchtbarem Gebrüll des Verletzten drehte der Feldscher das Bein wieder in die richtige Lage. Von den großen Schmerzen erwachte der Mann aus seiner Ohnmacht. Seine Augen schauten irr, als suchten sie vor Schreck den Peiniger. Erst als er ihn nicht entdeckte, sank er wie erlöst zurück und das Stöhnen wurde leiser.

Als Feuerbacher sich ihm näherte , flüsterte er, dass ein furchtbares Strafgericht über die Bauern aus den zollerischen Landen gekommen wäre. Der Waldburger hätte in seinem Wüten nicht einmal Frauen und Kinder geschont, Dörfer und Gehöfte verbrannt und alle Anführer lebendig in die Bäume gehängt. Es sei bei Todesstrafe auch für deren Angehörige verboten, sie abzunehmen. Viele wären irr geworden und ihre Frauen würden hilflos und unbewaffnet gegen die Söldner anrennen, nur um einen möglichst raschen Tod zu finden. Dann sank der Verletzte erschöpft auf ein Strohlager nieder.

Feuerbacher rief den Rat zusammen, denn es schien ihm unsinnig, dem Heer des Bauernschlächters unvorbereitet im Neckartal entgegen zu ziehen. Viele Bauern, nicht so die Radikalen unter Jäcklein Rohrbach und seinen Freunden, der Mut weiter nach Süden zu ziehen etwas gedämpft und viele hörten noch einmal auf Feuerbachers Rat, nun doch über die Fildern nach Böblingen zu ziehen. „Wir erwarten dort auch noch weitere Haufen aus dem Schwarzwald, vielleicht sogar aus dem Badischen," gab er nun bekannt. „Und hier, den Johann hatte ich von Stuttgart als Boten hingeschickt. Er hat für uns gute Kunde."

„Die habe ich wohl," meinte der Bottwartaler, „die Böblinger Bürger, zumindest die Mehrheit, sind auf unserer Seite und werden uns in allem unterstützen." Ein großer Jubel brach nun unter den etwas verängstigten Bauern aus. Vielleicht kam alles noch zu einem guten Ende.

Schnell war der Beschluss gefasst, die Marschrichtung zu verändern und über Neuhausen und Echterdingen nach Böblingen zu ziehen. Rohrbach und seine Leute, eine stattliche Zahl, bestanden darauf zuerst in Kirchheim Verpflegung und Munition zu besorgen. Matern bemerkte nebenbei, wie seine Macht über diese Leute schwand. Deshalb ließ er sie ziehen. Sie sollten allerdings bei Böblingen wieder zum Hauptheer stoßen. Wie Feuerbacher erst viel später erfuhr, hatte Rohrbach das Besorgen von Verpflegung in seiner Weise vorgenommen und diese Bauern waren sengend und marodierend in Dettingen und Kirchheim eingefallen. Sie hatten dabei der Sache der Bauern einen Bärendienst erwiesen. Völlig unberechtigt wurde diese Tat ihm später vorgeworfen.

Beim Tross fuhren einige Wagen mit, die auch Verletzte transportierten. Feuerbacher ließ auf einen davon den verletzten Bauern betten, dem es seit der brutalen Behandlung durch den Feldscher erstaunlicher Weise sogar besser ging. Einige Zeit ritt der Bauernhauptmann nur durch die Plane getrennt neben ihm her und konnte sich so mit ihm unterhalten. Was er erfuhr, erschreckte ihn zutiefst. Eine Gräueltat nach der anderen kam stockend aus dessen Mund. Was war dieser Jörg von Waldburg, der vom deutschen Kaiser eingesetzte Truchsess nur für ein Mensch? Indem er Angst und Schrecken verbreitete und sich auch noch selbst bereicherte, schaffte er einen schrecklichen , lähmenden Grabesfrieden in den zurückeroberten Landen.

Kapitel 21

Bauern als Bauernschreck

Um Neuhausen, das zu Vorderösterreich und damit auch zu Habsburg gehörte, machte das Bauernheer einen großen Bogen, um dann in der Nähe eines kleinen Weilers am Waldrand zu lagern. Mit einigen Münzen schickte Feuerbacher einen kleine Trupp aus, um von den Bauern etwas Lebensmittel zu kaufen. Doch bald kamen die ausgeschickten Bauern ohne Waren zurück. „Das kleine Dorf ist vor kurzer Zeit fluchtartig verlassen worden, „meinte Albert Häuser, einer der Männer, „wir hätten alle Waren und einiges Kleinvieh stehlen können, denn das war alles noch da. Doch wir wollten ja dafür bezahlen!" „Gut gemacht. Leute. Bauern bestehlen keine Standesgenossen," lobte Matern Feuerbacher. „Doch warum sind alle geflohen?"

Da reichte ihm Häuser ein Brettchen, in das ein kurzer Satz eingeritzt war. Das habe ich in der Kirche neben dem Altar gefunden. Kannst du lesen?" Feuerbach nahm ihm das Brettchen ab und las laut: „Liebe heilige Barbara schütze unser Dorf vor der Bauernmörderbande!" Erschüttert schüttelte der Anführer den Kopf und meinte: „So weit ist es schon, dass die eigenen Bauern sich vor dem Bauernheer fürchten und sich irgendwo mit Mann und Maus verstecken."

Was Feuerbacher ahnte war, dass der hinterlistige Bauernjörg nicht nur mit größter Brutalität zu Werke ging, sondern durch Verbreitung von Gerüchten über mörderische Bauernrotten auch noch einen Krieg im Geiste führte, der seinen Gegnern auf ihrem weiteren Zug durch das Land die Unterstützung entziehen sollte. Feuerbacher schätzte, dass die benachbarten Neuhausener Bürger bei der Verbreitung dieser Lüge nicht unbeteiligt gewesen waren. „Schau Matern, wen ich gefunden habe?" rief plötzlich eine bekannte Stimme. Johann hatte beim Austreten einen Jungen erwischt, der möglicherweise als Späher tätig war. Er zog den Burschen hinter sich her und bedauerte: „Offensichtlich hat es ihm die Sprache verschlagen, als ich ihn von hinten gepackt habe. Was suchst du hier? Raus mit der Sprache!" Der Junge schaute sich nur ängstlich um, sagte aber nichts. „Sollen wir seine Zunge etwas lösen?" schlug einer der Unterführer vor und schwang einen Stock, um seinem Vorschlag Nachdruck zu verleihen. „Kommt nicht in Frage! Lass ihn mal los! Schon unser Anblick flößt dem Buben Furcht ein. Männer, seit Wochen ungewaschen und unrasiert und in zerfetzten Kleidern sehen wirklich wie Räuber aus," warf Feuerbacher ein. „Woher kommst du? Wer bist du, Junge? Dir wir kein Leid zugefügt, das verspreche ich dir." Doch der Junge schüttelte nur den Kopf und weinte los. Da entsann sich Matern einer etwas brutalen List und rief: „Jetzt ist es genug. Wir verbrennen diese alten Hütten und braten mit dem Feuer die letzten Hühner!" Plötzlich wurde der Junge aktiv und jammerte los: „Macht das nicht, gnädiger Herr! Wir sind arme Leute und wenn ich euch ansehe sogar vom selben Stand. Verschont unser Dorf, bitte!" Matern lachte, strich dem Jungen beruhigend über die struppigen Haare und sagte: „Oh du kannst ja doch sprechen. Keine Angst, wir kämpfen nicht gegen Bauern. Johann, zeig ihm mal das Geldsäckchen mit dem wir Verpflegung bei euch kaufen wollten!" Der Angesprochene hielt das Säckchen hoch und meinte: „Wir sind auch arme Bauern, wie ihr, wir stehlen nicht. Wir können unser Essen kaufen. Wer hat euch so einen Mist über uns erzählt?"

„Das war der Schorbacher aus Neuhausen, der erzählte, dass er der letzte Überlebende eines Wagenzuges wäre. Alle anderen hättet ihr abgeschlachtet," erklärte nun der Junge. „Eigentlich glaubt denen mein Vater, der Schultheiß, nichts, aber der hatte ein blutiges Hemd dabei und war selbst verletzt. Da entschied er sich, dass sich das ganze Dorf in der Waldschlucht verstecken soll. Nur ich musste da bleiben, um euch zu beobachten. Hättet ihr begonnen das Dorf zu verbrennen, wären alle wehrfähigen Männer, obwohl nur etwa fünfzig, auf euch losgegangen. Aber nun seid ihr ja wohl doch keine Bauernschlächter. Wir haben ein Zeichen verabredet. Passt auf!" An seinem Gürtel hing ein Kuhhorn, das er an seinen Mund führte. Ein seltsames Hupen ertönte und als es zum zweiten Mal erklang, hörten die Bauernführer von Ferne ein ähnliches Geräusch als Antwort. Das Gesicht des Jungen zeigte zum ersten Mal Freude: „Das war Lenz, mein Bruder, er wäre gerne bei mir geblieben, denn als unzertrennliche Zwillinge haben wir unser Leben lang alles gemeinsam gemacht. Mein Vater aber meinte, dass es gut wäre, noch einen Buben in Reserve zu haben, wenn einer abgeschlachtet war." Matern Feuerbacher konnte nur verwundert den Kopf schütteln: „Ich habe auch Kinder in eurem Alter und muss oft an sie denken, weil ich nicht weiß, was zu Hause vor sich geht. Wo das Bauernheer gerade steht, haben wir das Sagen, aber bei uns im Bottwartal sind kaum mehr Bauern und deshalb können dort ganz schnell unsere Feinde die Herrschaft übernehmen. Dann sind unsere Familien die Geiseln der Reichen."

Kurze Zeit später bewegte sich das ganze Unterholz des nahen Waldes und eine Knabenstimme rief: „Hubert, meine Hälfte, hast du Zeichen gegeben?" Der Angesprochene lachte: „Wenn ich deine Hälfte bin, bin ich der Kopf, ist das klar?" Da trat das vollkommene Ebenbild aus dem Gebüsch und rannte auf sie zu. Die Ähnlichkeit war erstaunlich. „Wie können eure Eltern euch unterscheiden?" wollte Feuerbacher wissen. „Nicht!" lachte Hubert. „So meint mein Vater, dass Roland, also der da, draußen Wache hält und ich bei ihm bin. Wir haben aber Stöckchenziehen um diesen Posten gemacht und ich habe gewonnen." Mutig sind die Jungs, dachte der Bauernführer, vielleicht kann man dieses Doppel noch gut gebrauchen. Inzwischen kam Leben in den Wald. Bald würden einige Menschen vor die Bäume treten. In diesem Moment hörte man eine Stimme: „Roland hast du das Zeichen zur Entwarnung gegeben?" „Siehst du! Jetzt muss ich weiter meinen Bruder spielen, sonst gibt es Ärger. Tauschen können wir erst, wenn Vater da ist," meinte Huber und rief: „Ja, Vater! Die Bauern bringen keine Brüder um. Da dachte ich, dass wir wieder ins Dorf zurück können, bevor irgendwelche Diebe alles stehlen."

„Wer ist das neben dir?" wollte der Bürgermeister wissen. „Papa, das ist der gefürchtete Matern Feuerbacher, der Bauernmörder,aber wie du siehst leben beide Söhne noch," antwortete nun Roland. „Mit solchen Söhnen bin ich gesegnet!" lachte der Vater und trat näher. „Mut haben sie jedenfalls, oder sie können denken. Wofür kämpfen wir, wenn wir unterwegs unsere Standesgenossen abschlachten? Und noch dazu Protestanten, wie ich am Gewand eures Pfarrers sehe. Keine Angst, obwohl wir Hunger haben, fressen wir keine Glaubensbrüder, denn die meisten von uns sind auf Luthers Seite," ermunterte Matern den Schultheiß. Seine eigene Unsicherheit behielt er für sich.

Mit dem Bürgermeister trat eine größere Gruppe von Männern aus dem Wald und erst als alles gut ging, wagten sich auch Frauen und Kinder heraus. Der Schultheiß bat das Bauernheer am Waldrand zu lagern. Die Anführer könnten mit ihm ins Dorf kommen. So ge-schah es auch und während Feuerbacher im Haus des Bürgermeisters zum Vesper eingeladen wurde, kehrten die anderen mit Nahrungsmitteln beladen zum Heer zurück. Am Jubel konnte man erkennen, dass sich alle über die Aussicht auf ein gutes Abendessen freuten. Feuerbacher war schnell mit dem Schultheiß einig geworden, als der bemerkte, dass die Bauern bezahlen konnten, das war ihm im Krieg noch nie vorgekommen.

Kapitel 22

Warten auf andere Bauernhaufen

In den letzten Tagen waren die Bauern ganz langsam gezogen, denn man wollte auf die große Schar der Rohrbachanhänger warten, um gemeinsam nach Böblingen weiter zu ziehen. Doch weit und breit war von diesen Leuten nichts zu sehen. Matern Feuerbacher schickte Hans Wunderer mit einer Gruppe berittener Bauern zurück, um nach dem Verbleib des restlichen Bauernheeres zu schauen. Wollte man auf die Obrigkeit Eindruck machen, mussten die Bauern zusammenhalten. Ohne Kampf konnte nur die große Zahl die Fürsten überzeugen, den Bauern ihre angestammten Rechte wieder zu geben. Für Matern Feuerbacher war dieser Zug von über 8.000 Bauern eine machtvolle Demonstration und kein Kriegszug. Andere Bauernführer dachten dabei anders, sie hatten schon zu viel vom Bauernjörg gehört, der brutale Bauernschlächter würde keinem Kompromiss zustimmen.

Während diesen Tagen in den ersten Maitagen des Jahres 1525 spitzte sich das ganze Geschehen auf ein Zusammentreffen der beiden Kontrahenten bei Böblingen zu. Schon im April hatten sich Bauern im Ammertal zusammengerottet. Auf ihrem Weg nach Böblingen zwangen sie Bauern anderer Gegenden, sich dem Zug anzuschließen. Manche wehrten sich dagegen mit der Ausrede, sie hätten keinerlei Waffen. Aus anderen Dörfern flohen die Bewohner, weil sie bei einem Aufstand nicht dabei sein wollten.

Während ein großer Bauernzug unter Feuerbacher am 6. Mai durch Degerloch zog und dabei auch einige Plünderungen geschahen, kamen die Bauern aus dem Gäu nach Herrenberg. Zwei Tage später gelang es diesen sogar diese befestigte Stadt zu stürmen, dabei wurde auch geplündert. Im Rathaus fiel ihnen die Kanzleitruhe mit wichtigen Dokumenten in die Hände. Der Böblinger Amtschreiber, den die Bauern gezwungen hatten, sie zu unterstützen, denn ein Mensch der schreiben und rechnen konnte, schien ihnen sehr wichtig, sichtete den Truheninhalt und ahnte den hohen Wert.

Plötzlich stürmten einige Späher, die für die Sicherheit verantwortlich waren, ins Ratszimmer, wo sich die Bauernführer versammelt hatten und berichteten schreckensbleich von der gefährlichen Nähe des Truchsess von Waldburg. „Jetzt atmet erst einmal richtig durch," beruhigte sie Leonhardt Schwarz, einer der Radikalen, „Was soll sein?" „Der Bauernjörg ist in Weil!", schrien sie. „Na und!" meinte Schwarz. „Weil ist nicht Herrenberg.

Wo zieht er hin?" Die Späher berichteten von einem riesigen Lager bei dem Dorf im Schön-
buch. „Was ich nicht verstehe ist, warum der nicht Herrenberg befreit, wenn er so viele
und gute Söldner dabei hat!" fragte der Bauernführer. „Das kann Fritz dir sagen," meinte
einer der Leute. „Der hat zufällig seinen Vetter entdeckt, der auch dabei ist." „Ja, ich habe
am Feuer den Burgstaller Heinz, meinen Vetter, gesehen und mich einfach zu ihm in das
Lager geschlichen," gab der Angesprochene zu.

Sein Vetter war vor fünf Jahren in der Heimat auf der Straße zum Kriegsdienst gezwungen worden und da er der dritte Sohn war, konnte ihm nicht einmal der Bürgermeister
helfen. Er musste mit dem Heer des Herzog Ulrich nach Italien ziehen. Lange galt der junge
Mann bei der Familie als vermisst und gestern hatte er ihn zufällig im Heerlager des Bauernjörg gesehen. „Das sind eigentlich alles Bauern, bis auf die Hauptleute. Diese Söldner
kämpfen für gutes Geld auch gegen ihre Standesgenossen," meinte Schwarz. „Eigentlich
eine rechte Schweinerei!" Der Späher stimmte ihm zu und berichtete: „Genau das ist gerade
das Problem. Mein Vetter meinte, dass sie gerade streiken, denn der Truchsess hätte gerade
kein Geld mehr. Ihre Vertrauensleute meinten, dass sie nur für einen besonders hohen Sold
gegen ihre Brüder schießen würden. Wobei sie keine Wahl haben, wer nicht schießt wird
selbst erschossen."

So lagerte das Heer schon einige Tage bei Weil. Das Ziel aber sei Böblingen und nicht
Herrenberg, denn jeder von ihnen wüsste, dass es dort zur großen Schlacht gegen Feuerbacher und seine Bauern kommen würde. „Der Truchsess schwört, dort das ganze Bauern-
geschmeiß auszuräuchern. Ja, er hätte schon starke Seile dabei, mit denen wird er die
Anführer lebendig in die Straßenbäume hängen und von den Vögel fressen lassen. Genau
das hat mir mein Vetter gesagt", gab der Späher weiter an. Das seien die Worte des Schläch-
ters. „Schlimm genug," meinte Schwarz. „Es wird Zeit aufzubrechen und unseren Brüdern
in Böblingen beizustehen."

Kapitel 23

Rohrbach zieht plündernd über die Fildern und wird Anführer

Genau zu dieser Zeit bewegte sich Materns Bauernheer langsam über die Filderebene in der Gegend von Steinenbronn. Weit hinter ihnen konnte man den hohen Kirchturm von Echterdingen erkennen und da man noch immer auf die Bauern unter Rohrbach wartete, schauten viele zurück.

„Feuer!" schrie einer der berittenen Bauern, die den Zug von hinten zu schützen hatten. „Feuer bei Echterdingen!" Schnell galoppierte er nach vorne zu den Anführern und berichtete von seiner Entdeckung. Feuerbacher ließ nun den Zug stoppen und ritt auf eine kleine Anhöhe zurück, um besser sehen zu können. Auch Hans Wunderer war mitgekommen, schaute gebannt auf das Geschehen und meinte: „Das kann nur der verrückte Rohrbach mit seinen Leuten sein. Der bringt alle Leute der Gegend gegen uns auf." „Du hast recht, Hans," stimmte auch Matern Feuerbacher zu. „Und was das Schlimmste ist, er macht dies mit voller Absicht. Er und seine Anhänger wollen eigentlich keine friedliche Einigung. Sie meinen, dass wir nur mit einer Revolution unsere Ziele erreichen können. Da spiele ich allerdings nicht mit, das sollen alle wissen. Auch in unserem Haufen gibt es genug, die so denken. Wenn er aufgeschlossen hat, werde ich noch einmal den Bauernrat einberufen und wir werden durch Wahl festlegen, wie es weiter geht: Friedlich mit mir oder kriegerisch auf Tod und Leben mit Rohrbach."

Nach etwa zwei Stunden hatten die ersten Bauern der Rohrbachgruppe den Bauernzug eingeholt. Der hielt an und empfing unter großem Jubel den Rest. Behängt mit Ketten und mit einigen wertvollen Ringen an seinen schmutzigen Finger ritt Jäcklein Rohrbach mit stolz erhobenem Haupt zu Feuerbacher und meldete: „Hauptmann, wir melden uns erfolgreich von unserem Unternehmen zurück und wie du siehst, haben wir manchen reichen Pfeffersack gekitzelt und ihm Schmuck und Geld abgenommen."

Fast alle Männer des Trupps waren inzwischen beritten und die neidischen Blicke der anderen Bauern erkannten manchen Sack mit Beute, der quer über die Pferde gebunden war. Dabei dachten viele der friedlichen Bauern daran, dass bei einem Scheitern der ganzen Sache so eine Beute das Heimkommen erleichtern würde. Es wäre etwas Entschädigung für den weiten Marsch, die entgangene Ernte und die lange Abwesenheit von Hof und Familie. Genau mit dieser Ansicht hatte der schlaue Rohrbach gerechnet, als er spöttisch brüllte: „Nun Männer, was scheint euch besser, weiterhin mit schmutzigen Stiefeln durch die Felder zu trotten oder mit mir etwas Beute zu machen. Kommt, helft mir mit den Reichen der Gegend, den Pfaffen in ihren Klöstern; den Müllern und ihren Pfeffersäcken den ergaunerten Reichtum abzunehmen! Das wäre doch nur gerecht, wenn jeder von euch so beladen nach Hause zurückkommen würde." Wieder brach unbeschreiblicher Jubel aus. Endlich kam etwas Licht in die bedrückende Dunkelheit ihres Lebens. SCHATTENLICHT? Geliehenes Licht auf Zeit.

Feuerbacher und Wunderer versuchten das ganze zu erfassen, doch es schien fast zu spät zu ihrem Weg zurück zu kehren. Trotzdem erhob Wunderer, der besonnene Mann seine Stimme und meinte: „Bauern, wir warnen euch, auf diesen Unruhestifter zu hören. Noch ist eine friedliche Einigung möglich. Matern und ich schlagen vor nach Böblingen weiter zu ziehen und dort, wenn auch die Bauern aus dem Schwarzwald und dem Gäu zu uns gestoßen sind, mit der Obrigkeit Verhandlungen zu führen. Nur so können wir erfolgreich sein." „Feiglinge und Drückeberger," schrie Rohrbach. „Halt deinen Mund Rohrbach," schrie Johann Berner ihn an. „Ich komme gerade von Böblingen zurück, wohin mich der Hauptmann geschickt hatte. Die Mehrheit des Rates steht auf unserer Seite. Eine der Bedingungen, und es war keine einfache Verhandlung, denn manche hatten von deinem Wüten bei Kirchheim gehört, eine Bedingung war, dass wir friedlich nach Böblingen ziehen. Dann könnten wir hinter der Stadt ein Lager errichten, das von einem Sumpf im Rücken und der geschlossen Stadt auf der einen Seite auch gut gegen die Truppen des Bauernjörg zu halten sei. Das Wort friedlich wurde mehrmals betont." „Und nur so werde ich euch weiter führen," wandte auch Feuerbacher ein. „Für eine gerechte Sache riskiere ich gerne Kopf und Kragen und lasse mich notfalls aufhängen. Für Plünderer und Mordbrenner stehe ich als Anführer nicht zur Verfügung. Wir werden heute noch den Bauernrat einberufen, der soll durch eine Wahl den weiteren Weg bestimmen."

Das erwartete Echo blieb aus und Feuerbacher und seine Freunde wussten, was das zu bedeuten hatte. Dafür hörte man Rohrbachs kecke Stimme: „Den Bauernrat musst du gar nicht mehr einberufen, Feuerbacher, du bist mit deiner Art, den Konflikt zu lösen, kläglich gescheitert. Ich frage euch jetzt ihr Bauern, in diesem Augenblick, ob ihr nicht lieber nach so vielen Tagen mühseligen Marsches mit etwas Kriegsbeute heimkehren wollt. Dann könnt ihr eure Familie oder auch die Freundin trösten. Keine Frau hat etwas gegen ein Goldkettlein. Also, alle, die mit mir ziehen, gehen dorthin zu der großen Eiche, die anderen können stehen bleiben." „Ihr wisst, dass ihr unter diesem Verrückten kein Kettlein heimtragen werdet. Tote tragen nichts mehr," wagte Johann Berner noch einen letzten Versuch. Doch die Massen bewegten sich schon, fast alle wandten sich auf Rohrbachs Seite zu. Auch manche aus dem Bottwartal hatten sich ihm angeschlossen. Nur die engsten Freunde Materns, weitgehend Bauern und Kleinbürger blieben stehen und schauten fragend auf ihren Anführer.

Nicht ohne Rührung beobachtete Matern, wie die Vernunft ihren Einfluss verlor. Sein letzter Tag als ihr Anführer war gekommen. Höhnend stand der Rädelsführer des Weinsberger Blutsonntags unter der Eiche und schrie: „So, nun bestimme ich das weitere Vorgehen. Der Truchsess mag kommen und wir werden ihn mit einer blutigen Nase durch unsere Spieße jagen. Vorher aber werden wir noch einige Müller und fahrende Händler erleichtern." Als lauter Jubel ausbrach, wandte sich Feuerbacher vom Haufen ab, indem er rief: „Schade, dass wir so auseinander gehen. Ich wünsche allen rechten Bauern Gottes Schutz und Beistand in der gerechten Sache!"

Da kam sein treuer Gefährte Hans Wunderer herbei und entschuldigte sich, dass er nicht mit Matern ziehen könnte: „Aber unter den Verführten ist auch mein Sohn und mein Neffe, sie folgen dem Verrückten wie Hündchen. Wenn ihnen etwas geschieht und ich hätte mich vorher abgesetzt , kann ich nicht mehr nach Hause zurück. Gott beschütze dich, Matern Feuerbacher. Ich ahne, dass du der bessere Führer gewesen wärst." Dann ritt er auf seinem alten, klapprigen Pferd weg. „Halt," rief Feuerbacher. „Wir tauschen das Pferd, Hans. Du warst mir immer ein treuer Gefährte. Wo ich hingehe, benötige ich kein rassiges Pferd." Sogar die rote Satteldecke ließ er seinem Weggefährten. Matern aber bestieg das alte Pferd und ritt mit seinen letzten Anhängern fort von der Stelle der Entscheidung.

Nur einige hundert Meter entfernt hielt er am Waldrand an und erwartete die anderen. „Was hast du vor, Matern," fragte ihn Johannes Berner. „Ich weiß noch nicht genau, aber zunächst möchte ich noch den Ausgang der Schlacht wenigstens von Ferne verfolgen", meinte er. „Dann werde ich versuchen möglichst schnell aus dem Machtbereich des Österreichers Ferdinand zu kommen, Ich befürchte, dass später diese Schlacht bei Böblingen das furchtbare Ende unserer Bewegung sein wird."

Johann stimmte ihm zu: „Wenn die Böblinger bemerken, dass du nicht mehr der Bauernführer bist, sind alle Abmachungen hinfällig. Nur dir, Matern, so meinten sie, würden sie vertrauen. Außerdem hat, wie ich hörte der Schwäbische Bund auch ein Heer gesammelt, das auf Böblingen marschiert." „Ich löse euch, liebe Freunde, hiermit aus dem Treueschwur mir gegenüber. Versucht heimlich in die liebe Heimat zurückzukehren. Ihr habt eine Chance dort unerkannt weiterleben zu können, ich nicht," bedauerte der scheidende Hauptmann. Wie gerne wäre er mit einer Erklärung des Herzogs, in der wenigstens die alten Rechte der Bauern wieder eingesetzt worden wären, in sein Bottwartal zurückgekommen. Matern Feuerbacher war für eine heimliche Rückkehr zu bekannt. Selbst wenn sein Freiherr sich für ihn eingesetzt hätte, wären doch viele radikalere Adlige gegen ihn aufgetreten und hätten seine Bestrafung gefordert. Nein, der oberste Anführer des etwa 8.000 Bauern umfassenden gemäßigten, also „hellen" Bauernflügels, hatte alles verloren. Er musste seine Zukunft irgendwo in der Fremde suchen.

Alle ahnten seine Verlassenheit und planten die Rückkehr. Nur Johann Berner hielt sich noch allein in der Nähe seines berühmten Freundes auf. Feuerbacher winkte ihn ein letztes Mal zu sich heran und meinte: „Johann, solltest du es schaffen lebendig und als freier Mann nach Großbottwar zu kommen, so gib meiner Familie Bescheid. Erzähle meiner Frau von diesem Tag und dass ich am Leben bin. Ich werde dir die Gegend nicht sagen, wohin ich mich wenden werde, damit man sie dir nicht durch Folter abpressen kann. Ich werde meine Frau an der besprochenen Stelle treffen. Sie möge aber darauf achten, dass ihr kein Spion folgt. Und nun geh mit Gottes Schutz!" „Hier Matern, hast du deinen Schutzstein zurück, den du mir am Abend vor meiner Flucht gegeben hast. Du brauchst ihn auf dem weiten Weg in die Fremde dringender." Zum zweiten Mal kehrte der Stein zu Matern zurück und gab ihm etwas mehr Sicherheit. Kurz darauf wendete Feuerbacher das Pferd seines Freundes Hans Wunderer und brach allein auf. Ein gebrochener Mann?

Kapitel 24

Die Schlacht bei Böblingen vom 12.5.1525

Kurz vor Böblingen lagerte das Bauernheer und Rohrbach schickte Boten aus, die nach dem vereinbarten Platz fragen sollten, der für eine gute Verteidigung günstig wäre. Der Böblinger Stadtrat wunderte sich, dass die Bauern schon wieder andere Unterhändler schickten. Vogt Lienhardt Breitschwert ließ nach Feuerbacher fragen. Als die Boten nichts über seinen Verbleib sagen konnten und Jäcklein Rohrbach und andere Radikale als ihre Anführer nannten, dachte sich der erfahrene Mann seinen Teil und ließ noch für den Abend den Stadtrat einberufen.

Ein längeres Verbleiben der Bauernhaufen in der Nähe der Stadt wurde den Bauern nicht gestattet und mehrere Böblinger führten sie um die Stadt herum zu dem geplanten Lagerplatz in Richtung Sindelfingen. Die Anführer waren mit der Wahl zufrieden, denn ein Sumpf im Rücken erforderte dort keine Verteidigungslinie und die geschlossene Stadt auf der anderen Seite schützte ebenfalls. So war die Gefahr von den wendigen berittenen Truppen des Bauernjörgs eingekesselt zu werden, vorläufig gebannt. Immer noch strömten Bauernhaufen zu dem wartenden Heer. Auch die Schwarzwälder, die vom Gäu und die von Herrenberg, verstärkten die Bauern auf die stattliche Zahl von etwa 15.000 Mann. Das gab natürlich Sicherheit und man erwartete nun die Truppen des Truchsess. Der war, nachdem der Sold für seine Truppen endlich eingetroffen war, am Morgen des 12. Mai an Mauren vorbei bis in die Nähe von Böblingen gezogen. Eine erste Abteilung der Söldner unter Heinrich Traisch von Buttlar griff die Bauern sofort an, wurde aber von der Bauerngruppe, die als „verlorener Haufen" in die Geschichte einging, zurückgeschlagen. Dabei erkannte der Truchsess, dass die Aufstellung der Bauern gut gewählt war.

Durch das Sumpfgelände konnte er seine Reiterei nur noch frontal gegen die Bauern einsetzen. Er musste durch die Stadt hindurch angreifen. Von dieser Seite wären dann auch die Hakenbüchsen wirksam. Den Böblingern muss man zugute halten, dass sie nur als der Truchsess mit der Ermordung von Frauen und Kindern drohte, diesen Weg freigaben. Der unerwartete Angriff von der Stadtseite und das Eingreifen des Grafen Wilhelm von Fürstenberg mit seiner Truppe führte zu der für die Bauern tödlichen Wende des Kampfes. In den ersten Minuten des Angriffes richtete sich die Aufmerksamkeit der Fürstenberger

Reiter auf einen Anführer, der auf einem schwarzen Rappen ritt. „Schaut, da drüben reitet Feuerbacher. Ich sehe die rote Decke,“ rief einer der Reiter an der Spitze. Schon vor der Schlacht waren Kennzeichen der Bauernführer genannt worden und es war sogar ein Kopfgeld auf Feuerbacher, Rohrbach und andere ausgesetzt.

Mindestens fünf Reiter versuchten nun den besagten Reiter zu fangen. Hans Wunderer, er ritt ja Materns Pferd, versuchte noch der Gruppe auszuweichen, geriet aber dadurch in eine Salve von Schützen und starb an der Stelle. Feuerbachs Decke nahmen die Reiter mit und meldeten seinen Tod. Endlich hatten sie diesen Unruhestifter erwischt. Beim weiteren Kampf traten auch gleich Probleme zutage, welche die Bauern selbst nicht einmal erkannten: Das erste war die mangelnde Bewaffnung. Natürlich war die extra gegen sie aufgestellte Truppe ihnen darin überlegen. Außerdem fehlten Pferde, um auch Umfassungsbewegungen durchführen zu können.

Das Hauptproblem der Bauern aber war ihre Uneinigkeit und nach dem Abgang von Matern Feuerbacher, das Fehlen eines Kopfes, den alle akzeptierten. So kämpften verschiedene Haufen wie der „verlorene Haufen“ und der „Gewalthaufen“ räumlich getrennt und wenig koordiniert gegen eine halb so starke, aber erfahrene Söldnerarmee.

Nun kam auch die Reiterei zum Einsatz und das ganze endete in einem Massaker an den Bauern, dessen Ausmaß man bis heute nur schätzen kann, wenn man von 2.000 bis 9.000 toten Bauern ausgeht. Die Sieger sollen nur 15 Fußsoldaten und 25 Reiter verloren haben.

Schlimmer als dieser Verlust war das Wüten des Bauernjörgs hinterher, das als Abschreckung dienen sollte. So soll er den einen Anführer des Weinsberger Blutsonntags, Melchior Nonnenmacher, an einen Baum gekettet und so lebendig gebraten haben. Jäcklein Rohrbach wurde gefangen genommen und in seiner Heimat Böckingen auf einem Scheiterhaufen verbrannt. Die berechtigten Forderungen der Bauern aber versanken damit für lange Zeit im Dunkel.

Kapitel 25

Feuerbacher beobachtet den Untergang seiner Bauern

Matern Feuerbacher, der von Johann Berner den Lagerplatz und Ort der Schlacht hinter Böblingen wusste, hatte es doch nicht geschafft einfach davonzureiten, ohne zu wissen was mit seinen Bauern geschehen würde. Er hatte das alte Pferd Wunderers auf einer Lichtung im nahen Wald angepflockt und sich in die Nähe des Schlachtfeldes geschlichen. Noch im Morgengrauen erkletterte er eine hohe Eiche. Von dicken Ästen und alten Blättern verborgen, konnte er von seinem Ausguck fast das ganze Gemetzel sehen. Am meisten erzürnte ihn der Verrat der Böblinger. Hätten sie dem Bauernjörg den Durchzug, wie verabredet, nicht gestattet, so hätte vermutlich alles ein anderes Ende genommen. Er freute sich, dass die meisten Bauern aus dem Bottwartal durch seine Absetzung nach Hause geritten waren und hoffte, dass der Truchsess hier lange genug aufgehalten wurde, um seinen Freunden einen sicheren Rückzug zu ermöglichen.

Was er sah war furchtbar, doch er fühlte sich dafür nicht mehr verantwortlich, hatte er doch lange genug vor einem Kampf der ungeübten Bauern gegen die erfahrenen Söldner des Schwäbischen Bundes gewarnt.

Offensichtlich sollte ein Exempel statuiert werden, um so auf Generationen einen weiteren Aufstand der kleinen Leute zu verhindern. Wo war sein Freund Hans Wunderer? Seine Treue zu seinem Haufen, der viel radikaler als Materns Mitstreiter war, hatte ihm wahrscheinlich das Leben gekostet. Erst als die Dämmerung hereinbrach, man hörte noch immer das Stöhnen von vielen Verwundeten, wagte Feuerbacher seinen Adlerhorst zu verlassen. Mit einiger Mühe fand er das angepflockte Pferd wieder und ritt noch in der Nacht so weit es ging nach Süden. Er befürchtete, dass der Truchsess mit seiner Reiterei am nächsten Morgen nach versprengten Bauern suchen ließ.

Feuerbachers Ziel war die schon lange unabhängige Schweiz. Dort lebte in Zürich ein alter Freund aus der Klosterschule, Frank Horner, jetzt wohl ein angesehener Zimmermeister, der auf seiner Walz dort hängen geblieben war. Er hoffte, dass der inzwischen so angesehen war, dass er sich für ihn einsetzen würde und ihm als Bürge seinen zeitweiligen Aufenthalt ermöglichen würde. Nur so konnten Fremde in einer Schweizer Stadt aufgenommen werden.

Auf dem Schlachtfeld bei Böblingen

Kapitel 26

Die Bottwartalbauern auf dem Heimweg

Johann Berner und seine Freunde hielten sich klugerweise bis zum Einbruch der Dunkelheit in dem Wald versteckt. Inmitten einer Dickung von jungen Fichten saßen sie auf ihren Decken und beratschlagten, was nun zu tun war. Natürlich wollten sie auf keinen Fall in das Kampfgeschehen verwickelt werden, dessen erschreckendes Getöse vom Wind getragen immer wieder an ihre Ohren drang.

Alle waren froh darüber, nicht auch auf dem Kampfplatz zu sein. Nur durch das Scheiden ihres beliebten Hauptmannes war ihnen all das erspart geblieben. Johann Berner war nun ihr neuer Anführer, ihm vertrauten sie. „Was meinst du Johann, können unsere Bauern diese Söldner schlagen?" wollten alle gerne wissen. Johann wiegte den Kopf hin und her und meinte: „An der Menge liegt es nicht, an den Waffen schon mehr, aber ich glaube, dass es zuletzt an einem erfahrenen Kommandanten fehlt. Jeder Haufenführer fühlt sich als großer Feldherr, ein Rohrbach oder ein Nonnenmacher ordnet sich niemand unter. Und das wird ihr Untergang! Ihr hört die Hakenbüchsen der Söldner. Irgendetwas ist schief gegangen. Nächste Nacht sind wir hier weg."

„Wir sollten so schnell es geht nach Hause marschieren," meinte Heiner Salzmann aus Beilstein." Ich möchte mir gar nicht ausmalen, wie unsere Weinberge daheim aussehen!" Wie hatten die Frauen und Kinder die lange Zeit der Abwesenheit überlebt? Schade, dass Matern Feuerbacher nicht mit ihnen ins Bottwartal heim konnte. Da waren sich alle einig, dass sie am liebsten gemeinsam heimgekehrt wären. Auch später, die Schlacht mochte ausgehen wie sie wollte, würde er ihnen als Vermittler zu den hohen Herren überall fehlen.

Johann und zwei junge Leute hatten sich in der Dämmerung in die Nähe des Schlachtfeldes geschlichen und waren mit einer roten Decke und schlimmen Nachrichten zurück gekommen. „Leute, die Sache ist gänzlich verloren," begann Berner mit der Schilderung. Überall liegen tote und verletzte Bauern und keiner kümmert sich um sie. Das furchtbare Stöhnen, das wir schon im Wald hörten, müsste doch auch die Böblinger erbarmen. Dafür dringt aus der Stadt das Feiern der Sieger. So weit das Auge reicht liegen erschlagene Bauern und dazwischen huschen Leichenfledderer, die ihre letzte Habe stehlen, anstatt ihnen auch nur ihre Lage zu mildern. Furchtbar! Einen haben wir erwischt, wie er gerade die toten Kameraden bestehlen wollte und ihm diese Decke abgenommen." „Feuerbachers Satteldecke!" riefen alle. Er hatte ja sein Pferd mit Wunderer getauscht und diese weithin leuchtende Decke lag unter dem Sattel. Einige riefen: „Was ist mit Hans Wunderer geschehen?" Der Dieb hätte ausgesagt, dass einige Reiter sich schon am Beginn der Schlacht, wahrscheinlich auf Befehl des Waldburgers, auf diesen Reiter gestürzt hätten. Alle wären der Meinung gewesen, damit den gefährlichsten Bauernhauptmann, eben Matern Feuerbacher, auszuschalten. Doch nun wüssten sie, dass es nur sein Pferd gewesen wäre, Feuerbacher wäre wie vom Erdboden verschluckt. Alle bedauerten den Tod von Hans Wunderer, waren allerdings froh, dass es nicht Matern getroffen hatte.

Der Pferdetausch war Hans zum Verhängnis geworden, jemand musste dieses Kennzeichen Materns an den Truchsess verraten habe. Noch in der Nacht zog ein niedergedrücktes Bauernhäuflein nach Norden. Würden sie die Heimat wiedersehen?

Kapitel 27

Feuerbacher findet Gleichgesinnte

Einige Meilen südlich ritt ein einsamer Mann auf einem alten Pferd ebenfalls im Schutz der Dunkelheit. Lange würde das Pferd so belastet nicht mehr durchhalten. Endlich lichtete sich der Wald und ein steiler unebener Weg führte ins Ammertal hinunter. Leuchtete da nicht ein Licht? Matern hielt das Pferd an, denn die hinab rollenden Steine machten zu viel Lärm. Da die Zeiten viel zu unsicher waren, musste ihn der Besitzer der Mühle längst bemerkt haben. Warum rief er ihn nicht an?

Plötzlich traf eine Stange das Pferd direkt hinter dem Sattel. Erschreckt machte es einen Satz, den Feuerbacher nicht erwartet hatte. Sein Reiter flog dabei seitlich herunter und der Verursacher des Schlages brüllte: „Hab ich dich, du Sauhund! Heimlich herumreiten und andere Leute bestehlen. Ich werde dich gleich an diesem schönen Ästchen baumeln lassen. Gib Laut, Kerl, sonst ist dein letztes Stündlein gekommen!" Matern musste sich erst vom Sturz erholen und blieb still.

„Hat es dir die Sprache verschlagen, Junkerlein? Aber ich will dich doch mal bei Licht ansehen, auch Müller hängen keinen Falschen." Der Müller zog seinen Gefangenen die steile Wegstrecke hinunter zur Mühle und schaute ihm in der Nähe der Lampe in das Gesicht. „Holla," rief er erstaunt, „sind die Ritter schon so herunter gekommen?" Natürlich hatte Materns Kleidung auf dem langen Marsch durch Württemberg gelitten und sah in keiner Weise einer adligen Kleidung ähnlich. „Jetzt dachte ich, mir wär ein dicker Fisch in das Netz gegangen und wieder nur eine verhungerte Sprotte!" „Bin nur ein Bauer auf der Durchreise," meinte Feuerbacher. Da lachte der Müller: „Du hast dir eine seltsame Reisezeit ausgesucht, mitten in der Nacht! Und... seit wann ist euch Bauern das Reisen erlaubt. Ihr klebt doch an der Scholle?"

Langsam war aus dem gefährlichen Gespräch, der Müller konnte jeden Augenblick seine Drohung wahr machen und ihn töten, eine eher humorvolle Unterhaltung geworden. „Kennst du unsere Probleme noch nicht?" wollte Matern wissen. Da lenkte der Müller Feuerbachers Blick auf einen kleinen Wimpel, der unbeachtet an der Wand hing. Schau, meinte er und drehte ihn kurz um. Auf der Rückseite waren ein paar alte Schuhe mit langen Bändeln abgebildet.

„Mensch, Freund, lass mich los! Du bist ja ein Bundschuh!" Und als der Müller nickte, fügte er hinzu: „Gott grüß dich alter Gesell! Was ist dir für ein Wesen?" Da antwortete der Müller in freundschaftlicher Art: „Wir mögen von den Pfaffen nit genesen." Sofort ließ er Feuerbacher los und entschuldigte sich: „Sei mir nicht böse, Bruder. Aber zur Zeit streunt so viel Gesindel durch die Wälder. Ich lebe hier mit meinem Bruder, dem Bauern und der war lange beim Bundschuh. Komm schnell herein! Diese Worte dürfen nicht an andere Ohren dringen. Unser Freiherr denkt, dass ich die Bauern genauso hasse, wie er." Kurz darauf stand Feuerbachers altes Ross im Stall und fraß gutes Futter. Dem Reiter erging es ähnlich, er saß vor einem mit allerhand Leckerem gefüllten Tisch und berichtete den beiden Brüdern, denn der jüngere war ganz verschlafen auch aufgetaucht. Matern erzählte von den furchtbaren Ereignissen bei Böblingen, dem Untergang des Bauernheeres und von der Siegesfeier des Bauernjörg. „Wenn ich den erwische", meinte der Heinz, der Bruder des Müllers, „das Schwein hat meinen besten Freund aufgehängt. Vor meinen Augen!"

Nun erzählte der vom Aufstand in Oberschwaben und seinem furchtbaren Ende: „Der Kaiser hat dem Waldburger die Höfe aller aufständischen Bauern versprochen und so gehört ihm schon halb Oberschwaben. Aber er hatte noch nicht genug." Der Hof seiner Schwiegereltern, seine Frau und er hätten ihn nach der Ernte übernommen, wäre einfach ungünstig zwischen zwei beschlagnahmten Höfen gelegen. Als sie am Sonntagabend vom Viehmarkt in Isny zurückgekommen wären, hätte das ganze Anwesen schon gebrannt. Seine Schwiegereltern wären erschlagen vor dem Stall gelegen. Wie eine Furie wäre seine liebe

Else auf die fünf Mörder losgegangen und er hätte nicht einmal sie retten können. Nur ein Sprung in den Löschteich hatte ihn gerettet, obwohl alle in dem algengrünen Wasser nach ihm gestochert hatten. „Erst in der Nacht habe ich mich schlotternd herausgewagt. Dann suchte ich drei Tage nach Buntschuhtruppen und schloss mich ihnen an. Du kannst mir glauben, dass von meiner Hand zehn mal fünf Söldner des Truchsess gestorben sind. Dann ging es auch uns an den Kragen. Wir kämpften gerade bei Leutkirch, wurden verraten und von einer Übermacht eingekesselt. Ich hatte Glück und konnte mich im letzten Moment in einer hohlen Weide verstecken. Meinen Freund, unseren Anführer, haben sie geschnappt und am nächsten Baum aufgeknüpft." Er schlug die Hände vor seinem Gesicht zusammen, denn auf einmal kam das ganze Geschehen in sein Gedächtnis zurück. „Weißt du, Matern, was das Schlimmste war, ich musste zusehen wie er starb und konnte ihm nicht helfen, denn überall waren Wachen verteilt, die nur auf uns warteten." Und im nahen Bauernhof hätten die Sieger gefeiert und sich am Stöhnen der sterbenden Bauern erfreut. Matern Feuerbacher kam das bekannt vor und er fragte, ob er die Buntschuhfahne mitgebracht hätte. „Klar, die trug ich bei meiner Flucht unter dem Hemd. Sie ist eine letzte Erinnerung an meine Familie, eine gute Zeit." Da meinte der Bruder. „So glücklich warst du ja auch nicht immer, hattest du doch ständig mit deinem Schwiegervater Streit." „Gut, der alte Waldbachbauer hätte gern einen reichen Schwiegersohn gehabt und nicht seinen eigenen Knecht. Aber die Else, mein Herz, wollte eben mich," schluchzte er plötzlich auf. „Nur noch zwei Monate und ich hätte unser Kind in den Armen gehalten. Nun sind alle tot und unser Hof gehört dem Bauernschlächter. Dabei habe ich vorher gar nicht gegen ihn gekämpft. Wollte einfach meine Else nicht schwanger allein lassen."

Die drei Männer saßen noch lange zusammen und berieten über die Lage. War nun alles verloren? Als am Abend sich Matern wieder auf seinen Weg nach Süden aufmachte, war er mit Nahrung wohl versorgt und in seinem Hemd steckten einige Adressen von Buntschuhleuten und von befreundeten Müllern. Das Beste aber war Feuerbachers Tarnung als Mehl- und Getreidehändler. Ein gemeinsam angefertigtes Passierschreiben des freien Müllers Gotthilf Bauder wies ihn aus. Handel mit Produkten einer Mühle, sei es Mehl für die Bäcker in den Städten oder auch Kleie und Getreidemischungen als Tierfutter war im Oberschwäbischen durchaus üblich, oft sogar gewinnbringend, denn durch Unwetter oder durch einen langen Winter gab es in manchen Gegenden Mangel, in anderen Überfluss.

Zwei Nächte wollte Feuerbacher noch heimlich weiter reiten, um aus der Zone der Verfolgung zu kommen, dann wollte er seine Identität wechseln und bei Tag von Dorf zu Dorf reiten, um Aufträge anzunehmen. Mit der Pferdepost würden dann die Bestellungen zurück zur Mühle an der Ammer kommen.

Kapitel 28

Sind Bauern Wilderer?

In der Zwischenzeit hatten die Bottwartaler Bauern unter Johann Berner den riesigen Wald auf den Höhen über Gerlingen durchwandert. Oft gab es weder Weg noch Stege über die kleinen Bäche, aber um so mehr Sumpfgebiete, die in weiten Umwegen umwandert werden mussten.

Die Wälder waren zum Glück so verlassen, dass sie sich auch bei Tag weiter nach Norden wagen konnten. Dies war natürlich zur Orientierung viel besser, mussten sie die Mittagssonne einfach nur im Rücken haben. Auch die Ernährung war hier gesichert und manche Ente von Pfeilen getroffen, brutzelte am Abend über dem Lagerfeuer. Aber genau dieses Feuer brachte sie an einem Abend in Schwierigkeiten. „Hab ich euch, ihr Wildererpack," rief plötzlich eine Stimme aus dem Dunkel. Angelockt durch das hoch lodernde Feuer war der herzogliche Jäger der Meinung, wieder einer Schar von Wilderern begegnet zu sein, was damals häufig vorkam. Denn das gewilderte Fleisch war oft das einzige, das sich die armen Leute leisten konnten. Um seinen Worten Nachdruck zu verschaffen, zischte ein Armbrustgeschoss durch die Luft und steckte plötzlich einem der Bauern im Arm. „Hinliegen," rief Johann, „Heinz und Klaus schaut mal nach dem Schützen!" Diese beiden Bauern standen selbst am Rand der Lichtung als Wächter, hatten aber offensichtlich das Herannahen des Jägers übersehen. Damit hatte der Jäger selbst unsichtbaren Gegnern und seine Stelle durch den Anruf verraten. Er versuchte noch zu fliehen, machte dabei aber so viel Lärm, dass er wenige Minuten später, von den Wächtern gepackt, widerstrebend auf die Lichtung gezerrt wurde.

Johann hatte alle Mühe, den angeschossen Bauern, der schon sein Messer gezückt hatte, vom lynchen abzuhalten. „Lass ihn, Herbert, er hat nur seine Pflicht getan! Wie heißt du?" Der herzoglicher Jäger, der diesen Wald und sein Wild von Jagd zu Jagd allein bewachen musste, war froh, dass ihm jemand half, denn schon mancher seiner Kollegen war im tiefen Wald von Wilderern ermordet worden. „Ich bin der herzogliche Oberjäger Friedhelm Schneider und ersuche euch, mich sofort loszulassen!" „Halt das Maul du Hund! Schießt friedlichen Bauern durch den Arm und will als Gefangener auch noch angeben. Sei froh, dass unser Hauptmann dich gerettet hat, sonst hätte ich dich mit meinem Messerchen ein bisschen durchbohrt." Der Bauer drohte mit seinem Dolch. Noch immer steckte der Armbrustbolzen in seinem Arm. „Ist der Bolzen sauber?" fragte Berner. „Natürlich sauber, der Herzog möchte das geschossene Wild doch essen," war die Antwort. „Halt ihn fest, dann hast du ihn gleich wieder," befahl Johann. Der Jäger, ganz verwundert über diesen Ton, tat was ihm geheißen wurde. Mit einem Ruck zog der Anführer den blutigen Bolzen heraus. Brüllend hielt sich der Verletzte den Arm und sah das Blut, das nun aus der Wunde floss. „Hier hast du ein Heilkraut," meinte der Jäger und gab ihm ein Säckchen. „Du musst es mit etwas Wasser nass machen und auf die Wunde binden, dann heilt es in wenigen Tagen." Nun war der Bauer verdutzt, denn so viel Mitgefühl hatte er nicht erwartet. Ober-jäger Schneider war wirklich ein besonderer Mann, das bemerkten die Bottwartaler Bauern in Kürze.

Er begann nämlich ein Gespräch mit ihnen: „Ich glaube zu wissen, was ihr hier im Wald sucht. Wilderer seid ihr nicht, das ist klar, aber Bauern auf der Flucht. Ward ihr bei Böblingen auch dabei?" Die Bauern schüttelten den Kopf und Johann sagte: „Eigentlich nicht, sonst wären wir nicht hier. Unser Hauptmann ist Matern Feuerbacher." „Oh" meinte der Jäger, „von dem habe ich schon gehört. Wo ist er?" „Die Radikalen haben ihn kurz vor der Schlacht abgesetzt und sind dann in ihrer Dummheit mit wehenden Fahnen unter-gegangen." „Und der Feuerbacher?" fragte Schneider wieder. „Ist nach Süden. Er konnte nicht mehr mit uns heim."

Oberjäger Schneider überlegte und meinte dann: „Lasst uns kleine Leute Frieden schließen. Mein Vater ist auch nur ein Waldarbeiter und lebt bei Bergheim in einer Hütte. Ihr fragt euch nun sicher, wie ich dann Jäger wurde. Das ist eigentlich eine traurige Ge-schichte. Setzt euch doch!" Schneider erzählte nun von seiner hübschen Schwester Lena, auf die der Herzog ein Auge geworfen hatte, als sie irgendwo im Wald traf. Lange wäre sie verschwunden gewesen, bis er sie zufällig beim großen Forsthaus ganz in der Nähe mit einem Kind getroffen hätte, ein herzoglicher Bastard. Ja, und Lena hätte ihm diese Stelle gegen sein Schweigen den Eltern gegenüber besorgt. Als dann der Jäger nach der Wunde des Angeschossenen besorgt schaute, war das Eis endgültig gebrochen. Er lud sie zum nahen Forsthaus ein. Der Herzog wäre schon lange nicht mehr da gewesen und er, seine Schwester und das Kind würden dort allein leben. Da inzwischen die Morgendämmerung anbrach, waren Johann und seine Leute froh ein Versteck für den Tag zu haben.

Am Morgen konnte man Lena, der etwas Abwechslung gefiel, sogar noch berichten, dass ihr Herzog sicherlich länger nicht mehr kommen würde. Der wäre doch in seine fran-zösische Besitzung nach Mömpelgard geflohen. „Da seht ihr, wie abgeschieden wir hier oben im fürstlichen Wald leben. Wäre gestern nicht ein Reiter mit dem Befehl gekommen, dass ich versprengte Bauern gefangen nehmen solle, hätte ich euch gar nicht getroffen," lachte Schneider. Ein kleines hübsches Mädchen schaute ganz ängstlich in das Zimmer und der Onkel rief: „Komm her Miriam! Die tun dir nichts." Doch die Kleine rannte lieber davon. Für sie, die Herzogstochter, waren zu viele Menschen hier! Als die Bauern aus dem Bottwartal sich am Abend weiter auf ihren Heimweg machten, schieden sie mit Proviant und guten Wünschen von dieser Stelle. Zuerst ging es steil den Berg hinunter an Gerlingen vorbei. Weite Strecken, fast ohne größere Waldungen, waren zu überqueren und doch hofften alle noch in dieser Woche zu Hause zu sein. Was würde sie dort erwarten?

Kapitel 29

Feuerbacher auf dem Weg nach Süden

Viel weiter im Süden ritt nun der als Vertreter der Mühle an der Ammer getarnte Feuerbacher nun am hellen Tag nach Süden. Im letzten Moment hatten die beiden Brüder seine Tarnung noch verbessert. „Du brauchst deinen Klepper nicht zu satteln, Matern."

Als der angesprochene verdutzt aufschaute, führte der Müller ein bereits gesatteltes stattliches Pferd am Halfter heran und meinte: „Weißt du Matern, wir befürchten, dass du mit diesem alten Gaul auffällst. Wer glaubt dir den Vertreter einer gut gehenden Mühle, wenn du auf dieser Mähre angeritten kommst." So kam er gut voran, durchquerte den oberen Ammerwald, konnte ohne Mühe in der Gegend von Rottenburg den Neckar überqueren und tauchte bald auf einem schattigen Weg in den nächsten Wald südlich von Kilchberg ein. Die Brüder hatten ihn wegen seines wertvollen Pferdes nun eher vor Wegelagerern gewarnt. Doch Feuerbacher hatte auf Dolch und Armbrust gezeigt und gemeint, dass er solchem Gesindel gewachsen sei. Doch das sollte sich als Irrtum erweisen.

„Halt!" rief eine barsche Stimme aus dem Unterholz des dunklen Waldes. Matern zügelte sein Pferd und wartete darauf, dass der Rufer aus der Deckung kam, erst dann konnte er entscheiden, was zu tun war. Stattdessen flog ihm plötzlich eine Schlinge um den Körper, die ihn mit einem Ruck aus dem Sattel hob. Unsanft landete er auf dem Waldboden. Sogleich standen einige vermummte Gestalten um ihn und blickten drohend zu ihm hinunter. Gemächlich näherte sich vom anderen Waldrand eine etwas besser gekleidete Gestalt, offensichtlich der Chef. „Was für ein hübsches Pfeffersäckchen haben wir denn hier eingefangen?" spottete dieser und besah sich den Fang, nicht ohne dessen Taschen zu durchwühlen. Feuerbacher antwortete nicht, da er noch nicht sicher war, ob es sich bei diesen Gestalten um normale Räuber, in großen Wäldern nicht selten, oder um versprengte Bauern handelte. Zwei der Burschen machten sich an seinem Pferd zu schaffen und leerten gerade die Satteltaschen. „Ein Vertreter einer Mühle," rief einer davon. „Müller sind ja noch reicher als mancher Kaufmann. Sie sitzen nur auf ihrem fetten Arsch, betrügen uns Bauern und lassen das Wasser für sich arbeiten. Sollen wir ihn ein wenig kitzeln, damit er spricht, Chef?" „Seibold sei ruhig! Wir wollen nicht wie unsere Unterdrücker vorgehen, die jeden erst foltern bis der vor lauter Angst alles zugibt."

Sie zogen Feuerbacher hoch und der Anführer meinte: „So, nun hast du schon etwas zu viel mitbekommen, aber mancher kann den Mund nicht halten. Wer bist du?" Matern schaute in die Runde, beschloss, seine Tarnung aufzugeben und antwortete: „Schau!" Nun hob er seinen Hemdkragen etwas an. Unter dem Kragen versteckt war ein Knopf mit dem Bundschuhzeichen. Der Bruder des Müllers hatte es ihm gegeben und auch die Stelle benannt, wo er es tragen sollte. Beides zusammen galt wie ein Ausweis. „Verdammt Bruder, sag das doch gleich!" schimpfte der Chef. „Jetzt hätte dich doch der Seibold beinahe gestochen. Wie kommst du denn zu dem Pferd und in den Bannwald?"

Matern Feuerbacher erzählte das Wichtigste und ritt mit den bäuerlichen Räubern zu ihrer versteckten Waldhütte. „Das war Dusel," meinte Stockbauer, der Chef, „dass wir es so schnell nicht bis Böblingen geschafft haben. Wir waren erst bei Ofterdingen, als uns ein versprengter Bauer gewarnt und gemeint hatte, dass unsere Sache verloren sei. Da haben wir uns hier etwas versteckt, denn eine Ernte gibt es heuer ja wohl nicht, deshalb wollten wir mit etwas Ware der durchziehenden Kaufleute zurück nach Süden auf unsere Höfe kommen." Feuerbacher wunderte sich, wie aus normalen Bauern so schnell Räuber werden konnten. Doch wenn die Not und die Ungerechtigkeit zu groß wurde, war offensichtlich bald diese Grenze überschritten. Als er dies dem Chef sagte, meinte der: „Du hast recht und ich dachte bis gestern auch so, schau! Komm her Dieter!" Ein schmächtiger, wirr schauender Junge trat hervor und Matern konnte sehen, dass sich die Augen des Anführers seltsamerweise mit Tränen füllten als er sagte. „Das ist mein Ältester. Schau an, was sie aus ihm gemacht haben. Er spricht nicht mehr, isst nicht mehr und ist ganz wirr. So kam er gestern hier an und ich befürchte, dass er der einzige Überlebende ist." Er nahm ihn in die Arme und der Junge brach in Tränen aus. „Mama!" war das einzige, was zu hören war. Erschüttert wandte sich Stockbauer ab und meinte: „Wir kehren morgen nach Hause zurück. Ich habe jetzt schon davor Angst, was uns dort unter dem Lochenstein erwartet." Feuerbacher beschloss sich zunächst dieser Gruppe anzuschließen, da auch sie nach Süden zogen.

Kapitel 30

Die geschlagenen Bauern werden abgefangen

Auch die Bauern um Johann Berner hatten bei ihrer Rückkehr große Schwierigkeiten. An allen Brücken und an Kreuzungen von wichtigen Straßen standen Soldaten und Gendarmen, die besonders auf Bauern ihr Augenmerk haben sollten. Alle Teilnehmer an der Schlacht von Böblingen hatten natürlich keine gültigen Passierscheine. Beim großen Zug nach Stuttgart hätte keiner der kleinen Fürsten gewagt, danach zu fragen. Aber nun konnte man die entmutigten und geschlagenen Männer, viele waren schon an Verletzungen kenntlich, gut damit drangsalieren und wieder in ihr Joch drücken.

Beiläufig suchte man nach den Anführern. Die meisten waren ja gefallen oder ohne jedes Urteil gehängt worden. Matern Feuerbacher aber, immerhin einer der obersten „Rädelsführer", das wussten alle bis zum Amtsverweser Ferdinand von Habsburg, war noch auf freiem Fuß. Wo konnte er sich am besten verstecken? Natürlich im Bottwartal, seiner Heimat. Dort wurde er offensichtlich auch noch vom örtlichen Adel unterstützt. Deshalb wurde der Weg, den er von Böblingen nehmen konnte, besonders scharf überwacht. Zum Glück waren ortskundige Bauern unter den Rückkehrern dabei, die wussten wo überraschend Straßenkontrollen sein konnten. Meistens an Engstellen und an Brücken, die ein Fremder passieren musste.

„Johann," warnte ein Bauer aus Geisingen, „lass uns hier abbiegen!" „Warum?" viele müde Wanderer murrten. Sie wollten nur heim. „Ich denke, dass ich es euch gleich von oben zeigen kann," erklärte Theo Balder. „Wie ich unseren Junker kenne, überwacht er unten den Talweg. Wir kämen vielleicht durch, aber Johann nicht, der ist zu bekannt."

Er führte sie auf einem schmalen Pfad quer durch die Weinberge über dem Neckar, den wirklich nur Eingeweihte kannten. „Gut, Theo," lobte ihn auch Johann, „wir wollen nicht so kurz vor der Heimat noch im Verließ eines Adligen landen." Und als Theo mit der Hand nach unten zeigte, hatte er bereits die Soldaten erkannt, die wirklich den Weg sperrten, um Anführer der Bauern, die die Schlacht von Böblingen überlebt hatten, auf dem Rückweg abzufangen.

Kapitel 31

Rettung durch die Adligen

Inzwischen war die Kunde von der verheerenden Niederlage bei Böblingen auch auf den Lichtenberg gelangt. Ein Heilbronner Kaufmann, mit wertvollem venezianischem Glas unterwegs nach Hause, hatte sie mitgebracht. Rupprecht hatte vor diesem erfreut getan, denn er wollte seine Position ungern verraten, dazu kannte er den Simon Wertheimer zu schlecht. Allerdings versuchte er aus ihm möglichst viele Details heraus zu bekommen. Ob Matern Feuerbacher der Hauptmann der Bauern gewesen sei, wollte er wissen. Nein, das wüsste er genau, denn er wäre gerade zu der Zeit in Böblingen gewesen, dort könne er immer gut verkaufen. Die Anführer wären ein gewisser Rohrbach und ein Melchior Nonnenmacher gewesen. Den hätte der Truchsess zur Abschreckung noch auf dem Schlachtfeld an einen Baum gekettet und geröstet. Unter den gefangenen Rädelsführern wäre kein Matern gewesen, das wisse er genau, denn außer Rohrbach wären die meisten Anführer sofort gehängt worden.

Mit Jäcklein Rohrbach hätte der Waldburger noch etwas besonderes vor: Der würde in seiner Heimatgemeinde, dem immer aufrührerischen Böckingen zur Abschreckung auf dem Scheiterhaufen verbrannt, was alle Heilbronner Kaufleute freuen würde, denn er hätte rund um seine Stadt schon viel geräubert.

Kaum war der Kaufmann wieder weg, ließ Rupprecht seine adligen Nachbarn von einem Boten zu einer Besprechung auf den Lichtenberg einladen.

Nur kurze Zeit später kam der Ritter Späth von Höpfigheim und der Burgherr von Kleinbottwar auf den Lichtenberg geritten. Alle wussten, dass die Familie von Weiler die besten Verbindungen nach Stuttgart hatten und man hier Neuigkeiten aus erster Hand erfahren konnte. Als sie die Botschaft von dem Gemetzel bei Böblingen erfuhren, waren alle nicht froh darüber. „Der Truchsess ist weit über sein Ziel hinausgeschossen," meinte Rupprecht, „so kann nur ein Verrückter wüten!" Alle stimmten ihm zu und der Höpfigheimer, Ritter Späth, meinte: „Das war seine Art der Kriegsführung, Schrecken unter den Bauern zu verbreiten, um ihnen das Protestieren ein für alle Mal auszutreiben."

„Ich kenne diesen Gnom, klein, hässlich und auf jeden Menschen wütend, der ihn überragt, besonders wenn es auch noch ein Bauer ist, den er doch als unnützen Dreck ansieht. Beim Prozess gegen die Schwarze Hoffmännin in Heilbronn habe ich ihn erlebt. Er hätte am liebsten sie und alle ihre Unterstützer an den Straßenbäumen aufgehängt und ich denke, er ist ein Mensch, dem Quälen und Töten Spaß macht. Das konnte er, unterstützt von den Truppen des Schwäbischen Bundes, nun bei Böblingen tun. Sein übertriebenes, blutrünstiges Handeln wird uns noch lange Zeit Probleme machen. Wir brauchen doch unsere Bauern, um die Felder und die Weinberge zu bewirtschaften," sagte der Beilsteiner Burgherr. „Was mich am meisten bewegt ist das Schicksal Feuerbachers," wandte Freiherr von Weiler ein. „Schließlich haben wir ihn in dieses Schlamassel gedrängt. Er wollte eigentlich die Wahl nicht annehmen, da er die Radikalen um Jäcklein Rohrbach und Nonnenmacher fürchtete." Ritter Späth stimmte ihm zu: „Wir ja auch, weshalb wir ihm zur Annahme rieten. Immerhin scheint er nicht unter den standrechtlich gehängten Anführern zu sein. Das lässt hoffen, dass er bald zurückkommt." „Hoffentlich nicht," widersprach Rupprecht. „Habt ihr das Schreiben unseres „allergnädigsten" neuen Landesherren nicht gelesen? Ferdinand ersucht uns, alle zurückkehrende Anführer zu verhaften und zur Aburteilung nach Tübingen zu schicken. Eines steht fest: Matern Feuerbacher würde ich dem Habsburger nicht ausliefern." Da waren alle anwesenden Adligen einer Meinung und der von Schaubeck fragte: „Warum nicht nach Stuttgart?" Da lachte Rupprecht und meinte: „Da traut er sich gerade nicht hin, seit er das Gemetzel von Böblingen zugelassen hat. In unserer Hauptstadt leben viele Handwerker und Kleinbürger und ich hörte, dass auch mancher Sohn dieser Stadt bei Böblingen gefallen ist." „Stimmt, von mir waren auch einige Beilsteiner Kleinbürger mit nach Stuttgart gezogen und sind dann von dem Bauernjörg bei Böblingen abgeschlachtet worden. Sie wollten eigentlich nur alte Rechte wiedererlangen und eigentlich überhaupt nur für mehr Freiheit demonstrieren," trug der Beilsteiner bei.

„Ulrich mag ja ein jähzorniger und weibstoller Herr gewesen sein," meinte der Ritter von Höpfigheim, „aber, wenn er dann zum Nachdenken kam, korrigierte er oft sein eigenes Handeln und kam dann zum guten Ergebnis. Schade, dass der in Mömpelgard versauert und wir diesen sturen Habsburger haben müssen."

Alle stimmten diesen offenen Worten zu und der Kleinbottwarer meinte: „Wir Adligen sollten uns dringend mit den anderen Landständen treffen, denn ich habe das Gefühl, dass der Kaiser und sein Bruder in Württemberg weniger unser Wohl verteidigt, sondern er versucht durch den Truchsess, der ja von ihnen eingesetzt worden ist, ihre Ländereien in Südwürttemberg zu arrondieren. Bald wird Habsburg alles Land südlich von Stuttgart beherrschen. Das müssen die Landstände unbedingt verhindern." „Genau so schätze ich das Ganze auch ein," stimmte Rupprecht zu. „Lasst uns noch einen guten Schluck Lichtenberger trinken, liebe Freunde, und mit mir die Hoffnung ausdrücken, dass unser Feuerbacher diese Schlacht überlebt hat. Er ist klug genug und wird sich nach Süden abgesetzt haben. Vielleicht kehren einige unserer Leute zurück, die müssten mehr wissen. Sollte er irgendwo aufgegriffen werden, werde ich ihm in aller Namen einen Rechtsbeistand schicken. Solche Leute hängt man nicht, denn wir benötigen sie dringend als Mittler zum Volk."

Noch drängten die Adligen aus dem Bottwartal nicht zum Aufbruch. Der gute Lichtenberger rann wie Lebenssaft durch die Kehle und wärmte sie in diesen frostigen und harten Tagen innerlich. Sie hofften, dass nicht alle ihrer Bauern umgekommen waren und beschlossen einen jungen Förster, der viele von den Vermissten kannte in Richtung Süden zu schicken, um nach Rückkehrern zu suchen. Möglicherweise hatten sie ohne Papiere an den vielen Kontrollstellen Probleme und man musste sie mit Passierscheinen auszustatten. Nichts sollte ihre Heimkehr erschweren oder gar verhindern.

Kapitel 32

Zuflucht auf dem Lochenstein

Es war noch schlimmer, als es sich die Gruppe im Wald vorgestellt hatte. Schon auf ihrem Weg nach Süden sahen sie von der Ferne Rauchsäulen, die nichts Gutes verhießen. Als sie etwas näher an die Ortschaft kamen, sahen sie, dass alle Gehöfte abgebrannt waren, nur die Kirche stand noch.

Dem Albrand zu stieg die Landschaft langsam an, wurde karger und ging in einen bewaldeten Hang über. „Schau, das ist der Lochenstein," der Anführer zeigte auf einen Felsen über dem Tal, „schroff und kaum bewohnbar, wie es scheint. Doch lebten oben auf seiner Spitze, dort ist eine kleine Ebene, wahrscheinlich unsere Vorfahren und manchmal sind Familien dieser Gegend in Kriegszeiten auf ihn zurückgekehrt. Man kann den Zugang mit einigen Leuten wochenlang verteidigen, vorausgesetzt man hat genug Wasser und Essen dabei." Sie stiegen den steinigen Weg hinauf und kamen zu einem Pass.

Die Landschaft auf der Ostseite lag in mildem Licht ruhig und friedlich da. Nur in der Ferne deutete eine weitere Rauchsäule auf ein verbranntes Dorf hin. „Dort haben wir gewohnt. Ich möchte nicht sehen, was aus meinen Leuten geworden ist. Aber schau! Was ist mit meinem Sohn?" Dieter, der wirre Sohn des Stockbauern, schaute zum ersten Mal auf und schien nach oben zu lauschen. Die Erwachsenen hörten nichts außer verschiedenen Tierlauten, die hier im Wald nicht ungewöhnlich waren. „Uli!", kam ganz leise ein Wort aus dem Mund des stummen Jungen. „Uli!" rief er plötzlich laut. „Was hast du, Dieter", meinte sein Vater und nahm seinen Ältesten liebevoll in die Arme, um ihn zu beruhigen. „Uli, da!"

Alle schauten gebannt auf die ausgesteckte Hand des Jungen, die nach oben auf den Felsen zeigte und meinten dort wirklich ganz kurz das Gesicht eines Kindes gesehen zu haben. Da formte der Stockbauer seine Hände und ein Vogelschrei besonderer Art erklang. Nur wenige Sekunden später wurde der Schrei oben auf dem Felsen wiederholt. „Uli!", brüllte nun ganz ohne jede Vorsicht der Anführer und eine dünne Stimme von oben rief: „Vater!" „Meine Leute, meine Leute! Dieter komm! Vielleicht wird alles gut!"

Schnell banden die Männer ihre Pferde an den Bäumen fest und erklommen hastig den steilen felsigen Steig hoch hinauf zum Lochenstein. Alle hatten die Hoffnung dort oben ihre Familie wieder zu finden.

Auf dem Lochenstein

Kapitel 33

Rettung in Beihingen

„Alle Wege führen über Beihingen," meinte Johann Berner, als seine Gruppe, die Bauern aus dem Bottwartal, die kleine, schmale Neckarbrücke erreichten, die in Richtung Pleidelsheim nach Norden führte. Die Rückkehrer hatten bewusst diesen Weg gewählt, denn er führte durch große Wälder, dem Jagdrevier des Herzogs, hoch über dem Neckar. Der Herzog war ja wegen der Ermordung des Ritters Hutten mit der Reichsacht belegt im letzten Moment in seine französischen Besitzungen geflohen. Dort musste er bleiben bis Gras über seine Untat gewachsen war, denn in seiner französischen Grafschaft konnte ihn der deutsche Kaiser nicht belangen.

Die Wache an der Brücke überprüfte die Passierscheine der Reisenden vor ihnen genau und Johann meinte: „So ein Mist! Jetzt fehlt nur noch der Freiherr und wir sind geliefert!" In diesem Moment hörte man Pferdehufe von hinten klappern und eine befehlsgewohnte Stimme rief: „Ja, wen haben wir denn da? Ist das nicht einer der Bauernführer, die auf uns vor einem Monat geschossen haben?" Die Bauern aus dem Bottwartal erschraken, wollten sich schon in ihr Schicksal, dem Kerker der alten Burg, fügen. Da ertönte eine andere Stimme von der jenseitigen Neckarseite: „Baron von Beihingen, lass unsere Leute passieren!" Unwirsch drehte sich der Angerufene nach hinten und erkannte den Forstrat Weller auf der Pleidelsheimer Seite, ein wichtiger Mann in dieser Gegend mit guten Verbindungen zu den ganzen Adelshöfen des Tales.

Ohne zu halten sprengte der Förster an der Wache vorbei zu dem Beihinger Ritter und rief: „Hier hast du einen Passierschein mit Unterschriften deiner ganzen Standesgenossen!" Verdutzt nahm der Beihinger das Pergament und versuchte zu lesen. „Oh, du kannst die Schrift nicht deuten," spottete Weller, der sah, dass der Adlige nicht lesen konnte. „Halte deine Gosche, Borkenkäfer!" schimpfte der Freiherr, der natürlich nicht auf seine Unfähigkeit zu lesen, angesprochen werden wollte. „Gut, dann lese ich dir die Depesche meiner Herren vor," meinte Weller und las: „An alle Posten der Grenzen und Brücken!"

Die zurückkehrenden Bauern aus dem Bottwartal hatten allesamt von uns die Genehmigung unter dem Anführer Matern Feuerbacher nach Stuttgart zu ziehen, um dort für ihre Rechte friedlich zu demonstrieren. Gleichfalls wünschen wir, dass auch auf dem Rückweg freies Geleit gewährt wird, damit sie möglichst schnell wieder ihren Pflichten auf Feldern und Weinbergen nachkommen können." Den Geleitbrief hatten alle Grundherren des Bott-wartales unterzeichnet und er war mit den jeweiligen Wappen und Siegeln versehen. Den Löwensteiner hatte der Förster noch beigefügt, um dem ganzen etwas Nachdruck zu geben und da ja dieser Gockel, der schon immer den Bürgern das Leben schwer machte, nicht lesen konnte, musste das klappen.

Pflichteifrig es den vielen hohen Herren recht zu machen, schlug der die Hacken zu-sammen und meinte: „Welche gehören nun zu dir?"

Die Bottwartalbauern hatten sich dicht um ihren Anführer geschart und passierten nun als Gruppe die Grenze. „Ihr habt ein Glück", meinte Weller, „während andere Bauern zu Hause im Kerker landen, werdet ihr sogar beschützt und im Wagen abgeholt."

Hinter einem Gebüsch am Neckar hatte er einige Pferdewagen verborgen hingestellt. Auf die wurden alle Bauern, die zu Fuß waren, gesetzt und so waren sie schon nach kur-zer Zeit zu Hause bei ihren Familien, wo sie natürlich mit großer Freude aufgenommen wur-den. Die Frauen und Eltern hatten schon das Schlimmste befürchtet, denn inzwischen war die Kunde von dem furchtbaren Gemetzel bei Böblingen bis zu dem letzten Hof oben bei Prevorst gedrungen. Johann Berner aber sollte möglichst bald auf den Lichtenberg kommen, um dem Freiherrn zu berichten. „Besonders der Verbleib von Feuerbacher macht meinem Herrn Sorge," meinte Weller. Da beschloss Johann seine Familie nur ganz kurz zu besuchen. „Ich werde gegen drei Uhr beim Freiherrn eintreffen. Er möge sich aber wegen Matern keine Sorge machen. Das kannst du ausrichten."

Wache bei Beihingen

Kapitel 34

Wieder in der Heimat

Der beschwerliche Ritt die steile Steige durch die Weinberge über dem Weiler Hof hoch zur Burg Lichtenberg versetzte Johann Berner in eine ganz besondere Stimmung. Dort hinten in der Hütte des Häuslers hatte er sich kurz vor seiner Flucht auf dem Dachboden versteckt. Lebte die Familie noch? Er würde auf dem Heimweg vorbeireiten und sich noch einmal für die spontane Hilfe bedanken. Vor dem Baron da oben, gut es war eigentlich mehr sein Verwalter, war er geflohen und lud er ihn zu einem Gespräch ein, ihn den verlorenen Sohn. Ob der alte Baron ihn auch empfangen hätte, vielleicht wäre er im Kerker gelandet. So schlimm soll er, das hatte ihm einmal Matern erklärt, ja gar nicht gewesen sein. Dietrich von Weiler, wohl noch ein wenig von der alten Zeit geprägt, hätte einen unbeugsamen Willen und ein unbestechliches Gefühl für Gerechtigkeit gehabt. Deshalb wäre es von Rohrbach dumm gewesen, so einen Herren umzubringen und genau deshalb hätte er den Schutzbrief für die Familie von Weiler und den Lichtenberg erstellt.

Kannte man zum Vergleich den Truchsess von Waldburg, so musste ihm Johann recht geben, den hätten die Bauern erwischen müssen. Er war sicher, dass sich bei dem noch eine ganze Reihe von Untaten finden lassen würden, wenn man erst seine blutige Spur vom Süden bis nach Böblingen verfolgen würde. Endlich erreichte er die Burg, die Zugbrücke war heruntergelassen und ein Burgwächter rief ihn an und fragte nach seinem Begehren. Als er seinen Namen nannte, wurde das schwere Tor geöffnet und er konnte bis zur Wache vorreiten. Dort musste er sein Pferd anbinden und es wurde mit Wasser und Futter versorgt. Dann wurde Johann gebeten, seine Waffen im Wachhaus abzulegen, eine alte Sicherheitsmaßnahme, die für alle Untergebenen galt, natürlich nicht für andere Freiherren.

Eine der Wachen geleitete ihn in den Burghof, den Johann bisher nur einmal noch als Kind mit seinem Vater betreten hatte, der hier bei der Weizenernte fronen musste. Die Kinder der Bauern waren damals zum Einsammeln der abgefallenen Ähren eingesetzt. Wie anders war der Eindruck heute, nicht mehr so beängstigend. Der Wächter meldete ihn an und ein wohl gekleideter junger Ritter begrüßte Johann von oben: „Johann Berner aus Großbottwar? Gut, dass ihr wohlbehalten zurück seid! Lasst euch begrüßen!" Der Baron kam zum Erstaunen des Bauern die Stufen zum Hof herunter und begrüßte Johann mit Hand-

schlag. Er war offensichtlich erfreut, ihn den entlaufenen Leibeigenen zu sehen. Hatte der
Lehensherr dies vergessen?

Rupprecht führte Berner in einen kleinen Raum und ließ Wein und ein Vesper bringen.
„So redet es sich viel besser," meinte er, erhob das Glas und trank eine guten Schluck.
„Der Schluck war auf eure gute Heimkehr getrunken. Du bist also der berühmte Johann,
der meinem Vater nach Heilbronn entwischt ist? Keine Angst, ich habe deine Flucht damals
verstanden, der Verwalter hat dich und andere drangsaliert. Ich hörte, dass er es auf deine
hübsche Schwester abgesehen hatte. Lebt sie noch?" Johann nickte und Rupprecht fuhr
fort: „Gut, solche Burschen sind mir ein Graus. Aber zur Sache: Wie habt ihr es geschafft
dieses Gemetzel des Bauernjörg mit so vielen von unseren Leuten heil zu überstehen?"

Johann berichtete in kurzen Worten vom Zug bis auf die Filder und etwas genauer vom
Zwist zwischen Matern Feuerbacher und den Radikalen unter Nonnenmacher und Rohrbach
und auch davon, dass einige der radikaleren Bauern dort geblieben wären. „Wohlgetan,
Matern," lobte der Adlige den Abwesenden. „Wir wussten, dass wir uns auf Feuerbacher
verlassen konnten und mit Verlaub, er war noch besonnener als wir dachten. Fünf Leute,
nur fünf, habt ihr doch verloren, sagtest du. Warum?" Johann meinte: „Die wollten lieber
kämpfen und nicht unverrichteter Dinge mit uns nach Hause zurückmarschieren. Einen
kleinen Bodensatz Radikaler gibt es auch im Bottwartal, alles waren Häusler und Knechte,
sie hatten nichts zu verlieren."

Der Baron lobte ihn wegen seiner Umsicht und sagte: „Das habt ihr sehr besonnen
gemacht und besonders du, Johann, du hast unsere Leute gesund zurückgebracht. Es wird
dein Schaden nicht sein, das verspreche ich dir. Ich habe schon eine Idee! Aber noch einmal
zurück zu eurem Hauptmann, Matern Feuerbacher. Hast du etwas von ihm gehört?" Berner
verneinte und gab nach guter Überlegung die letzten Worte preis, die er heute auch schon
dessen Frau überbracht hatte: „Ich weiß nicht so recht, ob ich es Euch sagen darf, Herr,
aber er wollte zu einem mit seiner Frau vorher verabredeten Ziel reisen. Wahrscheinlich,
um sich dort wieder mit seiner Familie zu treffen. Wenn ihr aber nun die arme Frau unter
Druck setzt, um diesen Unterschlupf heraus zu pressen, dann bin ich enttäuscht, Herr!"
Der Freiherr beruhigte ihn und versprach: „Ich bin froh, dass er diesen Weg gewählt hat,
denn ich hätte Schwierigkeiten gehabt, ihn hier in seiner Heimat vor dem Zugriff der radikalen Adligen um den Waldburger zu schützen. Immerhin ist auch auf Materns Kopf, war
er doch bei Stuttgart der oberste Bauernführer, ein hohes Kopfgeld ausgesetzt. Aus Solidarität mit meinen Adelsgenossen hätte ich ihn, wäre er mit euch zurückgekommen, eigentlich ausliefern müssen. Das kann ich so nicht. Auch wir hängen keinen, wenn wir ihn
nicht haben."

Kapitel 35

Gibt es wirkliches Glück?

Da hatte Matern doch ein gutes Gespür, dachte Johann, als er den Berg hinunter zu den Häuslern ritt, die ihn, ohne auf eigene Gefahren zu achten, rein aus Menschlichkeit versteckt hatten. Natürlich hatte er auch vor, die Nachbarhütte aufzusuchen. Ob Lotte, sie war ihm die ganze Zeit nicht aus dem Kopf gegangen, wirklich auf ihn gewartet hatte? Sie sicher! Aber wenn der Grätzer ein Auge auf ein Mädchen gerichtet hatte, ließ er nicht mehr von ihm ab. Die Affäre ging dann meist nicht lange und am Ende saß das Mädchen mit einem Kind allein in der Häuslerhütte. Die Spannung war doch zu groß und Johann beschloss doch zuerst bei den Nachbarn nachzuschauen. Bald erreichte er die wenigen Häuser von Lembach. Aus allen Schornsteinen wehte etwas Rauch, nur nicht aus dem von Lottes Familie. Nun musste Johann doch zuerst bei seinen Rettern vorbeischauen.

„Ach Johann," rief Gudrun. „Warum bist du nicht ein paar Tage eher gekommen?" „Lotte?" vorsichtig stellte er diese Frage. Was würde er zu hören bekommen? Grätzer! Immer Grätzer, ich werde ihn erwürgen und wenn es mich an den Galgen bringt. „Lotte ist wie vom Erdboden verschluckt, aber er hat in der Hütte gewütet und die ganze restliche Familie weggeschleppt. Wohin wissen wir nicht," meinte Leopold, der Häusler. „Vielleicht in die Jagdhütte im Hardtwald, denke ich. Er hofft, dass das Mädchen dann freiwillig dorthin kommt, um ihre Eltern auszulösen. Das hat er auch herumgebrüllt. Wenn Lotte zu ihm freiwillig käme, würde er alle anderen sofort nach Hause lassen. Nun hat das arme Mädchen ein Problem."

Selten hatte Johann so einen Hass auf einen anderen Menschen gehabt. Dieser Verwalter hatte schon ihm Schwierigkeiten gemacht und nun auch Lotte, der jungen Frau, die er sich immer sehnlicher an seiner Seite wünschte. Zusammen würden sie alle Beschwernisse der kommenden Jahre bestehen, das wusste er.

„Hilfst du mir?" fragte er Leopold. „Ich möchte das lieber in meiner Art regeln, obwohl ich beim Freiherrn auch gute Karten hätte. Das weiß ich seit heute." „Was willst du machen?" fragte der vorsichtige Häusler. „Du scheinst den versteckten Ort der Jagdhütte zu kennen. Führe mich hin und sollte Grätzer dort sein, dann ist das sein letzter Versuch eine Familie wegen ihrer schönen Tochter zu erpressen. Das schwöre ich hier vor euch und wenn ich dann hängen muss!" In der Dämmerung verließen einige dunkel gekleidete Gestalten Lembach und wandten sich dem Wald zu. Ohne zu fragen hatten sich noch einige andere Häusler aus Solidarität dem Zug angeschlossen. Grätzer war mit seinen Untaten zu weit gegangen. Er hatte eine ihrer Familien gewissermaßen entführt und hoffte das Mädchen zu bekommen. Ungestraft konnte das nicht bleiben. Hier war die Wiederherstellung der Gerechtigkeit wichtiger, als die eigene Sicherheit, das dachten alle.

Kapitel 36

Matern in der alten Zuflucht Lochenstein

Durch einen schmalen Steig in den Felsen des Lochenstein, mit nur einer Hand voll Männer gut zu verteidigen, erklommen Stockbauer und seine Leute zusammen mit Feuerbacher die schräge Grasinsel auf dem Felsen.

Die Wächter, ein paar der wenigen überlebenden alten Männer seines Dorfes hatten ihren Schultes längst erkannt. Groß war der Jubel als einige zerlumpte Gestalten ihre Angehörigen erkannten. Etwas einsam stand der Stockbauer herum, allerdings wurde sein eines Bein von einem kleinen Jungen umklammert. Uli, sein Jüngster, hing weinend am Bein und sein älterer Bruder Dieter hatte ihn von hinten umfasst und versuchte ihn zu trösten. Dass seine Frau und die ganze restliche Familie umgekommen war, wusste der Stockbauer schon länger. Es war die einzige Nachricht, die er Dieter entlocken konnte, der den Männern so lange ganz allein gefolgt war. Immerhin waren sie nun zu dritt und Dieter schien auch etwas getrösteter, da er seinen kleinen Bruder gefunden hatte. „Wie seid ihr auf unser altes Versteck gekommen, Leute?" fragte Stockbauer die traurige Schar seiner Dorfbewohner, die dem Wüten des Bauernjörg entkommen waren. „Hier, der Bernhard hat den Felsen noch gekannt und hat uns geführt," meinte eine ältere Frau. „Bernhard komm her! Du hast die letzten Leute in Sicherheit gebracht. Das ist auch die einzige Stelle, die der Mörder nicht kennt. Wie habt ihr es mit dem Wasser gemacht?" Oben auf dem Felsen hatte man sicherlich guten Schutz vor Feinden, aber es gab keine Quelle. „Die Idee hatte der alte Schneider, „meinte Bernhard. „Wenn ihr Jungen uns allein mit den Familien zurücklasst, um Krieg zu spielen, müssen wir Alten wieder jung und erfinderisch werden, Martin Stockbauer."

Der alte zeigte ihm eine Grube, die gänzlich mit vernähten Ziegenfellen ausgeschlagen war und offensichtlich noch genug Regenwasser enthielt. Überhaupt schien die halbe Hochfläche von Fellen bedeckt und als der Schultheiß eines etwas anhob bemerkte er, dass darunter in einer kleinen Bodensenke Kinder schliefen. „Wir haben uns wie unsere Urväter, in die Erde eingegraben. Das ist warm und schützt gegen den Wind," erklärte Bernhard. „Der Regen allerdings machte uns zunächst Schwierigkeiten. Erst als wir überlegt hatten, wie dies unsere Vorfahren gelöst hatten, kann man hier oben überleben. Die Idee hatte zufällig dein Kleinster, der dort unten gebuddelt hatte und auf Fellreste stieß." Kleine Gräben, die nach unten durch die ausgegrabene Erde erhöht waren, führten alles Wasser, das nicht gleich versickerte zu der Mulde mit den Fellen. Dort wurde es gesammelt. Offensichtlich hatten die Bewohner, die viele Jahrhunderte auf diesem Felsen gehaust hatten, schon so eine Wasserversorgung erdacht und der kleine Uli hatte sie beim Graben in der Erde, beim „Sandeln", entdeckt. Eine der Frauen ergänzte, dass sie zuerst keine Wohngrube ausheben konnte, weil sie beliebig losgruben und immer auf Felsen stießen. Dann hätte Gerlinde, die alte Heilerin, von ganz oben auf die Grasfläche geschaut und genau die Stelle, wo sie graben sollten, angezeigt. „Woher hast du es gewusst, wo man graben kann?" fragte Feuerbacher. „Man sah an der Bewachsung, wo tieferer Boden war und beim Graben sind die Frauen sogar auf alte Geräte und Tonscherben gestoßen. Wir haben genau dieselben Wohngruben wieder ausgegraben, die unsere Urväter benutzten."

Als am Abend einige alte Männer mit etwas Wild zurückkamen, wurde in einer weiteren Grube unter einem Felsen ein kleines Feuer entfacht, auf dem das Fleisch geröstet wurde. Einige Krusten trockenen Brotes und gedörrtes Obst ergänzte das Festmahl. Gefeiert wurde die Rückkehr der jüngeren Männer und die Rettung der wenigen, die den Überfall des Truchsess von Waldburg überlebt hatten.

Besonders bequem war die Übernachtung auf dem Lochenstein für Matern nicht, weshalb er sich schon am nächsten Morgen von den Freunden verabschiedete. Noch nicht einmal ihnen nannte er sein Ziel, denn er wollte verhindern, dass er noch auf dem Weg dorthin aufgehalten wurde. Er wusste, dass sich alle Adligen solidarisch verhielten und vermied deshalb sämtliche Adelssitze. Besonders hier im Süden beherrschten die Habsburger weite Landstriche, weshalb man die Gegend oft auch Vorderösterreich nannte. Ferdinand, der Statthalter des württembergischen Herzogs, ließ sicherlich nach ihm fanden, natürlich zuerst in seiner Heimat, was ihm auf lange Sicht eine Heimkehr unmöglich machte.

Kapitel 37

Banges Warten

Seit Materns Wahl zum Bauernführer musste seine Frau die Schänke in Großbottwar ganz allein betreiben. Nur die Kinder und der alte Knecht halfen ihr bei der schweren Arbeit. In der Küche half ein junges Häuslermädchen tageweise mit. An ein Schließen hatte Adelheid nie gedacht, denn sie musste damit ihren Lebensunterhalt bestreiten. Natürlich hoffte sie auf die baldige Rückkehr ihres Mannes. Doch konnte der gewählte Bauernführer des Tales, wenn er die Schlacht bei Böblingen überlebt hatte, nicht so einfach wieder nach Hause kommen, die Waffen in den Schrank stellen und als Wirt wieder weiterarbeiten. Da sah sie einen Bauern in der Gaststube. „Warst du nicht unter Matern auch in Stuttgart?" fragte sie ihn. Doch der legte nur den Finger auf den Mund, trank nur noch rasch sein Glas aus und war sogleich verschwunden.

Die Feuerbacherin war enttäuscht von diesem ihr bekannten Mann, der wirklich mit ihrem Matern gezogen war, keine Auskunft über den Verbleib ihres Gatten bekommen zu haben. Einen Tag später kam der nächste Bauer, der dabei gewesen war, auch er reagierte nicht auf ihre Frage. Sie bat ihn in die Küche und befragte ihn noch einmal. „Weißt du Feuerbacherin, der ganze Zug war ein Fehler, nichts erreicht, die Felder ohne Frucht, Frau und Kinder hungern und Schergen suchen nach Teilnehmern. Manche werden geprügelt, manche einfach verhaftet. Ich weiß nicht welcher Spion in deiner Schenke sitzt." „Wo habt ihr meinen Mann gelassen? Ist er gefangen oder gar tot?"

„Matern lebt, der hat schon am Vortag sein Amt als unser Hauptmann niedergelegt, da ihm die radikalen Rohrbachleute nicht mehr gefolgt sind. Zuletzt hat er mit Hans Wunderer noch sein Pferd getauscht. Für den das Todesurteil, denn irgend jemand muss das Pferd unseres Hauptmannes dem Bauernjörg beschrieben haben. Wie wir nur hörten, sei der arme Wunderer an Materns Stelle gefallen." „Wo ist mein Mann hin?" „Das weiß ich nicht. Zuletzt sprach er noch mit Johann Berner, der uns zurückbrachte. Vielleicht weiß Johann mehr. Unser Leben haben wir diesen beiden Anführern zu verdanken. Aber sei mir nicht gram und erwähne nie mehr vor anderen Gästen in der Schankstube, dass ich dabei war. Ich möchte nun wieder mein Land bestellen und nicht in einem Verlies schmachten." Nach diesem Gespräch bezahlte der Heimkehrer rasch und verschwand. Hatte sich Matern wie angedeutet vielleicht nach Süden in die freie Schweiz abgesetzt? Wo war Johann Berner? Hatte der inzwischen Angst, sich in der Stadt sehen zu lassen? Voller Unruhe wartete die Frau täglich auf irgendeine Nachricht.

Kapitel 38

Wo hat sich Grätzer versteckt?

Genau an diesem Abend und in der darauf folgenden Nacht durchstreiften Johann und seine Freunde den Hardtwald. Sie hatten die Hoffnung bereits aufgegeben, als ihnen aus dem Gebüsch plötzlich eine Gestalt entgegen kam. Irgendwie mussten sich die beiden jungen Leute auch in der Dunkelheit erkannt haben, denn Johann sagte nur: „Lotte!"

Dann konnte er seine Arme nicht mehr von der Gestalt lösen, die nur noch weinte. Erst Minuten später hatte sich das Mädchen gefangen. Sie wusste die Stelle der Hütte genau, konnte nur ihren Leuten allein nicht helfen, da ein Hund dauernd das Gebäude umkreiste. „Johann, lieber Johann, hilf mir! Er hat es wohl nun auf meine Schwester abgesehen und die ist doch noch so jung. Ich musste mir die Ohren zuhalten, dann hörte ich das Gebrüll meines Vaters und einen schweren Fall. Er hat ihn umgebracht!" „Sei ruhig Lotte! Wir sind ja deshalb hier," meinte Johann. „Wer von euch kann mit Hunden umgehen?" „Ich," antwortete einer der Häusler. „Nicht mit allen Hunden, aber Hasso, den Hund des Weiberhelden, kenne ich gut. Ich habe ihn schon öfter bei der Jagd geführt. Der folgt mir mehr als ihm, denn Grätzer quält nicht nur Mädchen gerne, sind keine da, dann ist sein Hund dran. Das arme Tier!" Lotte führte die Männer durch das dichte Unterholz bis an den Rand einer Lichtung. Rauchgeruch verriet schon von weitem, dass hier eine Herdstelle sein musste. Bald konnte man auch schemenhaft die Umrisse der Jagdhütte sehen. Ein Hund schlug an, verstummte aber sofort als er den Pfiff des Häuslers hörte. Winselnd rannte das Tier herbei.

„Still, Hasso!" raunte der Mann und das Tier ließ sich zu seinen Füßen nieder. Johann hatte sich sofort am Wald entlang seitlich neben die Hütte geschlichen. Das Verstummen des Hundes lockte aber Grätzer ins Freie. Der Verwalter versuchte in der Dunkelheit seinen Hund auszumachen. Dann rief er nach ihm: „Hasso komm bei Fuß!" Weiter kam er nicht, denn ein Schlag traf ihn an seinem Kopf und er fiel aufstöhnend seitlich um. Lotte hielt es nicht mehr außen. Sie wollte zu ihrer Familie. Wie würde sie diese vorfinden? „Lisa," hörten sie die Stimme der Mutter aus dem dunklen Hintergrund der Hütte. Dort kauerte die Mutter, die Schwester und davor lag verletzt der Vater. Offensichtlich hatte ihn der Wüstling, als er seine Frau und die Tochter schützen wollte, verletzt.

„Hilf mir Lotte! Vater stirbt!" rief die Mutter. Johann untersuchte die Verletzung. Zum Glück hatte die Ehefrau aus Furcht übertrieben und der Häusler war zwar am Kopf verletzt und nur ohnmächtig.

„Wir fesseln den Schurken und schließen ihn in seiner Hütte ein. Dann werde ich mit unserem Herrn sprechen und ihm einiges über seinen Verwalter berichten. Ich kenne ihn inzwischen so gut, dass er mir glauben wird," schlug Johann Berner vor. Die Männer bauten aus zwei kleinen Buchenstämmen und einem Tuch eine Trage, legten den Verletzten darauf und trugen ihn zu seiner Hütte zurück. Nachbarn, arme Häusler, kamen ganz still herbei und halfen der verstörten Frau bei der Pflege des Verletzten. „Habt ihr unsere Heilerin gerufen?" fragte Johann.

Elsa, die Kräuterfrau, hauste in einer Senke zwischen dem Wunnenstein und dem Forstberg, im Grund. Niemand kannte ihr Alter, aber viele waren durch ihre Salben und Kräutertränke schon geheilt worden. Das einzige Problem war, dass sie nicht allen half. Den armen Häusler von Lembach aber würde sie sicher heilen. Manchen Taler von reichen Händlern hatte sie dagegen schon verschmäht. „Elsa war nicht da, aber ich habe ihr eine Nachricht hinterlassen," antwortete eine der Frauen. Johann und Lotte saßen bis zur Ankunft der Kräuterfrau auf der alten Bank beim Herd. Lotte weinte noch immer, nicht aus Verzweiflung, eher vor Glück. „Nun wird alles gut, Lotte. Ich werde noch heute früh zu unserem Baron reiten und ihm von Grätzers Taten berichten," meinte er. „Du bleibst bei deinen Eltern und ich besuche dich so oft ich kann." Da weinte das Mädchen noch lauter: „Ach Johann, lass mich nicht hier. Ich habe so Angst, dass der Unhold wieder kommt!"

Alle versuchten sie zu beruhigen, aber es half nichts. Da schlug die Mutter eine außergewöhnliche Lösung vor: „Johann Berner, ich gebe sie dir mit, denn ich vertraue dir. Seit du weg warst hat sie nur von dir geredet und geträumt. Ich wünsche euch Glück." Da beschloss Johann zuerst bei Feuerbachs Schenke vorbei zu reiten. Er musste ja der Feuerbacherin noch die Worte Materns überbringen. Vielleicht konnte das Mädchen zunächst bis zur Hochzeit bei ihr unterkommen. So ritt das Paar im Morgengrauen durch Hof und der Bottwar entlang bis zur Stadt Großbottwar. Der Torwächter schaute noch ganz verschlafen, als er das kleine Seitentor öffnete. „Was wollt ihr so früh am Morgen?" schimpfte er. Als aber sein Blick zur Personenkontrolle nach oben fiel, rief er: „Pardon, Johann Berner, unser neuer Hauptmann!" Schnell wurde nun das große Tor bewegt, um den berühmten Reiter in seine Heimatstadt zu lassen. Welch ein Unterschied, dachte Johann, vom armen Bauernjungen zum Anführer. Bald erreichte er die alte Schänke und klopfte am Tor.

Kapitel 39

Matern Feuerbach flieht durch das Hegau

Nach langen und beschwerlichen Ritten hatte Matern Feuerbacher eine Gegend mit vielen Burgen erreicht, das Hegau. Meistens ritt er nur in der Nacht und vermied möglichst Burgen und Städte, da er nicht wusste, wie die jeweiligen Bewohner zu den Bauern standen. Nun, zwischen den vielen Burgen war dies nicht mehr möglich, denn mehrfach war er auch in der Nacht von Wachen angerufen worden und nur durch eine rasche Flucht war er bisher entkommen. Nächtliche Reiter wurden hier sofort als Feinde angesehen, denn hier im Grenzgebiet zur Schweiz gab es Räuber, Schmuggler und auch verarmte Adlige, die durch Raub ihr Leben fristeten. Gerade als er den Beschluss fasste, nun doch bei Tag als Vertreter der Ammermühle aufzutreten, geriet er unterhalb des Hohenstoffeln in einen Hinterhalt.

„Halt ein Bürschchen!" rief ihn eine Stimme in der Dämmerung an und mehrere Pfeile zischten zur Verdeutlichung der Forderung an ihm vorbei. Wo steckte der Rufer nur? dachte Matern und da er ihn nicht sah, konnte er auch keinen Fluchtweg überlegen. Sekunden später traten einige verwegen aussehende Gestalten aus dem Gebüsch vor ihm. Droben hatten sie einige Armbrüste auf ihn gerichtet. Für Buschräuber eine ungewöhnliche Bewaffnung, dachte Matern. Dann fühlte er sich von vielen Händen gepackt nach unten auf den Boden gerissen. Ein besser gekleideter Reiter durchbrach das Unterholz und einer rief: „Junker, schau dir mal dieses Herrchen an! Ich meine der ist einige Taler wert. Willst du ihn haben oder?"

Das „oder" deutete der Sprecher mit seinem Messer an und Matern war sich bewusst, dass er nicht das erste Opfer dieser Bande war. „Gut gemacht, Scheurer! Bindet ihm die Hände nach hinten und setzt ihn wieder auf sein Ross. Ein stattlicher Gaul! Wer so einen reitet, der pfeift nicht aus dem letzten Loch, wie wir! Den nehm ich mit."

Eine Flucht war so unmöglich, denn Matern musste schauen, bei dem unebenen Weg nicht vom Pferd zu fallen. Ohne seine Arme einsetzen zu können, wäre dies gefährlich gewesen. Die Räuber waren, nachdem sie einige Münzen bekommen hatten, beschäftigt, diese durch einen Biss auf Echtheit zu überprüfen und blieben so zurück. Matern ritt hinter dem Junker und einer weiteren Wache über Stock und Stein zuerst lange eben, zuletzt aber steil einen Berg hoch. Verfallene Mauern deuteten auf eine alte Burg hin, die wohl schon bessere Tage gesehen hatte. Der innere Mauerring war etwas besser erhalten. Ein Tor öffnete sich knarrend. Matern wurde wieder von einigen Händen heruntergerissen und in eine alte Hütte an der Burgwand gestoßen. An eisernen Ketten hingen Beinringe, die ihm umgelegt und verschlossen wurden. Dann schloss sich der Verschlag. Ein Riegel war zu hören. Stille und Verzweiflung breitete sich nun auch bei Matern aus. Da wäre es ja fast besser gewesen in der Schlacht bei Böblingen zu fallen, als hier in diesem Burgverlies zu verrotten.

Kapitel 40

In Feuerbachers Schänke in Großbottwar

„Wer ist da?" hörte Johann eine Stimme, als er an die Tür der Schänke klopfte. „Ich bins, Johann Berner. Feuerbacherin mach auf, ich habe Nachricht von deinem Mann!" Hastig wurde ein Riegel zurückgeschoben und die Wirtin meinte verwundert: „Johann, du bist ja nicht allein! Aber kommt schnell herein. Nicht alle müssen dich hier sehen." „Danke, dass du uns geöffnet hast, Wirtin! Das ist Lotte, meine Braut. Sie wird von Grätzer verfolgt und ich muss sie irgendwo verstecken." So hatte er sie noch nie genannt, dachte das Mädchen. Doch der Blick, den sie Johann zuwarf, bestätigte der Wirtin dessen Aussage. „Du brauchst mir nichts zu sagen, Johann. Den Grätzer kenn ich, der hat im Tal manches Mädchen auf dem Gewissen. Bleib einfach zunächst bei mir, Mädchen, und hilf mir hinten in der Küche. Bei deinem Aussehen ist mir der Platz hinter der Theke viel zu gefährlich. Es würde nicht lange dauern und wir hätten den Grätzer als Gast im Lokal."

Johann bedankte sich und berichtete der freundlichen Wirtin von den letzten Stunden unter Matern Feuerbacher kurz vor Böblingen und wie er von den Hitzköpfen abgewählt worden war. „Daran erkenne ich meinen Mann, immer vorsichtig und lange abwägend, der trifft keine unüberlegte Entscheidung. Drei Jahre hat er mich wie ein Kater umschlichen und wir wären nie ein Paar geworden, hätte der Holzweiler mich nicht auch gern zum Weibe gehabt. Reicher war der, aber Matern war mir lieber und zuletzt habe ich ein wenig nachgeholfen," grinste die Wirtin. Lotte wurde ein wenig rot: „Ich hätte auch gerne etwas nachgeholfen, aber wir waren nie allein!" „Ach Lotte, kannst du nicht warten? Ich muss noch das Wichtigste regeln," meinte Johann. „Da muss ich dir widersprechen, Johann Berner. In solchen Zeiten kann man nur bestehen, wenn man einen Menschen zur Seite hat, auf den man sich verlassen kann. Matern und ich, weißt du, wir sind zusammen, auch über hunderte von Meilen. Wo reitet er hin?" „Er meinte, er würde am verabredeten Treffpunkt warten," antwortete Johann. „Da wird er lange warten müssen," meinte die Wirtin, „ich würde ja noch in der Nacht zu ihm in die Schweiz aufbrechen, doch meiner Mutter geht es schlecht und sie würde eine Trennung nicht überleben. Zuerst muss es ihr wieder besser gehen und die Zeiten ruhiger, dann werde ich mich auf den Weg nach Süden machen. Ach Matern, warum bist du gleich so weit fort gegangen?" „Du musst verstehen, dass er nicht nach Hause zurück konnte, er wäre sofort verhaftet und verurteilt worden, überall in Württemberg, ja im Deutschen Reich. Nur die freie, demokratische Eidgenossenschaft liefert keine Revolutionäre aus." „Ich weiß. Außerdem haben wir Verwandtschaft dort. Da kann er zunächst unterkommen. Hoffentlich schafft er es, die Grenze zu erreichen!" Wenn einer es schaffen würde, dann sein Hauptmann, das wusste Johann.

Er verabschiedete sich von den beiden Frauen und ritt noch einmal hinauf zum Lichtenberg. Würde der Baron sein Eingreifen heute Nacht im Wald verstehen? Immerhin war der Grätzer als Verwalter ein Teil der Obrigkeit, aber der alten Obrigkeit. Johann hoffte, dass Rupprecht auch von seinen Leuten dieselbe Gerechtigkeit erwartete, die er als Grundherr vertrat. Das machte ihm Mut.

Kapitel 41

Ein geheimes Zeichen

Wie lange Matern Feuerbacher angekettet in der Hütte gelegen hatte, das konnte er nicht genau sagen. Zu lange, denn inzwischen hatten wohl Ratten Witterung von der späteren Beute aufgenommen. Gut, dass er die Hände frei hatte, so konnte er das Schlimmste verhindern. An Schlafen allerdings war dadurch nicht zu denken und er hatte schon Angst, dass er irgendwann doch übermüdet eindämmern würde, um dann von dem Ungeziefer angeknabbert zu werden.

Zum Glück gab es am Morgen, die Glocken einer nahen Ortschaft läuten gerade elf Uhr, eine unerwartete Entwicklung. Plötzlich wurde die Tür aufgerissen und ein alter Mann mit einem Wappen auf seinem Gewand schob kräftig den Riegel zurück und rief: „Wo hast du den Stein her, Kerl. Wen hast du von meinen Brüdern ermordet?" Der alte Burgherr zerrte Matern aus dem Dunkel ins Licht des Burghofes und schüttelte den Gefangenen, wohl um schnell eine Antwort zu bekommen. Feuerbacher schüttelte den Kopf und meinte verdutzt: „Bruder, ich habe in der Dunkelheit die drei Bäume nicht gesehen!" Mit dem Finger machte Feuerbacher im Knien in den Sand des Burghofes ein besonders Zeichen, drei spitzige Bäume unten und darüber ein Kreuz. Das Gesicht des alten Burgherrn hellte sich sofort auf, er nahm sogar den Gefangenen in die Arme und zog ihn zur Wache. „Schau, dort vor dem Tor. Wache!" rief der Alte und befahl der Wache die Fußfessel, die an langen Ketten immer noch seine Beine umgab, sofort zu lösen. „Du musst entschuldigen Bruder, dass wir dich so brutal behandelt haben. Aber bei einem ritterlichen Mahl und einigen Gläsern Wein werden wir versuchen, dieses Missgeschick wieder vergessen zu machen. Wir sind in deiner Schuld. Wie heißt du? Woher kommst du? Wer hat dich in unseren Geheimbund aufgenommen?"

So war seine Hoffnungslosigkeit auf einmal der Freude gewichen. Ja, Matern bemerkte bald, dass diese Raubritterfamilie wohl mit Schmuggel ihr Leben verdiente. Sie hatten Helfer und Wege ihn heimlich über die Grenze in die Schweiz zu bringen. Sein Glück war plötzlich zu ihm zurückgekehrt. Matern Feuerbacher beschloss nun alles auf eine Karte zu setzen und dem Ritter von Rupprecht seinem Herrn zu berichten, der den Stein von seinem Lehrmeister dem Mönch Thomas bekommen hatte.

Aufmerksam hörte sein Gegenüber zu und meinte: „Das muss Thomas von Schönfeld gewesen sein. Er war mit mir im Süden von Frankreich unterwegs, zusammen mit einigen Junkern. Die ganze Gegend hatte sich schon vor Jahrhunderten dem Petrus Valdes und seiner Lehre angeschlossen und tausende der Gläubigen waren durch das Heer des Königs von Frankreich umgebracht worden. Damals wurde der Geheimbund gegründet. Schon meine Mutter, sie stammte aus der Provence, erzählte uns von dem Reformator. Ich war begeistert von der gerechten Lehre und trug die Botschaft in unsere Klosterschule. Meine Freunde und ich machten uns danach auf die Suche nach den letzten Anhängern. Dort, weit im Südwesten von Frankreich ist unser Bund noch immer stark. Wir fanden in unserer Jugend überall mit diesem Zeichen Unterschlupf und manches Burgfräulein wird uns Junker noch in Erinnerung haben. So wundert es mich, dass Thomas ein asketischer Mönch geworden sein soll. Aber gut, alle werden älter!"

Als Feuerbacher von Luthers Lehre und den erwarteten Veränderungen erzählte, meinte der alte Ritter: „Die Wahrheit kann auch die Kirche nicht für alle Zeit unterdrücken. Sie wird hoch kommen und alle diese ungerechten Herrscher samt den Pfaffen wegschwemmen. Das weiß ich schon lange, nur habe ich befürchtet, es nicht mehr zu erleben, Matern." „Auf die Wahrheit!" „Auf die Gerechtigkeit!" „Auf unsere Freundschaft!" ertönte von der Tür des kleinen Saales die Stimme des Junkers, der ihn in der Nacht gefangen hatte. Lange noch saßen sie in dem Raum, tranken Bodenseewein und Feuerbacher berichtete vom Zug nach Stuttgart und den Untaten des Bauernjörg. „Ich kenne diesen

Siegelstein

schrecklichen Menschen, eine Schande für unseren Stand. Wenn den der Kaiser als Truchsess eingesetzt hat, muss man an dessen Menschenkenntnis zweifeln," meinte der alte Ritter. „Keiner von uns hat ihn, den winzigen Gnom ernst genommen, kein adliges Mädchen wollte ihn heiraten. Einmal kam ich dazu, wie auf einem Markt einige Bauern über ihn gespottet haben, sie überlebten das zum Entsetzen der Bürger nicht."

Trotzdem sollte Feuerbacher möglichst schnell über die Grenze gebracht werden, denn durch das vom Waldburger angesetzte hohe Kopfgeld auf alle flüchtigen Bauernführer, würden selbst sie nicht den Knechten trauen. Noch in der folgenden Nacht würde der Junker ihn über die nahe Schaffhausener Grenze in die Eidgenossenschaft bringen. „Und hier, dein Siegelstein! Er gilt auch in der Schweiz. Du kennst ja die Zeichen an der Burg," meinte zum Abschied der alte Burgherr.

Kapitel 42

Johann auf dem Lichtenberg

Mit etwas gemischten Gefühlen ritt Johann Berner den steilen Weg von Hof über die Weinberge hoch zum Lichtenberg. Wie würde sein Herr reagieren, wenn er erfährt, dass einige Männer um Johann den Verwalter fast erschlagen in der Jagdhütte eingeschlossen hatten. Üblich war, dass der kleine Mann als Angreifer auf die Obrigkeit mit aller Härte bestraft wurde. In dem Schnellverfahren wurde selten nach Schuld oder Unschuld geforscht, denn man wollte die Untertanen abschrecken. Wie würde Rupprecht reagieren?

Mit solchen Gedanken kam Johann am Tor an und bat den Baron sprechen zu dürfen. Der Wächter kannte ihn nicht und wollte das Begehren schon ablehnen, als ein Fenster über dem Graben geöffnet wurde und der Burgherr der Wache befahl, den Besucher einzulassen. Natürlich musste Johann sein Messer ablegen und sein Pferd anbinden. Dann betrat er den Burghof und wurde von Rupprecht empfangen. Als Johann seinen Bericht beendet hatte, wiegte sein Herr bedenklich seinen Kopf und meinte: „Was macht ihr nicht alles? Du weißt, dass der Vater dich dafür sofort eingesperrt hätte." Als Berner nickte, fuhr er fort: „Gut, ich bin nicht mein Vater, aber so ein Verhalten kann ich nicht durchgehen lassen. Du hilfst mit und bleibst bis zur Klärung in meiner Nähe. Ich hoffe für alle, dass Grätzer nicht an dem Schlag gestorben ist. Dann müsste ich dich bestrafen. Wir werden mit einigen Burgwächtern zu der Hütte reiten und nach dem Verwundeten schauen."

Nur wenige Minuten später verließ die Reitergruppe die Burg. Johann führte sie und sie erreichten nach etwa einer Stunde die Hütte im Wald. Schon gleich sahen sie, dass die Tür offen stand. Entsetzt suchte Johann nach dem Eingeschlossenen, aber außer einem Fleck auf dem Boden zeugte nichts von dem Geschehen. „Herr, ich verstehe das nicht. Hier lag der gefesselte Verwalter bewusstlos. Die Tür und das Fenster haben wir von außen fest verrammelt. Grätzer hätte sich nie selbst befreien können."

Bedenklich schüttelte der Freiherr seinen Kopf und sagte: „Johann, wenn du mir nicht so gut in Erinnerung wärst, müsste ich dich einkerkern. Woher weiß ich, dass ihr meinen Verwalter nicht umgebracht und irgendwo verscharrt habt? Dagegen spricht, dass du aus freien Stücken bei mir die Tat angezeigt hast und ich den Grätzer als Schürzenjäger schon aus ähnlichen Beobachtungen kenne. Möglicherweise haben ihn auch seine Leute befreit.

Warum aber ist er heute nicht auf der Burg erschienen. Hier stimmt etwas nicht!" Der Baron beschloss mit einigen Hunden nach Spuren suchen zu lassen. Johann sollte ihn noch zu den beteiligten Häuslern führen, damit er sie befragen konnte. Natürlich erschraken diese, denn mit so hohem Besuch hatten sie nicht gerechnet. Immerhin überzeugte die gemeinsame Aussage, besonders der Mutter, den Freiherrn, so dass er sich beruhigte. Er erlaubte auch Johann nach Hause zu gehen. Die Region aber durfte er nicht verlassen, bis alles geklärt wäre. Wo war nur Grätzer?

Kapitel 43

In die freie Schweiz

Mitten in der Nacht überquerte Matern mit einer Schmugglergruppe, die von dem jungen Ritter angeführt wurde, in einer Schlucht die Grenze zur Schweiz bei Schaffhausen. Nur einmal hatte der Trupp augenblicklich angehalten. Oben waren Schritte der Grenzwächter zu hören. Die Schmuggler standen bis zu den Waden in einem kühler Bergbach, allerdings von einem Felsvorsprung völlig versteckt. Jedes Niesen oder ein rollender Stein konnte ihnen zum Verhängnis werden, alle hielten den Atem an.

Endlich entfernten sich die Schritte und die Schmuggler freuten sich sehr, diese Gefahr überstanden zu haben. Nun erzählten sie von all den gefährlichen Begegnungen der letzten Jahre, bei denen viele Schmuggler, aber auch einige der Grenzer, ihr Leben verloren. Durch einen Wald konnten sie sich unbeobachtet von der Grenze entfernen und bald kamen sie zu einem Gehöft. Einige Schweizer hatten die Gruppe bereits erwartet und übernahmen ohne zu feilschen die deutsche Schmuggelware. „Sie machen dennoch den doppelten Gewinn und wir haben die Gefahr," meinte der junge Ritter. „Immerhin können wir mit diesem Geld die Burg etwas renovieren." „Hallo Karl," sprach er nun einen der Käufer an. „Du fährst doch nach Zürich, oder?" Als der Mann bejahte, bat er ihn seinen Kameraden mitzunehmen:

„Matern möchte dort einen Vetter besuchen. Du musst ihn nur dort gesund abliefern und mir einen Brief des Vetters beim nächsten Treffen zurückbringen. Dann ist das meinem Vater einen Heller wert. Machst du das für mich?" Da ein Heller gutes Geld war, sagte der Händler zu. Feuerbacher wunderte sich über die Vorsicht, das Geld erst nach Erfolg zu zahlen und als er sich etwas abseits von dem Junker verabschiedete, meinte der: „Wir trauen keinen Schmugglern. Bezahlt man zu früh, kann das der Tod der Gäste sein. Sei auf der Hut und zeige niemand deine Geldkatze."

Matern Feuerbacher wunderte sich, dass der Junker sein geheimes Geldversteck erwähnte und fuhr gleich an seinem Bein entlang, ob es noch da war. „Siehst du, Matern," lachte der junge Mann, „genau diese Bewegung zeigt jedem erfahrenen Buschräuber, wo du dein Geld versteckt hast. Keine Angst, bis Zürich ist es nicht mehr weit. Guten Weg, Bruder und Gottes Schutz und Geleit." Dann verlor sich die Gestalt im Dämmerlicht des Morgens. Hinter dem Pferd des Händlers ritt Feuerbacher mit dem ersten Sonnenlicht nach Süden. Würde er seinen Verwandten in der großen Stadt finden?

Kapitel 44

Beim Statthalter Ferdinand auf Hohentübingen

Einige Tage später gab es im Tübinger Schloss ein denkwürdiges Treffen. Die letzten Bauernhorden waren inzwischen besiegt und der Truchsess von Waldburg sah seinen Auftrag als erledigt an. Deshalb hatte er sich auf den Weg zu Ferdinand gemacht, der es bisher nicht gewagt hatte nach Stuttgart zurück zu kehren. Im Thronsaal erwartete der Habsburger Statthalter den Feldherrn und auch die Abgesandten der Landstände. Gemeinsam wollte man den Krieg als beendet erklären und auf die erfolgreiche Niederwerfung dieses Bauernpacks anstoßen.

Zusammen mit einigen Kanzleibeamten wartete der Fürst auf seine Besucher. „Wo der Waldburger nur bleibt?" schimpfte er gerade, als ein Bote eintrat und die Ankunft des Bauernjörg vor den Toren Tübingens meldete. „Es gibt am Tor Probleme, ihro Durchlaucht.

Die Tübinger wollen keine bewaffneten Söldner in der Stadt dulden," berichtete er. „Donner und Doria! Der Truchsess sollte ja auch ohne Truppen kommen! Das war mein Befehl."
„Die Söldner haben noch ihren Sold für diesen Monat zu bekommen und weichen ihm deshalb nicht von der Seite." „Er möge ihnen eben die paar Heller auszahlen oder ist er ein sparsamer Schwabe?" „Mit Verlaub, Herr, der Waldburger ist pleite. Seine Taschen sind leer, denn der ganze Zug und die Schlacht von Böblingen haben all sein Geld und auch den Zuschuss des schwäbischen Bundes aufgefressen. Außerdem steht er bei den Fuggern in der Kreide, die ihm den letzten Kredit nur auf zwei Monate gegeben haben."
„Habe ich ihm nicht als Gegenleistung die ganzen Ländereien der aufständischen Bauern und Kaufleute versprochen. Das müsste ihn wieder flüssig machen," meinte Ferdinand.

In diesem Moment trat eine gnomenhafte dunkel gekleidete Gestalt in den Saal und ein Wächter meldete: „Ihro Hoheit, der Truchsess von Waldburg." Da erinnerte sich Ferdinand von Habsburg an ihre erste Begegnung. Da hatte er den Zwerg für den Hofnarren gehalten und nach seinem Herren gefragt. Er war sich bewusst, sich damit für immer einen Feind gemacht zu haben. Böse funkelte der Waldburger ihn an, doch er bemühte sich immerhin, eine kleine Verbeugung vor dem Bruder des Kaisers anzudeuten.

„Tapfer, Waldburger, sehr tapfer hast du diesen Krieg geführt und diesem Geschmeiß das Fürchten gelehrt. Ich werde dich bei meinem Bruder als Marschall empfehlen! Nimm Platz!" Da klopfte es wieder an die Tür und der Wächter meldete die gewählten Vertreter der württembergischen Landstände. Einige ältere, wohl gekleidete Herren betraten den Saal, nicht ohne die vorgeschriebenen Verbeugungen zu machen. Auch sie forderte Ferdinand auf an der Tafel Platz zu nehmen. Doch gab dies gleich einen Widerspruch. „Ihro Durchlaucht, ihnen gegenüber habe ich stets den gebührenden Respekt, aber als Vertreter der Kaufleute, Handwerker und Bauern werde ich mich nicht mit diesem Schlächter an einen Tisch setzen!" Der Truchsess sprang auf und wollte sich schon auf ihn stürzen, wurde allerdings von einer gebieterischen Stimme zurückgehalten: „Untersteh dich Waldburger, bei uns gilt das Gastrecht noch immer!" Der alte Tübinger Burggraf hatte schon seine Hand am Dolch, um den Worten Nachruck zu verschaffen. Da erhob auch der Vertreter der Kirche seine Stimme: „Obwohl wir im Rat selten einer Meinung sind, möchte ich mich hier und heute der Meinung von Giesbert Burger, Händler aus altem Geschlecht und ich glaube sogar, Lutheraner, anschließen. Ich bin auch deiner Meinung und bleibe lieber stehen." Der graue, hochangesehene Abt von Hirsau zeigte auf den Bauernjörg und erklärte: „Wer Menschen ohne Prozess an Bäumen verbrennt, entfernt sich aus dem Kreis der Menschen. Mit Ungeheuern zu speisen, widerspricht meinem Glauben."

Erst jetzt bemerkte der Habsburger, dass er wohl mit der Wahl des Waldburgers zum Heerführer einen entscheidenden Fehler gemacht hatte. Die Württemberger, ein sehr eigenes

Volk, hatten eine Abneigung gegen alles Fremde und, noch verstärkt, eine Abneigung gegen einen fremden Herrscher. Seit einiger Zeit war Ferdinand klar, dass seine Zeit am Neckar bald vorbei sein würde. Seine Familie hatte sich gewaltig verschätzt, als sie hoffte ihr vorderösterreichisches Gebiet zu vergrößern und gar zu einem zusammenhängenden Landesteil, möglichst mit Anschluss an die Kernlande zu formen.

Ulrich, der durch ungeschicktes Regieren und durch seine Weibergeschichten, zunächst von vielen verachtet wurde, wurde von der Bevölkerung ihm, dem Fremden, vorgezogen. Die Landstände zeigten ihm das immer deutlicher. Wann würden sie ihren eigenen Herzog, eben einer von ihnen, aus dem Exil in Frankreich zurückholen?

Empört stand der Truchsess auf und verließ laut schimpfend den Raum: „Verdammtes Schwabenpack. Erst hole ich euch die Kohlen aus dem Feuer, dann wird mir mein Heldenmut so vergolten. Der Teufel soll die Landstände holen!" „Die Luft ist wieder rein, meine Freunde, wir können uns setzen," schlug der Abt vor. Ferdinand tadelte die beiden Verweigerer und erntete dadurch nur weitere Kritik. Warum er nicht ein Gespräch mit den Bauern gesucht hätte, dann wäre es gar nicht zu dem Gemetzel bei Böblingen gekommen. „Ich bitte sie, meine Herren, wir Habsburger haben es nicht nötig, uns mit dem aufrührerischen Bauernpack an einen Tisch zu setzen. Mit eisernem Besen durchfahren, das ist unsere Devise. Die brachte immer Erfolg." „Diesmal wohl nicht, euro Durchlaucht. Hier habe ich eine ganze Mappe Beschwerden über ihren Truchsess. Wir hätten den nie eingesetzt. Ein Elefant in einem Glasgeschäft." „Nicht einmal dem Glauben hat es etwas geholfen," meinte der Hirsauer Abt. „Nur die Anhänger von Luther und Zwingli sind mehr geworden. Selbst Mönche, kleine Kaufleute und Handwerker hatten sich den besonnenen Bauernführern angeschlossen. Leider muss der Feuerbacher zuletzt von Radikalen abgesetzt worden sein." „Wo ist der hingekommen?" fragte der Reutlinger Kaufmann. „Auf der langen Liste der gehängten erscheint sein Name nicht."

Da meldete sich der alte Burggraf zu Wort: „Wir haben einen Gewährsmann in seiner Heimat und der brachte uns erst heute die Nachricht, dass zwar seine Truppe fast unbeschadet zurückgekommen sei, allerdings ohne ihren berühmten Anführer."
„Unser Mann, der Verwalter des Freiherrn auf dem Lichtenberg, hatte schon den Haftbefehl in der Tasche, den ich ihm per Bote zugesandt hatte," lachte Ferdinand. „Der Feuerbacher ist gefährlich, er verwirrt die Köpfe, ist beliebt und schlau, hat eine gute Schule besucht und wir müssen ihn beobachten. Dies hat mir unser Mann, ein gewisser Grätzer schon lange mitgeteilt. Dazu ist er bei seinem Herrn wohl angesehen. Wendet sich einer wie Feuerbacher gegen die Obrigkeit, wird es gefährlich. Beinahe zwanzigtausend Bauern sollen ihm gefolgt sein. Gut, dass wir so viele erwischt haben, das schreckt ab!" Da schüttelten die Führer der Landstände den Kopf: „Und wer bestellt die leeren Felder, pflegt die Weinberge und

was wir alle zu spüren bekommen, wer bezahlt die Steuern?" Auch nach einigen Gläsern Wein konnten sich die Gegner nicht einigen. Im Abgehen beschlossen ihre Führer, sich im nächsten Monat in Leonberg zu treffen. „Dieser Habsburger hat uns das eingebrockt. Ich bin dafür, unseren alten Ulrich wieder einzusetzen und diesen Kerl mit etwas Nachdruck nach Hause zu schicken," stellte der Vertreter der Handwerkszünfte fest.

Der Wunsch war da, doch seine Verwirklichung dauerte lange. Erst Jahre später, als es die evangelischen Fürsten wagten gegen ihren katholischen Kaiser zu kämpfen, konnte auch Ulrich von Mömpelgard zurückkommen. Inzwischen war Ulrichs Sohn, Christoph, erwachsen geworden und ein kluger, umsichtiger Herrscher. Er sicherte durch gute Entscheidungen den Bestand des Fürstenhauses von Württemberg.

Kapitel 45

Grätzer flieht

Die Jagdhunde, die Spuren bei der Hütte finden sollten, führten ihre Führer zum Haus des Verwalters, das fast leer war. Auch die junge Magd, die ihm den Haushalt führte, war verschwunden. Ein weiteres Opfer?

Rupprecht war nun überzeugt, dass der Verwalter sich aus dem Staub gemacht hatte. Offensichtlich war ihm der Boden unter den Füßen zu heiß geworden. Johann durchsuchte die Bodenkammer seines Hauses. Plötzlich fahnd er hinter einem Schrank eine Ledermappe. Erst als er sie öffnete, war ihm klar, warum der Besitzer sie so gut verborgen hatte. „Freiherr von Weiler, ich habe da etwas interessantes entdeckt," rief er nach unten und nahm die Mappe gleich mit. Rupprecht von Weiler öffnete sie und fand einige amtliche Schreiben, die vom Stuttgarter Hof stammen mussten. „Schau Johann, dieses Siegel dürfen nur Beamte am herzoglichen Hof führen. Unser guter Grätzer war ein Spion, er musste über die Lage im Bottwartal nach Stuttgart berichten. Besonders interessierte sich die Obrigkeit offensichtlich für Matern Feuerbacher. Offensichtlich sind alle Schreiben relativ neu. Also war er nicht von Ulrich angesetzt, das hätte mich auch gewundert. Der Mann war ein Spion des Habsburgers. Der liebe Herr Grätzer." Da war allen klar, dass der kaum wieder zurück kommen würde. Die Flucht musste er direkt von der Hütte angetreten haben, sonst hätte Grätzer die verräterische Tasche sicher mitgenommen.

Rupprecht klopfte Johann auf die Schulter und meinte: „Da habt ihr mir sogar einen wichtigen Dienst erwiesen, denn Spione sind immer für alle gefährlich. Sie können auch uns Adlige beim Herzog oder beim Kaiser in Verruf bringen." Johann freute sich über die Richtigstellung, denn der Verdacht, bei einem Verbrechen beteiligt gewesen zu sein, lastete schwer auf ihm. „Danke, Herr! Ich wollte ja nur Lotte, meine Braut, aus den Klauen des Entführers retten." Rupprecht lachte: „Das muss ja eine ganz besondere Schönheit sein, diese junge Dame. Schade, dass sie schon vergeben ist, guter Johann. Sag ihr Grüße, meinen Segen habt ihr und ein paar Taler spendiere ich auch, obwohl du dir bald die Hochzeit selbst leisten kannst."

„Genau das Geld ist unser Problem. Von ihrem Vater, einem armen Häusler, können wir nichts erwarten. Aber ich dachte, dass ich bei der Ernte als Taglöhner etwas verdienen könnte. Leider liegen durch unseren Aufstand die meisten Felder brach. Vielleicht wird der Herbst besser." Der Baron hörte sich die Sorgen des jungen Mannes gut an und meinte. „Johann Berner, du bist ja noch etwas zu jung. Aber da du die Bedeutung der Mappe erkannt hast, scheinst du seltsamerweise lesen zu können. Stimmt das? Und rechnen auch?" Als Johann nickte fuhr Rupprecht fort: „Normal setzt man fremde Verwalter ein, fremde Besen kehren besser, aber die Zeiten ändern sich. Mit Grätzers Einstellung hatten wir kein Glück. Wir kannten ihn nicht. Dich kenne ich, deshalb werde ich dich als neuen Verwalter einsetzen. Ich möchte, dass meine Leute mit fester Hand, streng, aber gerecht behandelt werden. Kannst du dir diese verantwortungsvolle Aufgabe vorstellen?" Überwältigt sank Johann vor seinem jungen Herrn auf die Knie. „Das wird ihre Familie, Freiherr von Weiler, nie be- reuen! Endlich fällt etwas Licht in mein Dunkel. Meine ganze Familie und wir hoffen auf viele Kinder, wird ihnen immer dankbar sein!"

Voll Freude ritt Johann den Berg hinunter und direkt zu Feuerbachers Schenke. Lotte wunderte sich über den Besuch am hellen Tag. „Johann Berner, hast du nichts Rechtes zu tun? Glaub nur nicht, dass ein Faulenzer bei mir ankommt!" schimpfte sie. Doch als Johann sie hochhob und nicht mehr absetzen wollte, verstummte ihr keckes Mundwerk. Irgend etwas ganz Wichtiges musste geschehen sein. Als er dann noch ihre Wirtin rief, sie als Zeu- gin bat zuzuhören, das Mädchen auf einen Schemel stellte und ganz feierlich fragte: „Lotte, willst du meine Frau werden?" Da wiegte diese ganz kokett ihren Kopf und meinte: „Wollen, will ich schon, aber können kann ich nicht." Johann erschrak: „Warum? Bist du schon einem anderen versprochen?"

„Nein, du Schlaumeier! Aber wie sollen wir zwei arme Schlucker die vielen Kinder ernähren, die ich bekommen werde." „Und wenn es an Geld nicht mangeln würde, würdest du dann wollen?" „Ach Johann, noch diesen Monat, ach was diese Woche, besser noch heute!" „Feuerbacherin, hast du das gehört?" „Ja," bestätigte diese. „Ich habe gehört, dass du bei dieser Jungfer um ihre Hand angehalten hast. Stimmt das Johann?" „Ja, ich will nichts lieber als sie zu heiraten!" „Gut, Johann, das kann ich bezeugen und drück dich nicht, wenn es ernst wird! Und nun zu dir Lotte. So ein Lärvchen könnte auch einen jungen Adligen um den Verstand bringen, weißt du, aber du möchtest unbedingt diesen hässlichen, armen Teufel?" „Lieber Ehefrau eines Johann Berner als dritte Nebenfrau eines Ritters. Ja, ich vertraue ihm und möchte ihn zum Mann!" „So soll es denn sein. Gebt euch die Hände. Vor dem gemeinen Volk seid ihr nun Mann und Frau. Wer kein Geld für die Pfaffen und für ein großes Fest hat, muss es so machen. Und das hält, das weiß ich von vielen. Und nun Johann zu deinem plötzlichen Reichtum. Hast du einen Pfeffersack ausgeraubt?" „Habe ich nicht nötig, Feuerbacherin," lachte Johann. „Ich habe ab nächsten Monat ständige, sichere Einkünfte. Bring einen guten Wein, damit wir auf den neuen Verwalter Johann Berner anstoßen können."

Mit einem Schrei warf sich Lotte ihrem Mann in die Arme und jauchzte: „Johann, ach Johann!" Wohin die beiden nach einigen Gläsern Wein verschwunden waren, wusste niemand. Die einzige Mitwisserin aber, die Wirtin, wollte es auch nicht genau wissen. Sie dachte nur an die schöne Zeit ihrer Ehe mit Matern. Würde sie ihn je wiedersehen?

Irgendwo auf dem Dachboden befanden sich Materns Aufschriebe von der Schule. Vielleicht konnte sie da Anhaltspunkte über seine Freunde finden. In die Schweiz wollte er fliehen, aber wohin? Das musste auch ein großes Land sein.

Kapitel 46

Matern Feuerbacher in Zürich

Matern Feuerbacher hatte inzwischen die befestigte Stadt Zürich erreicht und stand in einer langen Schlange an der Wache. Diese nahm es besonders genau. Das konnte man an den Wartenden vor ihnen sehen. Nicht wenige wurden abgewiesen, sogar solche mit Pässen, immer dann, wenn sie keinen wichtigen Grund zum Stadtbesuch hatten.

„Jetzt habe ich dich in dieser Woche schon zum dritten Mal abgewiesen. Mario Guzzi, wir wollen keine Strauchdiebe wie dich in unserer Stadt", brüllte eben eine der Wachen und jagte eine dunklen Mann davon. „Ein Gaukler," meinte sein Vordermann. „Gaukler und andere Schausteller dulden die sturen Züricher nicht. Alles Diebe, denken sie. Händler wie ich, sind willkommen. Womit handelst du?" „Ich handle mit Mühlenprodukten. Aber eigentlich möchte ich einen Besuch bei einem Freund machen." Da ruckte die ganze Schlange nach vorne. Neben ihnen plantschten einige Kinder in einem Flüsschen, das sicher in Kriegszeiten als Wassergraben diente. Plötzlich war ein furchtbarer Schrei vom Ufer zu hören: „Hilfe! Kommt schnell, der Junge ersäuft!" Feuerbacher gab das Halfter seines Pferdes dem Händler von vorhin zu halten, rannte über die Straße und nach kurzem Einschätzen der Lage kopfüber in den Fluss. „Das Jörgli ist verschwunden. Helft doch! Ich kann auch nicht schwimmen," rief noch einmal die Stimme von vorher.

Matern schwamm in der Flussmitte und sah etwas unter sich treiben. Im letzten Moment packte er zu, erwischte das kleine Kind an der Kleidung und trug es zum Ufer. „Meinst du den?" fragte er, drehte ihn auf den Bauch und bemerkte, dass ziemlich viel Wasser aus seinem Mund lief. Zum Glück begann der kleine Jörg zu husten. Der Rufer kam herunter und nahm den kleinen Jungen in den Arm. „Danke," meinte er zu Feuerbacher. „Ich habe ja nur geschwind nach der lustigen Schlange geschaut. Nur einen Augenblick! Plötzlich war der Kleine weg. Da kommt seine Mama! Nie mehr werde ich auf den aufpassen, da schon eher auf einen Sack Flöhe." „Ach Jörgli," jammerte die Frau, die noch die Seife vom Wäsche waschen in der Hand hatte. „Warum folgst du dem Stefan nicht? Ich muss doch für uns arbeiten, sonst gibt es nichts zu essen." „Wie heißt der Junge, gute Frau?" fragte Matern, ohne dass er das Frieren verhindern konnte. „Das ist der Stefan, der Neffe meines Herren, des Zimmermeisters Horner. Oh weh, haben Sie meinen Jörg aus dem Wasser gefischt?

Kommen sie schnell mit, sie holen sich ja den Tod , dort drüben ins Brückenhaus. Da wohnen wir." „Ist ihr Herr ein Schwabe?" fragte Feuerbacher nach.

„Ich denke schon, da er so komisch spricht." Matern folgte der Wäscherin und ihrem Jungen über die Straße ins Brückenhaus. „Warten sie bitte hier, ich hole ihnen schnell trockene Kleider. Sachen vom Rolf, das ist unser Knecht, müssten ihnen passen," meinte die Frau und beeilte sich Feuerbacher zu helfen. Bald kam sie mit einem Bündel einfacher aber trockener Kleider wieder. „Hinten in der Gesindekammer können sie sich umziehen. Ihre nassen Sachen wasche ich ihnen schnell, das ist das Geringste, was ich für sie als Dank für die Rettung meines Jungen tun kann." „Wo ist Meister Horner?" fragte Matern. „Es kann sein, dass ich ihn von früher kenne. „Sie müssen nur das Jörgli ansehen," lachte die Frau und wurde etwas rot. „Er ist ihm wie aus dem Gesicht geschnitten. Sein Vater wird auch noch was drauflegen. Er hängt an ihm, an uns." Jetzt hatte auch Matern den Zusammenhang begriffen und fragte: „Ja, dann ist ihr Meister nicht verheiratet?" „Doch, aber die Meisterin konnte keine Erben gebären und ist auch vor fünf Jahren gestorben. Aber dafür haben wir ja nun den Jörg. Wenn er groß wird, erbt er hier alles, versprach mir sein Vater." Sie wollte gerade gehen, als schwere Schritte durch den Flur hallten und ein kräftiger Mann die Stube betrat.

„Was ist mit Jörgli? Er sei beinahe ertrunken? Und ein fremder Mann hätte ihn aus dem Wasser gezogen. Kannst du nicht besser aufpassen, Lena?" „Das war ich, Gottfried, doch ganz so fremd sind wir uns nicht," rettete Matern die Situation. Erstaunt drehte sich der Zimmermann um und brüllte: „Matern, alter Schurke, was machst du in der Schweiz?" Voll Freude umarmten sich die Kameraden und die vielen Jahre waren vergessen. Feuerbacher berichtete wie er in der Schlange an der Wache gestanden war und zufällig bemerkte, dass ein kleines Kind in der Fluss gefallen war und zu ertrinken drohte. Natürlich wäre er als guter Schwimmer sofort hinterher gesprungen. „Hätte ich auch von dir erwartet, Matern. Du würdest sogar einen Betbruder aus dem Sumpf ziehen. Danke für Jörgs wertvolles Leben. Eigentlich ein kleiner Ausrutscher, aber inzwischen mag ihn fast jeder. Ihrem Schwager wollte meine verstorbene Frau unser Geschäft nie vererben. Aber nun zu dir, was treibt dich in die Schweiz?"

Matern nahm seinen Freund zur Seite und erzählte vom Aufstand der Bauern in Schwaben. „Davon haben wir auch schon im Rat gesprochen. Zum Glück haben wir ein freies Bauerntum. Die Adligen haben auch Knechte, aber auch die beklagen sich nicht über schlechte Behandlung. Weißt du, die Schweizer haben sich gemeinsam ihre Freiheit von den Habsburgern erkämpft. Nur wer etwas zu verlieren hat, kämpft mit für die Freiheit." „Da habt ihr es gut!" lobte Feuerbacher das Schweizer System. „Schade, dass Deutsche nicht willkommen sind. Ich muss aber zunächst hier bleiben, sonst hängen sie mich, genau wie die anderen Anführer." „Was kannst du?" fragte Horner. „Ich war lange Gastwirt, aber ich könnte auch dein Büro machen, für den Rat etwas schreiben oder als Bote unterwegs sein." Der angesehene Ratsherr versprach, sich für seine Aufenthaltsgenehmigung beim Rat der Stadt einzusetzen. Vorläufig könne er ja für ihn die mit Flößen ankommenden Balken nummerieren, abmessen und in das Hauptbuch eintragen. Dann könnten die Stämme nicht mehr gestohlen werden.

Horner zeigte ihm gleich noch seinen Arbeitsplatz auf der Insel hinter dem Brücken-haus, wo er morgen anfangen sollte. „Pass nur auf, dass dich die Flößer nicht in den Bach werfen. Sie lieben keine Kontrolle,denn mit dem heimlichen Holzverkauf ist ein gutes Ge-schäft zu machen. Ach, das Schlafen müssen wir noch regeln. Oben im Gaden nach hinten war mal meine Kammer, da kannst du schlafen. Eines ist klar: Lena ist meine Freundin." Matern schaute ihn fragend an. Da antwortete sein Freund lachend: „Ich weiß, normal ist so etwas nicht. Aber meine Frau ist, ohne Kinder bekommen zu haben, gestorben." „Und warum heiratet ihr nicht?" „Das Geschäft kam von meiner Frau und auch andere wollen erben. Aber für den kleinen Jörg bekomme ich das noch hin. Notfalls werde ich ihn adop-tieren, aber Lena will nicht. Sie möchte Frau Horner werden. Ich verstehe das schon."

Matern bedankte sich bei seinem Freund herzlich: „Ach Gottfried! Du machst das gut! Wie gut es ist einen verlässlichen Freund zu haben!" „Bruder! Haben wir damals im furcht-baren Kloster nicht mit einem Messer Blutsbrüderschaft geschlossen?"„Stimmt, Gottfried, den Schnitt sehe ich noch." Da suchte Horner in seiner Jackentasche etwas und zeigte es Matern: „Und jetzt erst recht. Ich kenne das Zeichen. Meine Mutter führte es auch. Ihre Familie stammte aus dem südöstlichen Frankreich und musste fliehen. Ganz hinten in einem alten Gebetsbuch habe ich es damals entdeckt. So sind wir doppelte Brüder. Keine Angst, ich schweige wie ein Grab!" Wie schnell hatte sich alles durch die Freundschaft mit Gott-fried zum Guten gewandelt! Wenn seine Familie nachkommen könnte, würde er gerne da bleiben. Er musste möglichst bald eine Botschaft senden, dass er gut untergekommen war. Wenn er etwas gespart hätte, würde er seiner Frau das Reisegeld schicken.

Holzlagerplatz Horner, Zürich

Kapitel 47

Materns Frau entdeckt die Anschrift in der Schweiz

Damals, als sich Matern verabschiedete, war seine Frau Adelheid so aufgeregt, dass sie sich kaum mehr erinnern konnte. Wo wollte er, wenn alles schief ging, hin? Zu einem Schulkameraden in der Schweiz. Der Name wollte ihr nicht mehr einfallen. Wo könnte sie genauere Angaben finden? Auf dem Dachboden! Als sie eine Truhe öffnete, fand sie nach einigem Suchen eine Liste mit Mitschülern. Hinter dem Namen stand immer die Heimatanschrift. Offensichtlich hatte ihr Mann diese Liste kurz vor dem Abschied zusammengestellt. Interessant waren auch die Einschätzungen, die er dazu geschrieben hatte. Ein kleiner Kreis musste so etwas wie Freund bedeuten. Bei manchen stand nichts und bei einigen war ein Strich durch den Kreis. Gegner oder gar Feind?

Nur hinter Gottfried Horner waren drei Kreise und ganz unten fand sie einen Vermerk: Gottfried in Zürich, Schweiz. Hat Tochter des Meisters geheiratet. Das musste der Gesuchte sein. Leider stand keine Straße dabei und auch kein Beruf. Doch oben bei der Liste stand der Beruf des Vaters: Zimmermann und Schiffsbauer in Heidelberg. Also war er als Zimmermannsgeselle auf die Walz gegangen. Wie konnte sie aber feststellen, dass ihr Mann wohlbehalten bei ihm angekommen war? Oder war er doch eines der vielen namenlosen Opfer auf dem Schlachtfeld bei Böblingen geworden. Gerüchte gingen auch herum, dass der Truchsess mit seinen Leuten auch nachher noch Jagd auf die geflohenen aufständischen Bauern machen ließ.

Wie konnte ihr Mann allen diesen Gefahren entkommen sein? Vielleicht konnte einer der durchreisenden Kaufleute, die im unteren Stock des Rathauses ihre teuren und seltenen Waren für kurze Zeit anboten, das herausfinden und ihr von der Schweiz eine Nachricht senden. Es würde sicher einige Zeit dauern bis es eine Gelegenheit gab, aber wie schön wäre ein Lebenszeichen. Vielleicht könnte sich dort die ganze Familie wieder zusammenfinden. Die Hoffnung würde sie nie aufgeben. Zur Zeit wäre an einen Nachzug, sollte Matern dort sein, bei dem Gesundheitszustand ihrer Mutter sowieso nicht zu denken. Ob ihr Mann in Sicherheit war, das war für die Familie zunächst die wichtigste Frage.

Kapitel 48

Johann Berner als neuer Verwalter

Schon die ersten Wochen des neuen Verwalters brachten für die Bauern des Bottwartales entscheidende Verbesserungen. Johann konnte mit dem Verständnis des Freiherrn rechnen und kürzte den Frondienst auf ein annehmbares Maß. Erstaunlich war, dass in kürzerer Zeit fast dieselbe Arbeitsleistung erbracht wurde. Oft mussten nicht mehr feste Stunden abgeleistet werden, sondern eine festgelegte Arbeit zur Zufriedenheit erledigt sein. So arbeiteten die Fronarbeiter zügiger und konnten nach der Erfüllung der Pflicht nach Hause gehen, um in den eigenen Weinbergen und Äckern die notwendige Arbeit zu tun.

Bald hatte Johann Berner beim Grundherrn und bei den Untergebenen dasselbe Ansehen, das der verschwundene Matern Feuerbacher genoss. In Gesprächen mit dem Baron von Weiler kamen sie immer wieder auf dessen Verbleib zu sprechen und Johann erfuhr, dass die Stuttgarter Obrigkeit immer noch nach ihm suchen ließ. Matern schien allerdings wie vom Erdboden verschluckt. Johann , der etwas von dem Schweizer Versteck ahnte, gab aber dies Rupprecht nicht weiter, auch um ihn bei den ständigen Nachfragen aus der Landeshauptstadt nicht in eine Zwangslage zu bringen. Da in Württemberg immer noch der „Fremde", also Ferdinand von Habsburg als Stellvertreter des geächteten Ulrichs residierte, versuchte auch der Freiherr von Weiler nicht seinen verschwundenen Bauernführer zu finden. Alle Adligen der Gegend waren sich einig, dass er das Schlimmste verhindert hatte und nur durch seine kluge Vermittlung manche Burg stehen geblieben war.

Im Herbst kam eines Abends wieder einmal ein Kaufmannszug von Süden her mit Waren aus Italien an. Unter anderem waren auch wertvolle Gewürze dabei. Er stand zunächst vor den Toren Großbottwars, denn diese waren schon geschlossen. Einer der Kaufleute, Samuel Levi aus Affaltrach, kannte den Bürgermeister gut und bat um Einlass, nachdem er durch das kleine Tor noch in die Stadt gelangt war. Als der Bürgermeister von den seltenen Waren hörte, entschloss er sich gegen eine Gebühr die Tore noch einmal zu öffnen. Der Kaufmannszug fuhr bis zum Rathaus. Dort sollten die seltenen Waren am nächsten Tag angeboten werden. Als alles Wertvolle im Rathaus eingeschlossen war, machte sich der alte Kaufmann auf den Weg zu Feuerbachers Schänke. Er setzte sich bewusst ins Halbdunkel ganz hinten im Gastzimmer, da er als Jude ständig durch seine Löckchen und die auffallende Kleidung stets mit Anfeindungen rechnen musste. Heute waren aber nur wenig Gäste im Raum und die Wirtin wunderte sich über diesen schüchternen Gast. Warum versteckte er sich? Als sie zu ihm ging, um seine Bestellung aufzunehmen, betrachtete sie den alten Kaufmann und war sicher, dass er ein ganz besonderer Gast war. Juden durften eigentlich nicht in christlichen Schänken essen und Wein und Most tranken sie kaum. Warum hatte er ihre Schänke aufgesucht? Sie brachte ihm Wasser, Salz und eine Scheibe Brot, als übliches Willkommen für den Reisenden. Sichtlich erfreut von dieser Geste, die man Juden selten anbot, grüßte Simon die Wirtin und zog eine kleine Ledertasche aus seinem Gewand.

„Seid ihr die Feuerbacherin?", fragte er und als sie nickte zog er aus der Tasche einen versiegelten Brief. Als Karin Feuerbacher das Zeichen des Siegels erkannte, machte ihr Herz einen Sprung und sie unterdrückte nur mit Mühe einen Freudenschrei. „Woher habt ihr den Brief? Ist er gesund? Wo ist er?" Die Fragen kamen wie ein Brunnen aus ihrem Mund, viel schneller als der Kaufmann antworten konnte. Er machte ein Zeichen, doch mehr Vorsicht walten zu lassen und die Wirtin lud ihn in den hinteren Gastraum ein, den die Familie oft auch als Wohnzimmer benutzte. „Gemach, junge Frau. Ihr Gatte meinte, dass niemand außer Ihnen von seinem Aufenthaltsort erfahren sollte." „Aber hier kann uns niemand hören. Wo ist Matern?" „Ich traf ihn bei bester Gesundheit vor den Toren Zürichs an. Er arbeitet dort als Aufseher für einen Freund. Als er mein Wappen sah, das er schon seit früher Jugend kannte, kam er zu mir und bat mich diesen Brief insgeheim seiner Frau in der Schänke von Großbottwar zuzustecken. Ich würde dafür seine ewige Freundschaft und eine gute Flasche Bottwarwein von seiner Frau zu Hause erhalten. Ob das genug des Lohnes sei? fragte er dann noch und ich meinte, wenn er der berühmte Bauernführer aus der Heimat wäre, würde ihm die ewige Freundschaft als Lohn völlig ausreichen. Nicht jeder und vor allem nicht jeder Jude hätte solche Freunde. Natürlich wollte die einsame Ehefrau nun alles über ihren Mann wissen. Er wüsste nicht viel mehr und sicher stünde auch noch vieles in dem Brief. Ein Glas guten Weines würde er nun nicht verschmähen, obwohl er eigentlich als Jude gegen solche Getränke sein müsse.

Die Wirtin genehmigte sich zur Feier des ersten Lebenszeichens, das sie nach langer Zeit von ihrem Mann bekommen hatte, auch ein Glas. Dabei kamen sie in ein Gespräch, in dem Simon von der großen Enttäuschung sprach, die seine Glaubensgenossen durch die Luthersche Reformation erlebt hatten: „Weißt du Feuerbacherin, das kommt daher, dass wir uns Hoffnung gemacht hatten, als Juden mit den Anhängern des neuen Glaubens besser zusammenleben zu können. Aber nun hat sich der Reformator in einigen Schriften fast noch feindseliger über uns geäußert als der Papst." Außer den Progromen oft kurz vor einem Zug ins Heilige Land hatte man die Juden meistens unbeobachtet leben lassen. Da Christen kein Geld gegen Zins verleihen durften, benötigte man sie als Geldverleiher dringend. „Alle großen Bürger der Städte, ja sogar die Adligen kommen zu uns nach Affaltrach, wenn sie Geldsorgen haben. Du müsstest hören wie klein sie dann sind und um günstige Zinsen förmlich betteln. Haben sie dann den Kredit, schlägt die Stimmung sofort um und wie große Herren verlassen sie unsere Häuser." Das wäre eine furchtbare Art, mit Menschen umzugehen, meinte die Wirtin. „Ja und deshalb hatten wir uns von Luther so viel erhofft und waren umso trauriger, als wir auch in seinen Schriften nicht das neue Denken der Aufklärung eines Erasmus von Rotterdam, sondern wieder viel mittelalterliche Judenfeindschaft fanden." Zustimmend nickte Frau Feuerbacher und meinte: „Mein Mann wurde ähnlich enttäuscht. Er kam als reformierter Mensch aus der Schule zurück, damals war sein Lehrer, wohlgemerkt ein Mönch, voll für den neuen Glauben. Überall kam Hoffnung auf, bei Bauern, Handwerkern und Kleinbürgern, Hoffnung auf mehr Freiheit und Gerechtigkeit. Und dann, kurz vor dem Aufbruch der Bauern aus dem Tal nach Stuttgart, stößt der Reformator uns ins alte Joch zurück." Der jüdische Kaufmann stimmte ihr zu und meinte: „Wir haben diese Schrift auch gelesen und denken, dass er nur so die Unterstützung einiger wichtiger Herrscher gegen Papst und Kaiser bekam." „Ja und als mein Mann so überschnell und eigentlich gegen seine zurückhaltende Art zum Bauernführer gewählt wurde, meinte er zum Abschied, dass er nun doch eher beim alten Glauben bleiben würde, man müsse ihn nur etwas erneuern."

Zum Abschied gab die Karin Feuerbacher dem Händler ein kurzes Schreiben an ihren Mann mit, in dem sie vom Zustand der Mutter berichtete und auch, dass sie zunächst in der Heimat bleiben würde. Der Händler versprach ihr die Nachricht über ihre eigenen, jüdischen Wege nach Zürich bringen zu lassen, es könne nur etwas dauern.

Kapitel 49

Verfolgung in Zürich

„Was will der Kerl? Mich sprechen? Sag ihm, ich habe keine Zeit. Muss mich auf die Ratssitzung heute nach dem Vesper vorbereiten. Er möge morgen kommen. Halt, lieber erst nächste Woche. Die vielen Deutschen mit ihren Gesuchen und Bitten sind mir wie Läuse im Pelz!" Der oberste Bürgermeister von Zürich, Mathias Gänslin, schäumte vor Wut. Eben diese schleimige Person, ein gewisser Grätzer, Abgesandter des Habsburgers, versuchte die mächtige Stadt Zürich, mitten in der zum Glück unabhängigen Schweiz, zum Handeln zu bewegen. Was hat ihm dieser Ferdinand, der seinen dicken Hintern in das Nachbarland Württemberg gesetzt hat und dort gegen alles Recht jahrelang hockt und die Schwaben drangsaliert, was hat ihm der zu befehlen? Der dritte Versuch ist das schon heute. Er solle einen geflüchteten Bauernführer nach Stuttgart ausliefern. Warum?

Der Mann, Matern Feuerbacher aus Württemberg, wurde erst vor der letzten Sitzung vom Rat befragt, als völlig redlich befunden und als sich sein Freund, der Zimmermeister Horner, seit vielen Jahren selbst angesehener Ratsherr, sich für ihn verwendet hat, wurde ihm zunächst sogar ein unbefristeter Aufenthalt in der Stadt zugesprochen. Den Teufel werde ich tun, meinen besten Unterstützer im Rat gegen mich aufzubringen und diesen arbeitsamen Mann nach Württemberg ausweisen. Doch es klopfte schon wieder. „Verdammt, hat man hier keine Ruhe mehr!" brüllte Gänslin, dass die Luft zu vibrieren schien. Trotzdem schaute der Kopf des Schreibers aus dem Vorzimmer herein. „Gnädiger Herr, diese Mensch aus Schwaben lässt sich nicht abwimmeln. Stopp!" Unverschämter Weise drängte sich eben dieser Unruhestifter, der kecke Grätzer an dem Schreiber vorbei in das Amtszimmer. „Mit Verlaub, werter Herr Bürgermeister, ich bitte um Entschuldigung für dieses unhöfliche Vordringen. Aber…" „Raus!" tönte die befehlsgewohnte Stimme Gänslins. Aber schon mal so weit vorgedrungen, wollte Grätzer doch noch sein Ansinnen vorbringen, dienerte und sagte: „Werter Herr, ich wollte noch einmal auf das Gesuch des Herzogs von Württemberg zurückkommen und bitten, mir diesen Mörder und Unruhestifter, den Feuerbacher, am besten gleich mitzugeben." „Was untersteht er sich, ungebeten in mein Amtszimmer einzudringen?" „Ich hatte doch das Gesuch des Herzogs…" „Herzog ist der nicht, der Herzog steckt in Mömpelgard. Will sich wohl dieses alte hohe Amt ersitzen, der Österreicher. Würde ihm wohl so gefallen. Aber uns nicht, wir wollen von deren gierigen Armen nicht umschlungen sein. Aber sag ihm, der Züricher Rat hätte beschlossen, Matern Feuerbacher gewissermaßen Asyl zu gewähren. Er darf hier bleiben so lange er möchte. Aber dich, Grätzer, wird gleich die Wache…" „Der Herr Bürgermeister hat gerufen?" Der Kopf eines Wachsoldaten schaute ins Zimmer. „Nimm diese Person, packe sie in eine verschlossene Kutsche und führe sie gleich über die Grenze. Solche Burschen brauchen wir in der freien Schweiz nicht!" Grätzer wurde fluchend aus dem Raum gezogen.

Kapitel 50

Freundlicher Schutz

„Wo ist Feuerbacher?" Zimmermeister Horner stürmte mit großen Schritten aus der Stadt, über die Brücke und hinunter auf den Holzplatz. Ein Holzarbeiter mit dunklem Vollbart sah seinen Herrn kommen und meinte: „Zum Glück über dem See, um den Floßbau zu leiten. Ist schon seit zwei Tagen dort." Horner wunderte sich und fragte: „Warum sagst du zum Glück?"

„Seit Tagen spionieren zwei Fremde Gestalten hier herum. Gestern hat sogar der eine nachgefragt, ob wir einen Deutschen namens Feuerbacher kennen würden. Keiner von uns gab Auskunft und eben sah ich den Rothaarigen in einer Kutsche von der Stadtwache begleitet nach Norden fahren." „Wie sah der andere aus?" „Schau! Ich glaube da reitet er." Ein dunkler Reiter auf einem Fuchs war nun ebenfalls auf dem Weg nach Norden zur deutschen Grenze. „Behalte den im Auge! Sollte der zurückkommen, kannst du es gleich der Wache melden. Bürgermeister Gänslin wird ihn auch ausweisen. Wir dulden keine Spione der Habsburger bei uns," sprach der Meister und wandte sich dem Haus zu, wahrscheinlich um nach dem kleinen Jörg und seiner Mutter zu sehen. Die Arbeiter gönnten ihrem freundlichen und gerechten Herrn diese wenigen friedlichen Stunden.

Das lag auch am neuen gerechten Vorarbeiter, Matern Feuerbacher, der inzwischen von allen anerkannt wurde, denn er sorgte für eine gerechte Arbeitsverteilung und sicherte so auch den wöchentlichen Lohn. Keiner der Holzknechte hätte Feuerbacher an die Fremden verraten. Konnte man sicher sein, so einen gerechten Chef wieder zu finden?

Kapitel 51

Matern wird von den Kindern vermisst

„Wann kommt Vater wieder?" fragte der kleine Rudolf seine Mutter. Ihm fehlte er am meisten, denn er war seinem Vater wie ein Schatten gefolgt. Plötzlich war sein großes Vorbild nicht mehr da. Die kleine Bärbel hing noch mehr an Mutters Schürze. „Ich weiß nicht, ob er wieder kommen wird," antwortete die Feuerbacherin. „Immerhin weiß ich nun, dass er noch lebt. Das ist das Wichtigste und er denkt an uns, das weiß ich auch." „Woher, Mama?" „Er hat uns geschrieben. Schau!" Adelheid Feuerbacher zog den Brief aus der Schürze. „Und das kann man lesen?" „Klar, Rudi. Zum Glück hat dein Vater darauf bestanden, dass ich es von ihm lerne. Meine Eltern meinten immer, dass eine Frau kochen, waschen und Kinder gebären muss, lesen und schreiben sollten die Buben lernen." „Mama, ich möchte auch bald alle Buchstaben kennen lernen. Wann denn?" Der Rudolf wird seinem Vater alle Ehre machen. Ein schlaues Kerlchen und die Augen hat er direkt vom Vater. Sie zog mit einem Stock im Sand einen Buchstaben nach. „Schau Rudi, so beginnt dein Name, mit R!" Täglich wurde weiter unterrichtet und schon nach kurzer Zeit konnte der kluge Junge die Initialen der ganzen Familie unterscheiden. „Schreiben und lesen kann ich dir beibringen, aber vom Rechnen kenne ich auch nur das Nötigste, da sollte dein Vater mithelfen."

Natürlich waren alle einig, dass Papa schon deshalb bald zurückkehren musste. Dies änderte sich aber gleich am nächsten Tag.

Kapitel 52

Grätzer berichtet aus der Schweiz

Grätzer war wütend, fast ohne Pause bis nach Tübingen geritten, wo Ferdinand immer noch Hof hielt, nachdem er von einem Schweizer Gendarm unsanft über die deutsche Grenze geschoben worden war. „Kerl, wag ja nicht zurück zu kommen. Das zweite mal steche ich zu," warnte der Schweizer, „wir dulden keine Anhänger der Habsburger mehr bei uns!" Dabei spielte er darauf an, dass eben die Habsburger in der Schweiz vor dreihundert Jahren ihren Anfang genommen hatten.

Grätzer und sein Bursche waren sicher, dass sich Feuerbacher, obwohl sie ihn nicht gesehen hatten, in Zürich aufhielt. Nach der Beschreibung musste es der Vorarbeiter des großen Zimmer- und Bootsbaugeschäftes sein, das einem gewissen Horner gehörte. Hätten sie ihn nur genau gesehen, sie hätten den gefährlichen Unruhestifter nach Württemberg entführt, um ihn dort vor Gericht zu stellen.

Eines war klar, für die Schweizer war er ein neuer Wilhelm Tell, der es um der Gerechtigkeit willen mit der Obrigkeit aufnahm. Sie schützten solche Typen. Die Habsburger mit ihrem riesigen Reich, in dem die Sonne nicht unterging, konnten solche moderne Mätzchen nicht durchgehen lassen. Bei ihnen hatte jeder seinen Platz und musste da bleiben. Wie könnte man solch eine Herrschaft sonst regieren. Das hatte ihm Ferdinand gesagt, als er ihn ausgesandt hatte, um den Feuerbacher zu verhaften. So gab es nur eine Möglichkeit ihn gewissermaßen mit einem Köder über die Grenze zu locken. Dann konnte die Gendarmerie zuschnappen. Wie viel Ärger hatte ihm dieser Mann schon gebracht?

Kapitel 53

Ein ganz besonderer Überfall

„Halt, wen haben wir denn da?" eine barsche Stimme befahl dem Kaufmannszug sofort anzuhalten. Natürlich hielten die Pferdeknechte ihre Wagen an und die meisten flüchteten sofort. Diese Überfälle kannten sie. Normalerweise ließen die Wegelagerer sie entkommen, denn es ging denen mehr um die Ware und um die reichen Kaufleute selbst, denn für sie konnte man von der Familie ein Lösegeld erpressen.

Nur zwei seiner Leute waren bei Samuel Levi geblieben, treue langjährige Mitarbeiter, die mit ihm schon ähnliche Situationen überstanden hatten. Wo war der Anrufer? War er allein? Gegenüber im Baum steckte ein Bolzen einer Armbrust, der Schuss sollte wohl den Ernst der Lage den Überfallenen klar machen. Schade, nur noch wenige Meilen, dann hätten sie die Schweizer Grenze erreicht gehabt. Dort in der Eidgenossenschaft kamen solche Überfälle nicht vor. Die Menschen lebten gut, hatten ihr Auskommen und auch eine große Freiheit, die sie jederzeit zu verteidigen wussten. Da raschelte es im Unterholz und drei Männer kamen, die Waffen auf den Händler gerichtet, herbei. Der erste, eher ein Zwerg mit dunklem Haar und Vollbart, schien der Anführer zu sein. Was würde geschehen? „Tasche her!" befahl der Gnom. Levi überrascht, dass sie nicht seine Packtaschen nach Wertvollem untersuchten, gab ihm bereitwillig die gewünschte Reisetasche, die eigentlich nur seine Abrechnungen und einige Briefe enthielt. Samuel Levi war nach dem langen Winter, der auf den Bauernkrieg folgte, zum ersten Mal wieder nach Süden, nach Venedig, unterwegs, um Gewürze, Glas und Seide einzukaufen. Und nun war er in diesen Hinterhalt geraten. Seine Wertsachentasche wurde vor seinen Augen in den Wald geschleppt. Der dritte Räuber durchsuchte seine Satteltaschen, nahm einige Dinge heraus und verschwand ebenfalls in dem selben Wald. Alles verlief offensichtlich genau geplant und völlig ohne Worte. Nur wenige Minuten später war der ganze Spuk vorbei. Etwas später wagten sich auch seine geflohenen Pferdeknechte wieder zur Stelle des Überfalls. Als nichts mehr zu hören war, schaute Levi nach, wo die Räuber verschwunden waren. Nur wenige Meter im Wald lag sogar seine Tasche. Alles war noch da, sogar Karten und Wegbeschreibungen. Auch ein Dutzend Heller und fünf Taler steckten noch im selben Seitenfach. Seine Geldkatze, die er um den Leib trug, war unangetastet geblieben.

Seltsame Räuber waren das, die sogar bares Geld verschmähten. Etwas neben der Tasche fanden sie ein Stück Pergament und da Levi unbedingt wissen wollte, wer die Räuber waren, schaute er den Fetzen genauer an und fand hinten Reste eines Wortes: Hänsl ... und darunter Großb ... Natürlich konnte er daraus keine Schlüsse ziehen, beschloss aber den Papierfetzen trotzdem mit zu nehmen.

Was Levi auch noch zu denken gab, war der Anführer. Ein Zwerg befehligte diese harten Männer. Normalerweise war der Kräftigste bei solchen Gruppen der Anführer. Irgend etwas anderes musste hinter dem Überfall stecken. Er untersuchte seine Mappe noch einmal. Es fehlte doch etwas: Der Brief, den ihm Karin Feuerbacher für ihren Mann mitgegeben hatte. Ganz hinten im letzten Fach der Mappe hatte er gesteckt und nun war nur er verschwunden. Der ganze Überfall galt also offensichtlich Matern Feuerbacher. Seltsam!

Kapitel 54

Bei Ferdinand auf Hohentübingen

„Was will dieser Kerl schon wieder?" Ferdinand, noch immer von seinem kaiserlichen Bruder, Karl V, eingesetzter Stellvertreter des unter Reichsacht stehenden Herzog Ulrich, schimpfte laut über die Störung.

„Gnädiger Herr, der Waldburger lässt sich nicht abwimmeln, denn er meint nun, dass er den letzten freien Rebellen auch einkerkern kann", sein Hofmeister stört Ferdinand nur ungern beim Male, aber es schien nicht zu umgehen. „Meint der den Feuerbacher, der hat sich doch in die Schweiz eingeschlichen und lebt dort wie die Made im Speck," entgegnete der Habsburger. „So blöd ist der nicht, freiwillig sein Asyl zu verlassen." „Doch!" von außen hörte man die näselnde Stimme des Waldburgers, des zwergenartigen Truchsess. „Hier, der gute Mann hat uns einen Tipp gegeben, wie wir ihn aus der Höhle locken können und ich habe seit dieser Woche einen guten Beleg dafür, dass er recht hat. Hier!" Der Truchsess hob voll Stolz den geraubten Brief hoch.

„Nun setzt euch und lasst mich erst den herrlichen Fasan verspeisen. Es finden sich auch schmackhafte Tiere in den württembergischen Wälder und nicht nur stinkende und aufrührerische Bauern." Noch während der Österreicher aß, erklärte ihm der Waldburger mit Unterstützung des ehemaligen Verwalters Grätzer den Plan, wie man den Feuerbacher aus der Schweiz herauslocken konnte: „Wie dieser Brief uns zeigt, stehen sich die Eheleute Feuerbacher nach vielen Jahren Ehe immer noch ziemlich nahe." „Gibt es das? Ich weiß nicht einmal genau, wo sich meine Gattin gerade aufhält und was das Beste ist, ich bin noch froh darüber." „Gut," meinte der Truchsess, meine Frau ist auch froh, wenn sie mich nicht sieht. Aber diese Karin, hübsch soll sie auch noch sein, meint der Grätzer, scheint ihres Mannes Abwesenheit wirklich zu bedauern. Sie führt in Großbottwar eine Schänke und er lebt im fernen Zürich." „Was? Hat sie diese Schänke und den Besitz noch immer?" fragte Ferdinand. „Dieser Freiherr von Weiler scheint unserem Befehl nicht nachgekommen zu sein und hat den Feuerbacherischen Besitz noch nicht eingezogen."

„Sauerei, was wagt der? Sende er einen Boten mit dem Einzugsbefehl in diese unverlässliche Provinz. Wir werden doch mal sehen, ob dieser kleine Freiherr den Befehl noch einmal nicht befolgt. Natürlich soll direkt dieser Besitz eingezogen werden."

Der Truchsess nickte und meinte: „So werden wir der Frau ihr Leben in der Heimat erschweren und sie wird sich in der Not an ihren Mann wenden, möglicherweise sogar mit ihren Kindern zu ihm in die Schweiz ziehen wollen." „Dann hätten wir aber kein Pfand mehr, mit dem wir ihn locken können," warf Ferdinand ein. „Daran haben wir auch schon gedacht," lachte der Truchsess. „Wir werden ihren Nachzug einfach untersagen." „Damit ist aber ihr Gatte noch nicht auf unserem Gebiet." „Stimmt, aber uns ist letzthin ein Brief der guten Frau Feuerbacher an ihren Mann in die Hände gefallen." „Na und Liebesschwüre und Trauergedichte interessieren mich nicht." „Aber ihre Handschrift und ihr Schriftsiegel. Feuerbacher wartet auf eine Nachricht seiner Frau. Wir werden sie ein bisschen in unserem Sinne verändern. Ich habe einen Schreiber zu Hause, der kann alle Schriften nachahmen und das Siegel samt Unterschrift scheint mir auch kein Problem."

Da war sogar Ferdinand davon überzeugt, auf diese Weise den letzten lebenden Bauernführer vor Gericht und damit an den Galgen bringen zu können. „Zwar hast du dich bei der Böblinger Schlacht nicht mit Ruhm bekleckert," meinte Ferdinand, „doch heute muss ich dich loben, Jörg von Waldburg. In welche Stadt wird sich der schlaue Fuchs locken lassen, Württemberg ist ihm zu heiß?" Auch auf diese Frage war der Truchsess vorbereitet: „Rottweil, denke ich, ein Schweizer Vorposten, wird ihm sicher genug erscheinen, da er denkt, dass wir da keine Macht haben. Und sein Weib, das ja Württemberg nicht verlassen darf, kann ihn dort erwarten. Wir dürfen nur sie nicht aus den Augen lassen. Dort können wir ihn schnappen, denn, wie ihr wisst, ist dort seit alter Zeit das königliche Hofgericht ansässig und ich denke, dass es für sie, Durchlaucht, kein Problem sein wird bei ihrem Bruder, dem Kaiser für Feuerbacher einen Haftbefehl zu beantragen." Der Plan schien allen durchführbar. Man wollte nichts überhasten und ihn im Frühling 1527 in die Tat umsetzen.

Kapitel 55

Zürich 1526, Feuerbacher wartet auf ein Lebenszeichen

Matern Feuerbacher wurde langsam unruhig, denn er wartete nun schon lange auf eine Nachricht von seiner Frau. Was mochte ihr und seinen Kindern zugestoßen sein? Musste er das lebensgefährliche Wagnis eingehen und heimlich ins Bottwartal reisen?

Von vielen reisenden Kaufleuten hatte er vom Schicksal der anderen Bauernführer erfahren. Die meisten waren schon bei der Schlacht von Böblingen umgekommen oder noch in den folgenden Tagen standrechtlich hingerichtet worden. Sein größter Widersacher, Jäcklein Rohrbach, dem auch das unnötige Morden beim Sturm auf Weinsberg zur Last gelegt wurde, fand in seiner Heimatstadt Böckingen den Tod auf dem Scheiterhaufen. Nein, so wollte er nicht enden. Wenn seine Idee Erfolg gehabt hätte, wäre niemand unnötig gestorben und die adligen Grundherren könnten inmitten einer zufriedenen Bauernschaft in Ruhe leben. Schade, dass in diesem Moment kein Verhandlungspartner in der Landeshauptstadt Stuttgart war, als nur der Habsburger Ferdinand, der, von seinem kaiserlichen Bruder unterstützt, eher auf Gewalt setzte und von den ersten demokratischen Bemühungen der württembergischen Landstände nichts hielt.

Nun war Matern schon weit über ein Jahr in der Schweiz und das erste Jahr nach dem furchtbaren Ende des Bauernkrieges neigte sich dem Ende zu. Zum Glück hatte er viel Arbeit und konnte damit den Tag über seine Sorge um die Familie zu Hause vergessen.

An einem Morgen im November war er mit seinen Leuten gerade daran die letzten Stämme für das Sägewerk vorzubereiten, als ein Fremder nach ihm rief: „He du! Ich suche einen Feuerbacher!" Matern schaute den Rufer genauer an. Ein Kaufmann? Dafür schien er ihm zu jung. Vielleicht der Sohn eines jüdischen Händlers. Seltsam! „Kennst du Samuel Levi?" fragte der Fremde Matern. Irgendwie schien ihm das ein Passwort zu sein und er antwortete: „Ja, den kannte ich mal." „Dann bist du der gesuchte Mann. Hier, von ihm soll ich dir diesen Brief geben. Wir trafen uns letzten Monat auf dem Rückweg von Italien und er bat mich dir diesen Brief zu bringen, da er noch vor Winter im Fränkischen sein wollte." Als Feuerbacher die schwungvolle Handschrift seiner Frau erkannte, bedankte er sich bei dem Boten und belohnte ihn für seine Mühe. An diesem Tag ging Matern in der Mittagspause in sein Zimmer, denn er wollte beim Lesen allein sein.

Natürlich erkannte er auch das Siegelzeichen seiner Familie, als er den Brief öffnete. Ein warmes Gefühl durchrann seinen Körper, als er nach so langer Zeit dieses erste Lebenszeichen seiner Lieben in der Hand hielt.

Lieber Matern!

Ich bin Gott so dankbar, dass Du diese furchtbare Schlacht überstanden hast und in der Schweiz in Sicherheit bist. Mir und den Kindern geht es gut, nur Du fehlst uns natürlich sehr. Ich betreibe nach wie vor die Schänke, obwohl manchmal beim Schließen ein Mann besser durchgreifen könnte.

Im Notfall schicke ich unsern Rudolf zu Johann, der nun Verwalter ist, damit er mir die Berauschten hinauswirft. So war alles bis zuletzt nicht gut, aber zu ertragen.

Seit letzter Woche ist jedoch alles anders geworden. Am Mittwochmorgen ritt ein Bote des Österreichers auf den Hof, gab mir ein Schreiben und befahl mir damit zum Bürgermeister Amann zu gehen. Der Freiherr von Weiler hätte auch ein Schreiben erhalten. Ich war so aufgeregt, dass ich mit dem ungeöffneten Schreiben zum Rathaus rannte. Der Schreiber dachte, dass ich nicht lesen könnte, erbrach das Siegel und las laut vor.

Unsere ganze Habe, Haus, Äcker, Weinberge und sogar die Schänke wird vom Stellvertreter des Herzogs eingezogen, weil du als Bauernführer gegen die Obrigkeit aufgestanden bist. Du, Matern, der Du immer für Frieden und Gerechtigkeit eingestanden bist, gerade Du sollst damit den Landfrieden gebrochen haben.

Als ich das hörte, konnte ich nur noch weinen und der Bürgermeister musste mich beruhigen. Er versprach mir, mit unserem Freiherrn zu sprechen. Das geschah inzwischen. Doch niemand kann gegen dieses Schreiben etwas machen.

Gleich dachte ich, mich mit den Kindern und meiner kranken Mutter zu Dir in die Schweiz zu flüchten. Aber auch diese Ausreise wird durch den Befehl des stellvertretenden Herzogs untersagt. Was soll ich nur machen?

Der Ratsschreiber, ein gewisser Häuslin, eigentlich eine ungute Person, schlug mir vor, Dich in Rottweil zu treffen. Das läge nicht weit von der Schweiz entfernt und wäre gewissermaßen Schweizer Gebiet, also könntest Du da sein, ohne verhaftet zu werden. Was hältst Du davon?

Wenn Du zusagst, würde ich mit den Kindern nach der Schneeschmelze dorthin reisen. Zusammen finden wir einen Weg dieses schlimme Schicksal zu meistern.

Zuletzt etwas Tröstliches: Da wir inzwischen obdachlos sind, hat uns Johann bei sich aufgenommen. Er hat nun Lotte, eine dieser Häuslerstöchter, geheiratet und ich hüte gerne ihr Baby und helfe im Haushalt.

Unsere Schänke mit dem Haus am Marktplatz steht zum Verkauf, aber der Bürgermeister sagt, dass niemand wegen der Ungerechtigkeit unser Gut kaufen wolle. Das ist doch schön.

In Liebe

Deine Hausfrau

Adelheid Karin Feuerbacher

Als Matern Feuerbacher diesen Brief gelesen hatte, war er so aufgewühlt, dass er nicht weiterarbeiten konnte. Er ging zu seinem Freund und besprach mit ihm das Ganze. Obwohl es nicht einfach war, unbemerkt nach Rottweil zu gelangen, schien es nach reiflicher Überlegung das Beste auf den Vorschlag der Feuerbacherin einzugehen.

„Deine Frau hat recht, Rottweil ist eigentlich eine Stadt unserer Eidgenossenschaft. Sie hat nur den Nachteil, dass ihr Gebiet nicht an die Schweiz angrenzt. Seit vielen Jahren versucht sie, die dazwischen liegenden Herrschaften auch für unsere Idee zu überreden. Bisher ohne Erfolg. Leider!" meinte der Zimmermeister.

„Du meinst also, ich solle versuchen meine Frau dort zu treffen?" fragte Feuerbacher nach.

„Wenn du in Rottweil bist, bist du sicher. Ich gebe dir einen Brief an Hansjörg Braun mit, ein Händler mit dem ich befreundet bin. Der schuldet mir noch einen Gefallen und bei ihm könnt ihr vorläufig unterkommen. Und wenn alle Stricke reißen, flüchtet ihr über die Badische Grenze, die gleich hinter Rottweil ist. Wie ich gehört habe, ist der Großherzog von Baden mit Ferdinand so verfeindet, dass er schon aus Prinzip Flüchtlinge aus Württemberg aufnimmt."

Darauf schrieb Matern einen lange Antwortbrief an seine Frau und deutete an, sie in Rottweil zu Anfang des nächsten Jahres zu erwarten.

Meine Liebe Adelheid!

Auch mein Freund Horner, der mich so freundlich aufgenommen hat, meint, dass Rottweil ein guter Platz für ein Treffen wäre. Also reist nach der Schneeschmelze gleich los. Sucht dort einen Kaufmann Braun auf. Er wird Euch aufnehmen.

Dort sehen wir uns endlich wieder!

Ach wäre doch schon Frühling!

Alles Liebe Dein

Matern

Als er am Abend den jungen Boten zufällig in der Stadt traf, fragte er ihn, ob er nicht eine Möglichkeit hätte diese Schreiben ins Württembergische, genauer nach Großbottwar zu transportieren. Der junge Mann nahm den Taler gerne an und meinte, dass die Kaufleute immer einen Weg zum Transport solcher leichten Briefe hätten. Es würde nur etwas Zeit benötigen. Nach der ersten Unsicherheit herrschte nun bei Matern Freude vor, endlich könnte er seine Lieben wieder in die Arme schließen. Seine Frau hatte recht, gemeinsam ließ sich alles besser überstehen.

Kapitel 56

Beruhigung im Bottwartal

Baron von Weiler und seine Mutter waren über das Vorgehen des unbeliebten Österreichers entsetzt. Alle Adligen der Umgebung waren mit ihnen froh, dass Feuerbacher die Flucht in die Schweiz gelungen war. Von Johann Berner ließ sich Rupprecht immer wieder unterrichten, wie es der Feuerbacherin allein mit Familie und Schänke erging. Aber diese schien ja ganz gut zu laufen und nun dieser Rückschlag.

    An einem Abend saß der Baron mit einigen Adligen, unter anderem die beiden Gebrüder Späth, Ritter von Höpfigheim, bei einem Glas Wein im Turmzimmer der Burg. „Mir kommt alles etwas wie ein abgekartetes Spiel vor," meinte einer der Späthbrüder, der mit Feuerbacher gut bekannt war. „Man beraubt die arme Frau ihrer Habe und setzt sie auf die Straße. Was kann die Familie dafür? Außerdem hat Feuerbacher nichts Unrechtes getan. Er hat Mord und Todschlag verhindert. Glaubt ihr, dass unsere Burgen noch stünden und unsere Familien noch am Leben wären, ohne den mäßigenden Einfluss Feuerbachers." Keiner der Anwesenden widersprach ihm und der Freiherr von Weiler meinte: „Hätte der Österreicher mehr Mut gehabt und mit den Bauern gesprochen, lägen jetzt nicht bei Böblingen tausende von toten Württembergern auf dem Schlachtfeld und alle Felder und Weinberge wären bestellt und würden Früchte und damit Steuern bringen. Dieses Geld fehlt nun überall und das reiche Württemberg ist zum Armenhaus geworden.

Wie ich höre, kann sich im Süden kein Adliger allein auf die Jagd wagen. Überall lauerten die armen, rechtlosen Bauern nun als Räuber. Was haben wir gewonnen?" „Nur der Bauernjörg hat gewonnen," meinte der Schlossherr von Kleinbottwar, „dem gehören nun ganze Landstriche im Süden, die er als Belohnung für seine Untaten bekommen haben soll."

Alle waren empört, denn genau das maßlose Vorgehen des Truchsess von Waldburg erschien ihnen allen die Ursache dieser üblen Situation.

„Warum dieser Habsburger aber der guten Frau verbietet, dann wenigstens zu ihrem Mann in die Schweiz zu ziehen, das verstehe ich nun gar nicht," meinte da einer der Ritter Späth. „Ich vermute dahinter eine Schweinerei. Irgendwie wollen sie Feuerbacher erpressen. Wir werden sicher bald Genaueres wissen," sagte Baron von Weiler. Alle beschlossen das Ganze nicht aus dem Auge zu lassen und der guten Frau über Johann Berner, bei dem sie ja untergekommen sein soll, unter die Arme zu greifen.

Kapitel 57

Abschied von Zürich

Der Winter kam in diesem Jahr schnell und hielt bis in den Februar an. An eine Reise war nicht zu denken.

Im März erhielt Matern Feuerbacher noch eine kurze Nachricht, dass seine Familie mit dem Zug der Heilbronner Kaufleute noch in diesem Monat aufbrechen würde. Der liebe Johann hätte ihnen mit einem kleinen Wagen und zwei Pferden ausgeholfen, so könnte die Mutter ganz bequem transportiert werden und außer bei langen Steigungen würden alle fahren können. Woher der Wagen kam, hätte Johann nicht verraten, aber auf der Seite wäre etwas Farbe abgegangen und ein Stückchen Wappen zu sehen. So hätte sie eher den Baron von Weiler als freundlichen Stifter im Verdacht. Sie hoffe, dass sie Matern bald in die Arme schließen könne, war der letzte Satz des Briefes.

Sofort ging Feuerbacher zu seinem Freund und fing an, seinen Abschied zu planen. „Wirst du wiederkommen?" fragte Horner seinen Freund, der sich für all die Hilfe und Gastfreundschaft bedankte. „Wenn alles schief geht, bin ich ein verlorener Mann. Alle Anführer sind im Feuer oder am Galgen geendet. Wenn wir Glück haben, schaffen wir es nach Baden," waren die letzten Worte an den Zimmermann und Ratsherrn. „Lass mich wissen, wohin dich dein Weg geführt hat. Natülich bist du und deine Familie uns jederzeit willkommen. Auch wegen dem." Lange hatte Horner den wertvollen Stein mit dem Kreuz und den drei Bäumen im Tresor aufbewahrt, denn niemand durfte diese Zeichen unerlaubt in die Hände bekommen, da sonst die ganze Bruderschaft verraten wäre. „Vielleicht kannst du ihn noch brauchen."

Der Abschied von der sicheren Schweiz fiel Feuerbacher schwer. Was würde ihn in Schwaben erwarten?

Kapitel 58

Bei Ferdinand auf Hohentübingen

Auf der Burg über Tübingen war fast dieselbe Gruppe zusammengekommen, die ein Jahr zuvor den Plan ausgeheckt hatte.

„Alles läuft wie am Schnürchen," meinte Grätzer, der für den Truchsess von Waldburg die ganze Aktion leitete. „Mein Gewährsmann in Großbottwar, ein gewisser Hänslin, der Ratsschreiber, hat mir geschrieben, dass die Familie Feuerbacher zusammen mit einigen Heilbronner Kaufleuten nach Süden aufgebrochen wäre. Unseren Schätzungen nach müssten sie noch im April in Rottweil eintreffen. Auch der entflohene Feuerbacher käme ihnen von der Schweiz her schon entgegen. Man ließe ihn aber unbehelligt bis nach Rottweil reisen. Dort könne man ihn gefangen nehmen und aburteilen.

Ferdinand war etwas verärgert, weil der Waldburger nicht selbst zum Treffen gekommen war. „Wo steckt der Truchsess?" fragte er Grätzer, denn er liebte es nicht, mit Untergebenen vorlieb zu nehmen. „Der muss Räuber in den Wäldern fangen. Er meint, dass sich alle Bauern gegen ihn verschworen hätten. Die Felder lägen brach, dafür wilderten die Bauern und würden das Obst von den Bäumen stehlen."

Ferdinand konnte sich denken, was dahinter steckte, denn nicht wenige Bürgermeister hatten sich über die brutale Art der Vertreibung der Bauern, ob für oder gegen die Obrigkeit, aus ihrem ererbten Besitz beschwert. Diese Ungerechtigkeit hatte sich bis zu ihm herumgesprochen und seine Unbeliebtheit, er hatte ja dem Waldburger freie Hand gegeben, war überall zu spüren. Nun erkannte er den Fehler.

Viele Leute wollten nun lieber den herrschsüchtigen eigenen Herzog Ulrich aus seinem Asyl in Frankreich zurückholen. Der Habsburger sah das Ende seiner Herrschaft in Württemberg gekommen. Vorbei war der Traum, die vielen kleinen Flicken Vorderösterreichs mit Württemberg zu einen eindrucksvollen Ganzen zu verweben. „Hier ist der kaiserliche Haftbefehl von meinem Bruder eigenhändig unterschrieben. Wir müssen nur noch die Daten einfügen," meinte Ferdinand. „Die Anklage lautet auf Landfriedensbruch. Die Bauern haben schließlich überall gebrannt und gemordet." Da nur Grätzer ihn genau kannte, wurde er beauftragt, genau aufzupassen und seine Ankunft zu melden. Dann würden die Gerichtsdiener zusammen mit der Gendarmerie Matern Feuerbacher sofort verhaften und in das städtische Gefängnis bringen. Das Gericht wurde schon vorher von dem Fall unterrichtet. Ferdinand von Habsburg wollte selbst mit dem Richter sprechen, damit der wissen würde, welchen Ausgang die Obrigkeit von dem Verfahren erwartete.

Darin sah Grätzer allerdings einige Probleme, denn er kannte die Unabhängigkeit der württembergischen Richter, die nicht auf die Obrigkeit hörten. Dieses in Rottweil war eines der höchsten deutschen Gerichte und er konnte sich nicht vorstellen, dass der berühmte Oberste Richter Ambrosius Ellinger in seinem Urteil auf die Meinung des Habsburgers etwas gab. Der hatte schon öfter die Gesichter der anklagenden Grundherren länger und länger werden lassen. Für den gab es die „Gerechtigkeit" und sonst nichts.

Kapitel 59

Familie Feuerbacher in Rottweil

Die Ankunft der Familie Feuerbacher in der Stadt verlief völlig ohne Aufsehen. Einer der Heilbronner Kaufleute kannte Hansjörg Braun und sein bekanntes Handelshaus auch und zeigte Karin Feuerbacher den Weg.

Der Kaufmann Braun hatte bereits aus der Schweiz Nachricht bekommen, in der die Bitte enthalten war, die Familie Feuerbacher und später auch den Mann freundlich aufzunehmen. Dies war unter den großbürgerlichen Familien durchaus normal, selten übernachteten sie in den wenigen Gasthäusern, denn Gastfreundschaft war ein hohes Gut. So kam die Hausherrin, kaum hatte der Wagen das Tor des Hauses passiert und war in den großen Innenhof gefahren, die Treppe herunter und begrüßte die neuen Gäste. Das fanden sogar die Bediensteten erstaunlich, da Adelheid Braun meistens sehr zurückhaltend lebte und sich nur um ihre zwei Kinder und die Haushaltsleitung kümmerte. „Einen guten Aufenthalt wünsche ich euch! Ihr müsst die Feuerbacherin sein, stimmt das?" „Ja. Und ihr die Gattin des Kaufmanns Braun," antwortete Karin Feuerbacher. „Sagt Adelheid zu mir und lasst alles stehen und liegen," schlug die Kaufmannsfrau vor. „Die Diener bringen alles in eure

Räume im zweiten Stock. Euch lade ich zu einem englischen Tee ein." Die beiden Frauen verstanden sich sofort. „Dein Mann lebt, wie ich hörte in der Schweiz?" fragte die junge Hausfrau und als Karin nickte, fuhr sie fort: „Ich bewundere dich, wir waren seit der Hochzeit höchstens mal einen Monat getrennt und ich habe es vor Sehnsucht nach meinem Gatten beinahe nicht mehr ausgehalten." Da lachte Karin und meinte: „Das lässt nach, liebe Adelheid, wir sind nun fünfzehn Jahre verheiratet. Aber natürlich freue ich mich auf das Wiedersehen. Weißt du, mein Mann hatte vorübergehend bei einem Freund ausgeholfen."

Natürlich hielt sich Karin Feuerbacher mit der Wahrheit, also der Flucht Feuerbachers in die Schweiz, etwas zurück. Sie wusste ja nicht, auf welcher Seite die reiche Händlersfrau stand. In den folgenden Tagen wurde die Familie Feuerbacher ziemlich verwöhnt. Auch Hansjörg Braun erwies sich als äußerst liebenswürdig und dessen beide, noch kleinen Kinder, wurden von Karins Kindern wie kleine Geschwister gehütet.

Nur eine Woche später klopfte es am Abend unerwartet am Tor des Handelshauses und ein vermummter Mann bat, eintreten zu dürfen. Zum Glück war der Hausherr im Hof, betrachtete den Mann genau und rief, als er sich für Matern Feuerbacher ausgab, gleich nach dessen Ehefrau. Schon die Begrüßung bewies, dass er es wirklich war. Die beiden Eheleute und auch deren Kinder bildeten im Hof einen untrennbaren Knäuel und sie ließen sich nur ungern wieder los. Alle vier weinten vor Glück. Nun konnte auch Braun den Ankömmling willkommen heißen und die Familie etwas später zu einem festlichen Mahl in den prunkvollen Gemächern des ersten Stockwerkes empfangen. „Mein Freund Horner hat mir geschrieben, dass du Matern, wir wollen gerne auf das Du trinken, dass du in den Bauernkrieg verstrickt warst. Ich muss gestehen, dass mir die Nachricht nicht sehr gefiel, doch er schrieb mir auch, dass du eher für Reformen und gegen radikale Gewalt warst. Stimmt das?" Feuerbacher antwortete: „Man hat mich ohne zu fragen gewählt. Ich war Gastwirt und Ratsherr unserer Stadt. Warum sollte ich dieses Himmelfahrtskommando annehmen?" „Aber schließlich warst du doch der oberste Bauernführer, oder?" „Ja, unsere Adligen haben mich in diese undankbare Rolle gedrängt, um radikalere Anführer zu verhindern." „Wie hast du nur diese Metzelei bei Böblingen überlebt?" „Das war mehr Glück. Die Radikalen hatten mich am Vorabend abgesetzt und ich schaute mir das Geschehen mehr als Zaungast an. Als ich bemerkte, dass uns die Böblinger verraten hatten und der Truchsess die Oberhand bekam, flüchtete ich nach Süden." „Und deine Freunde?" „Viele, die wirklich zu mir standen, haben sich noch am Abend abgesetzt. Leider musste ich dennoch viele Freunde betrauern. Ich habe mir auch deswegen Vorwürfe gemacht, aber jeder der dabei war, weiß, dass ich immer gegen Mord und Todschlag war."

Damit war Braun zufrieden gestellt, bat aber Matern, dass er sich in der Stadt nicht zu erkennen geben sollte, denn es würden viele Bauerngegner im Rat sitzen.

Kapitel 60

Rottweil, Matern Feuerbacher wird verhaftet

Matern Feuerbachers Ankunft war nicht unbemerkt geblieben, obwohl er den „Schatten", der ihm aus der Schweiz gefolgt war, nie bemerkt hatte.

Am nächsten Morgen setzte Jörg von Waldburg im Auftrag des Habsburgers die Mühlen der Justiz in Gang. Alles zur Verhaftung des flüchtigen Bauernführers war ja schon lange vorbereitet. Kurz nach zehn Uhr klopften Gendarmen und ein Gerichtsdiener am Tor des Handelshauses Braun. Als ein Diener öffnete, verlangten sie sofortigen Einlass, da sie einen flüchtigen Verbrecher festnehmen müssten.

„Bei uns ist kein Verbrecher. Halt!" Der Diener ließ niemand ohne Erlaubnis seines Herrn in den Hof. Doch heute wurde er einfach zur Seite gedrängt. Im letzten Moment rief er: „Hilfe! Meister Braun!" „Aus dem Weg, du Lakaie! Siehst du nicht das königliche Wappen?" schrie ihn der Gerichtdiener an und ein schmächtiges, teuer gekleidetes Männlein stürmte an ihm vorbei und rief: „Wo ist der Kerl? Wo ist Feuerbacher?"

Von dem Tumult aufgeschreckt hatten sich auch Matern Feuerbacher und der Hausherr vom üppigen Frühstückstisch erhoben und waren auf den überdachten Umgang im Innenhof getreten: „Was erlaubt ihr euch?" schrie Hansjörg Braun hinunter. „Wir beherbergen keine Verbrecher!" Grätzer war von hinten in den Hof getreten und rief: „Da oben steht der flüchtige Aufrührer. Verhaftet den Feuerbacher!"

An Flucht war nicht zu denken, deshalb ergab sich Matern seinen Häschern. Braun war entsetzt und drohte dem Gerichtsdiener, dass dieser Vorfall ungeheuerlich sei. Eine Verhaftung in einem Ratsherrenhaus! Das würde noch ein Nachspiel geben. „Da kann nichts dran sein, Matern. Eine Verwechslung! Und außerdem ist dies eher Schweizer Grund und nicht Württemberg. Da hat nur der Kaiser noch etwas zu sagen." Als ihm aber der Gerichtsdiener das kaiserliche Wappen unter dem Haftbefehl zeigte, erschrak auch Braun. Wieso hatte der Kaiser Karl V Interesse an Feuerbachers Verhaftung. Inzwischen waren Frau und Kinder des Verhafteten herbeigeeilt und hingen an dessen Armen und Beinen. Niemand sollte den lieben Vater mitnehmen. „Weg da, sonst setzt es Prügel," drohte der zwergenhafte Truchsess und Matern beschwichtigte: „Lasst los, ihr Lieben! Es wird sich alles sicher bald aufklären. Immerhin gibt es im deutschen Reich Gerichte, die für ihre Gerechtigkeit bekannt sind. Hansjörg sende schleunigst einen Boten in meine Heimat. Der Freiherr von Weiler auf dem Lichtenberg muss von dieser Verhaftung wissen."

Mehr konnte Feuerbacher nicht sagen, denn schon zerrten ihn die Gendarmen aus dem Hof. Der Hauptmann der Gendarmen entschuldigte sich bei dem Ratsherr und meinte: „Ehrenwerter Rat, Meister Braun, sie mögen unser Vorgehen bitte entschuldigen. Aber einen kaiserlichen Haftbefehl müssen wir ausführen, das meint auch der Bürgermeister. Wobei der sofort einen Juristen darauf angesetzt hat, die Befugnisse des Truchsess, dieses Zwergs, in Rottweil zu prüfen. Wir sind doch exterritorial. Leider meinte der, dass das königliche Hofgericht immer noch alte Rechte hier hat. Pardon."

Darauf verließ auch er den Handelshof. Braun befahl einem Diener den Gendarmen nach zu gehen, um zu sehen, wohin man Feuerbacher brachte. Einen seiner engsten Vertrauten, den Sohn eines Kaufmannes aus Ulm, beauftragte er möglichst schnell nach Norden aufzubrechen, um dem Wunsch Feuerbachers schnell nachzukommen. Er ahnte, dass nur die Adligen seiner Heimat, die ihn immer unterstützt hatten, ihn aus dieser Lage befreien konnten.

Kapitel 61

Die Adligen im Bottwartal wollen Feuerbacher helfen

Ganz unerwartet kam die Verhaftung Matern Feuerbachers für die Adligen seiner Heimat nicht, denn schließlich war ja schon vorher ein Passierschein für die Familie für Rottweil ausgestellt worden. Natürlich mussten dafür auch Gründe genannt werden. Immerhin war noch im Vorjahr die Ausreise der Feuerbacherin in die Schweiz verboten worden, kurz nachdem die ganze Habe der Familie vom herzoglichen Gericht angeordnet worden war. Haus und Schänke standen noch immer zum Verkauf, denn keiner der Großbottwarer hatte sich an den Kauf gewagt. Man wusste von der Ungerechtigkeit und hoffte immer noch auf die Rückkehr ihres angesehenen Anführers.

Das Hofgericht ließ überall nach Zeugen für Feuerbaches Untaten suchen, denn schließlich lautete die Anklage auf Landfriedensbruch, ein kapitales Verbrechen, das mit der Todesstrafe belegt war. Als die Ritter Späth und andere Unterstützer dies bemerkten, begannen sie gleichfalls Entlastungszeugen zu suchen und dies machte viel weniger Probleme. Diese fand man auf dem ganzen Weg, den der Bauernzug genommen hatte. Die ganze Zeit als Anführer stand Feuerbacher für Mäßigung, obwohl er ständig Probleme hatte, sich gegenüber den Radikalen durchzusetzen. So fanden sich etwa 50 Entlastungszeugen, die das Gericht in Esslingen vernahm. Außerdem gab es auch noch die Urkunde zum Schutz von der Burg Lichtenberg einschließlich der Witwe des Freiherrn von Weiler und ihrer Kinder. Alle diese Entlastungspunkte wurden von den Adligen, die Matern Feuerbacher förmlich gedrängt hatten, sich als Anführer der Bauern wählen zu lassen, dem untersuchenden Gericht in Esslingen und später dem königlichen Hofgericht in Rottweil vorgelegt.

Der Richter, Ambrosius Ellinger, wunderte sich nicht wenig, dass ein Bauernführer, mochte er auch ein Bürgerlicher sein, von adligen Familien entlastet werden sollte. Dies war noch nie vorgekommen, denn die Lager waren normalerweise nach Ständen getrennt. Dieser Feuerbacher schien ein außergewöhnlicher Mensch zu sein, bei allen Ständen gleich angesehen. Sogar die Aussagen der Kirche entlastete ihn, denn er war nicht wie manche Opertunisten, die immer ihr Fähnlein in den Wind hingen, gleich unüberlegt zum neuen reformierten Glauben übergelaufen.

Von besonderen Lehrern einer Klosterschule geprägt, war er gewohnt, solche Schritte erst nach reiflicher Prüfung zu tun. Offensichtlich hatte Luthers Schrift gegen die aufständischen Bauern, eine komplette Meinungswende in den Augen der Bauern, ihn vom Bruch mit der alten Kirche abgehalten. Alles dies schien für den Verhafteten zu sprechen. Dazu kam, dass mancher der Belastungszeugen, es waren etwa 40, ihn nach genauer Befragung gar nicht so genau kannten. Waren gar manche gekauft? Eines stand fest, der stellvertretende Herzog, Ferdinand von Österreich, und der furchtbare Truchsess von Waldburg wollten ihn verurteilt sehen und setzten alles daran, dass das Gericht dieser Empfehlung folgte. Besonders ärgerlich waren für den Richter Ambrosius Ellinger, hoch betagt und hoch angesehen, die Versuche, das Gericht förmlich zum Todesurteil zu drängen. Vielleicht half das auch zum gegenteiligen Urteil beizutragen, denn Ellinger war noch nie käuflich gewesen.

Am 13. September 1527 sprach das Gericht Matern Feuerbacher frei, es könne ihm der Landfriedensbruch nicht nachgewiesen werden, ja durch seine mäßigende Art wäre sogar Schlimmeres verhindert worden. Dadurch hätte in seiner Heimat, dem Bottwartal, manche adlige Familie überlebt und viele Burgen dieser Gegend, wie der Lichtenberg, stünden noch.

Matern Feuerbachers Familie und seine Freunde fanden diesen Freispruch nur gerecht, wagten aber nicht einmal laut zu jubeln, denn an der anderen Seite des Gerichtssaales hatten sich nicht wenige Gegner versammelt. „Schau Mama," meinte sein Sohn, „dieser Wicht muss der berühmte Truchsess von Waldburg sein." Karin Feuerbacher legte den Zeigefinger auf den Mund: „Sei still Junge, hier haben Wände Ohren. Wir wollen lieber beobachten, wie es mit Vater weitergeht."

Nach dem Freispruch, der wie jedes Urteil stehend angenommen werden musste, waren Matern und sein Verteidiger zum Richter gegangen. „Hohes Gericht! Was bedeutet das für den Angeklagten?" fragte der von seinen Freunden bestellte Anwalt. Der erfahrene Jurist Ellinger schaute auf und meinte: „Der Angeklagte ist mit diesem Urteil ein freier Mann, da er das ihm zur Last gelegte Verbrechen des Landfriedensbruches offensichtlich trotz immer wieder neu nachgeschobener Zeugen nicht begangen hat." „Einspruch, hohes Gericht!" ertönte es aus der gegnerischen Ecke des Gerichtssaales.

Verärgert wandte sich der höchste Richter des ganzen Südens dem gnomenhaften Waldburger zu: „Ich bin nicht gewohnt, dass meine höchstrichterlichen Urteile von irgendjemand, sei er auch ein ganz berühmter Bauernschlächter, in Frage gestellt werden." Diese Schelte saß, das konnte man der hasserfüllten Miene des Truchsess ansehen. Der Geschmähte wäre am liebsten auf den Richter losgegangen, doch war dessen Stellung geachtet und kaiserlich abgesichert. Ein Angriff auf diesen Mann hätte ihm wahrscheinlich Titel und Würden gekostet. Für ihn antwortete ein anderer vornehm angezogener Herr: „Ich bin der höchste Justizrat Württembergs, Jonathan Weisenburger ist mein Name. Ferdinand von Österreich, Bruder unseres Kaisers und Amtsverweser, hat mich befugt, gegen ein uns unpassendes Urteil Widerspruch einzulegen, was ich hiermit machen möchte." Nun wurde der Richter puderrot und rief: „Das ist unerhört und noch nie da gewesen. Was maßt sich dieser noch nicht einmal bei den Schwäbischen Landständen akzeptierte Regent an, einem hohen Gericht zu widersprechen, nur weil er der Bruder des Kaisers ist?" „Genau deshalb fechten wir dieses unausgewogene Urteil an. Was wäre, wenn sich jeder Aufrührer solch eines Freispruchs sicher sein könnte?" brüllte der Truchsess mit giftiger Stimme.

„Möge er froh sein, dass ihn der Österreicher mit dem Kaiser im Hintergrund als Vollstrecker eingesetzt hat," drohte der Richter. „Sollten sich die Zeiten wieder einmal ändern, dann könnte ich meinen, nur im Moment unterdrückten Wunsch Wirklichkeit werden lassen und eben ihn, den Bauernjörg, wegen den vielen Untaten und ungerechten Vertreibungen verhaften zu lassen. Er kann sich sicher sein, dass ich schon heute genug Material hätte, ihn für den Rest des Lebens in ein Gefängnis zu bringen. Auch ein Adelstitel schützt nicht vor der Gerechtigkeit."

„Solche Unverschämtheiten eines bürgerlichen Emporkömmlings muss ich mir nicht mehr länger anhören! Kommt!" Wutschnaubend verließ der Waldburger den Gerichtssaal.

Vor dem Abgang wiederholte der wüttembergische Jurist Weisenburger noch einmal sein Vorhaben: „Wir meinen, dass hier die Gerechtigkeit missachtet wurde und werden beim deutschen König, das ist ja Kaiser Karl, Widerspruch einlegen." „Er möge tun, was er nicht lassen kann! Aber dann werden auch die Untaten des Waldburgers zur Sprache kommen," gab der Richter zu bedenken. Darauf verließen sämtliche Gegner mit hasserfüllten Gesichtern den Saal und Feuerbacher und seine Leute standen wie belämmert da. Die Sache war noch lange nicht gelaufen. „Und nun, hohes Gericht?" wagte der Freigesprochene anzufragen. Der erfahrene Richter wiegte seinen Kopf hin und her und meinte traurig: „Was hier vorgeht, liegt außerhalb meiner nicht unerheblichen Macht. Dahinter stecken die Habsburger, die ihr weites Reich mit fester Hand regieren. Sonst würden überall solche Aufstände losbrechen." „Aber was raten sie meinem Mandanten?" fragte der Anwalt. „Kann er so in seine ihm liebe Heimat zurück? Und was ist mit dem nach dem, Urteil zu schließen, willkürlich eingezogenen Besitz in Großbottwar?"

„An eine Rückkehr ins Bottwartal ist zur Zeit nicht zu denken. Vielleicht könnte er und seine Familie ins Schweizerische zurück. Dort muss Feuerbacher ja einen ganz besonderen Eindruck hinterlassen haben, denn es liegt mir ein Gesuch der Stadt Zürich an die Stuttgarter Regierung vor, dem nun freigelassenen Feuerbacher sein beschlagnahmtes Vermögen ausfolgen zu lassen. Ich wurde gebeten auch dies zu unterstützen. So etwas ist mir noch nie untergekommen, denn die Schweizer wollen normal keine Deutschen bei sich aufnehmen." „Und werden wir sicher über die Schweizer Grenze kommen?" fragte Karin Feuerbacher, die dem Truchsess jeden Hinterhalt zutraute. „Ich werde einen Geleitbrief ausstellen und ihr Freund Braun, höchster Stadtrat, kann sicherlich einige Rottweiler Gendarmen zum Schutz mitsenden, oder?" Hansjörg Braun, der sich ebenso über den Feispruch freute, nickte zustimmend, war er doch froh keinen Verbrecher beherbergt zu haben.

Schon am nächsten Morgen verließen möglichst unauffällig zwei Kutschen Rottweil in Richtung zur Schweizer Grenze, die sie schon nördlich von Schaffhausen überqueren wollten. Das einzig Auffällige an diesen Zug waren nur die vier Gendarmen, die allerdings in größerem Abstand folgten, um die Gegner des Bauernführers nicht auf die Wagen aufmerksam zu machen.

Kapitel 62

Unterschiedliche Reaktionen auf Materns Freispruch

Der Freispruch Matern Feuerbachers wurde in Württemberg ganz unterschiedlich aufgenommen.

Ferdinand von Österreich tobte, als er davon erfuhr. Dieser Richter musste wirklich außerordentlich starrsinnig sein. Er kannte aus seiner Heimat auch solche, allerdings auch viele, die man kaufen konnte, denn ein kaiserlicher Titel, verbunden mit einem guten lebenslangen Gehalt, änderte manches Urteil. Sofort setzte er ein Schreiben an seinen kaiserlichen Bruder auf, dieses Urteil doch aus höchster Warte aufzuheben, da es Aufstände im Reich begünstigen würde. Ein Bote wurde damit sogleich losgeschickt und alle Verlierer dachten, dass damit der Fall Feuerbacher gelöst sei. Die heimliche Abreise in die unabhängige Schweiz war natürlich nicht lange verborgen geblieben.

Diese Züricher mussten an dem Aufständler einen Narren gefressen haben, baten sie nicht schon wiederholt um die Freigabe des Vermögens aus Großbottwar. Das ließ sich sicherlich noch verzögern, bis sein Bruder das Urteil aufheben würde und es damit in die Staatskasse gehen würde.

Gänzlich anders war die Reaktion in der Heimat. Die Schänke der Feuerbacher, nachdem sie nicht zu verkaufen war, hatte nun ein Verwandter von der Stadt gepachtet. Als die Nachricht vom Freispruch sich verbreitete, war sie bis auf den letzten Platz gefüllt und selbst hinten an der Wand am Fenster standen noch einige Besucher. „Es gibt bei uns doch noch Gerechtigkeit!" meinte Johann Berner, der erste Verwalter der Lichtenberger, der sich ohne Angst unter die Leute wagen konnte. „Du hast recht Johann, aber unser Anführer hat ja auch nie etwas Unrechtes getan. Matern lebe hoch!" Als alle ihre Gläser hoben, fügte der junge Wirt dazu: „Und die erste Runde Bottwartäler Trollinger geht auf die Schänke. Danach mögt ihr gut zuschlagen, denn ich habe vor, vom Gewinn jedes Jahr meinem Vetter in der Schweiz etwas zukommen zu lassen." „Und wir," erhob sich eine wohlbekannte Stimme, heute war sogar der Großbottwarer Bürgermeister mit einigen Räten in der Runde, „wir haben beschlossen, das ganze Feuerbacher Vermögen nur treuhänderisch zu verwalten. Wird das Urteil rechtskräftig, dann erhält Matern Feuerbacher alles zurück, auch deine Pacht. Leider hat dieser Vasall in Stuttgart bei seinem Bruder Einspruch eingelegt, aber wir denken, dass sich der Kaiser nicht mehr einmischt. Er hat größere Aufgaben." Alle Anwesenden freuten sich über diesen Verlauf des Prozesses und seine Folgen. Immerhin war so Matern Feuerbacher der einzige hohe Bauernführer, der den Bauernkrieg überlebt hatte.

Kapitel 63

Adelstreffen in Stuttgart

Wie jedes Jahr kamen im Herbst alle Adligen, die dem Herzog unterstellt waren, auf Einladung des Statthalters Ferdinand im Alten Schloss in Stuttgart zusammen. Dabei kam auch das Urteil von Rottweil zur Sprache und die alten Fronten taten sich wieder auf. „Dieses Urteil verstehe wer will," schimpfte der Truchsess von Waldburg und wandte sich an seinen Nachbarn: „Nur dir, Weiler scheint es zu gefallen?" „Mir schon, Graf Waldburg, mir schon! Wäre der Feuerbacher nicht gewesen, säße ich nun mal nicht hier. Meine Burg wäre zerstört, wie die Nachbarburg Hohenbeilstein und ich läge auf meinem eigenen Anger. Und die Ritter Späth und manch anderer Gast dieser Tafelrunde auch." „Und trotzdem hätte ich ihn gern hängen sehen. Hat er doch, und das muss man ihm lassen mit Bravour tausende Bauern gesammelt und gegen uns, die Obrigkeit, geführt." „Stimmt fast. Doch wollte er nie gegen uns kämpfen. Und auf seinem Zug durch unser Land hat er die Gerechten geschont, was man von euch nicht sagen kann."

„Gemach, gemach. Wo gehobelt wird, fallen immer Späne. Damit aber nicht immer neue Feuerbacher entstehen, muss man den ersten hängen, das schreckt ab." „Völlig falsch, Graf von Waldburg. Genau solche Menschen brauchen wir, um das Land zu erneuern. Leider haben wir ihn für immer verloren." „Wir haben genug junge Leute." „Kriecher, Schleimer, aber keine Feuerbacher."

„Wenn du, Weiler und deine Freunde, so denken, bin ich froh, dass ich dem Rohrbach und seinen Kumpanen schnell den Garaus gemacht habe." „Wir auch." Da schüttelte der Bauernjörg, der an diesem Tag für sein maßloses Schlachten einerseits schon viel Kritik einstecken musste, andererseits hoch gelobt wurde, den Kopf: „Das verstehe, wer will. Ich nicht. Aufrührer ist Aufrührer. Mörder ist Mörder. Wo ist da der Unterschied?" „Der Unterschied liegt im Denken. Auch kleine Leute können einen gerechten Kampf führen und auch Adlige grundlos morden."

Viele der adligen Grundherren mieden von diesem Tag an den Grafen von Waldburg, denn seine Habgier und seine Mordlust war ihnen ein Gräuel. Die Harten unter den Adligen, auch Ferdinand von Österreich, fanden lobende Worte für einen „christlichen" Menschen, der Gegner lebendig an Bäume geknüpft und verbrannt hatte. Bis heute wird er so in vielen Geschichtsbüchern gesehen. So ist leicht zu erkennen, dass weitgehend Adlige diese Geschichtschreibung betrieben.

Kapitel 64

Zürich, Familie Feuerbacher findet Asyl

Matern Feuerbacher war wieder bei seinem Freund Horner mit der ganzen Familie untergekommen. Ja, er konnte sogar ein kleines Häuschen beim Sägewerk pachten, etwas renovieren und beziehen. So lebte es sich, wäre das Heimweh ins Bottwartal nicht gewesen, das alle immer wieder packte, eigentlich ganz gut. Immer noch hoffte aber die ganze Familie auf eine baldige Erlaubnis zur Heimkehr. Als jedes Jahr sogar nicht unerhebliche Beträge aus der Heimat kamen und auch der Bürgermeister Amman vom Beschluss des Stadtrates schrieb, erschien die Wartezeit in der Fremde nicht so hart.

Es gingen auf diese Weise einige Jahre ins Land. Die einzige bedrohliche Entwicklung dieser Zeit war die Glaubensfrage. Die Schweiz schaute gebannt auf Deutschland und manche aufgeklärte Menschen wählten einen eigenen Weg zum Glauben, ohne auf ihre Umgebung zu achten. Diese einzelnen wurden oft von der Mehrheit bedroht und wandten sich an Glaubensgenossen in anderen Kantonen um Hilfe. So standen sich auch in der freiheitlichen Schweiz altgläubige Katholiken und Reformierte immer feindseliger gegenüber. In Zürich überwogen durch die vielen Kaufleute, die immer auf dem neuesten Wissensstand waren, die Protestanten, vom Züricher Zwingli reformiert. Die altehrwürdige Fürstabtei St. Gallen fürchtete um ihren Einfluss und bemühte sich, die Urkantone Luzern, Schwyz, Unterwalden und Zug im katholischen Glauben zu halten.

Huldrych Zwingli aber wollte seine Glaubenslehre in der ganzen Schweiz verbreiten. Immer wieder wurden einzelne Bürger oder auch ganze Orte daran gehindert zum reformierten Glauben zu wechseln. So kam es bereits 1529 zum ersten Kappeler Krieg, der eben noch durch den Glarner Landsamman Hans Aebli verhindert werden konnte. Die Führer beider Seiten setzten sich zum versöhnenden Essen, der „Kappeler Milchsuppe" zusammen und man einigte sich am 9. Juni 1528 auf die „Parität" und schlossen den ersten Kappeler Landfrieden. Jeder Schweizer Bürger durfte von nun an seinen erwünschten Glauben haben. Wie beeinflusste dies Materns Feuerbachers Leben?

Feuerbacher hatte zwar längst die Bürgerschaft erhalten und durfte damit für alle Zeit in der Stadt bleiben, stand aber seit dem Umschwenken Luthers in seiner Schrift gegen die Bauern eher wieder dem katholischen Glauben näher. Dies war aber im Kernland Zwinglis nicht ganz einfach. Als nun auch durch die Entwicklungen in Deutschland im Zusammenhang mit dem Augsburger Reichstag verursacht, neue Spannungen auftraten, drängte ausgerechnet Zwingli auf einen neuen Waffengang. Am 11. Oktober 1531 kam es dann zur Schlacht von Kappel, bei der Zwingli fiel und damit verloren auch die Reformierten.

Eben durch das Beharren Feuerbachers im alten Glauben, was in der Stadt Zürich eigentlich unpassend war, gab der Ferdinand in Stuttgart nach und wollte endlich den Besitz Feuerbachers wieder herausgeben. Zwinglis Kriegshandlungen behinderte dies offensichtlich. Erst 1532 verhalf ihm, dem Anhänger des katholischen Glaubens, die königliche Regierung von Innsbruck wieder zu seinem Besitz.

Eines Tages kam sein Chef und Freund Horner mit einem Schreiben einer Züricher Bank und gratulierte ihm: „Glückwunsch Matern! Nun bist du ein gemachter Mann und frei wie ein Vogel irgendwo deinen Wohnsitz aufzuschlagen." „Willst du mir deine Gastfreundschaft aufkündigen?" „ Da sei Gott davor! Aber du siehst selbst, dass ihr Altgläubigen in Zürich immer mehr zu Außenseitern werdet. Trete doch auch in unsere Kirche ein!" „Ach mein lieber Freund, mein Beschützer, der Freiherr von Weiler, hält auch zum alten Glauben und ich möchte ihn nicht enttäuschen." „Gut, dann biete ich dir eine Stelle als Holzeinkäufer in der Urschweiz an. Dort sind alle noch Papisten." Da wäre er immer wieder lang von seiner Familie getrennt. Das gefiel ihm auch nicht. Aber Matern hatte ein neues Angebot bekommen: „Ich habe eine bessere Idee, der Gesandte des Markgrafen von Baden sucht einen Küchenmeister. Vielleicht nehme ich den Posten in Pforzheim an. Von dort ist, sollte der Ferdinand endlich von meinen schwäbischen Landsleuten gestürzt werden, nur noch einen Katzensprung nach Hause."

Nachwort

Offensichtlich brachte das Beharren auf den katholischen Glauben im reformierten Zürich Feuerbacher und damit auch seinen Beschützer und Brotherren Horner in Bedrängnis. Nach dem Krieg und dem Tod Zwinglis waren die Fronten noch verhärteter und die Toleranz geringer geworden. Deshalb verließen wohl die Feuerbachers 1539 diesen sicheren Ort.

Der weitere Lebensweg Matern Feuerbacher führte ihn dann wirklich nach Baden, denn der Gastwirt erhielt dort den angesehenen Posten des Küchenmeisters beim Markgrafen Ernst von Baden in Pforzheim. Ob er je wieder in seiner Heimat, dem Bottwartal, war und wo er starb, ist nicht bekannt.

Dies wäre auch erst nach dem Krieg von Lauffen im Jahre 1534 möglich gewesen, denn da endlich erhoben sich die schwäbischen Landstände mit Hilfe des protestantischen hessischen Landgrafen Philipp I gegen das Habsburger Joch, setzten Ferdinand ab und holten ihren eigenen Herzog Ulrich aus dem Asyl in Mömpelgard zurück. Inzwischen war die Reformation so weit fortgeschritten, dass der „allerkatholische" Kaiser Karl V, der in Spanien lebte, kaum mehr Einfluss auf die Besetzung des württembergischen Herzogs würde nehmen können. Obwohl er gerne seine Besitzungen im südlichen Württemberg bis nach Weil der Stadt, Hofen und Neuhausen, beinahe bei Stuttgart zu einem großen Land verbunden hätte.

Die fürchterliche Niederlage der Bauern in diesem Krieg blieb den kleinen Leuten noch drei Jahrhunderte lang in schlechter Erinnerung und verhinderte jedes Aufbäumen gegen die Obrigkeit. Erst 1848, nach den guten Erfahrungen der Amerikaner und der Franzosen, wagte man wieder eine Revolution. Auch diese bürgerliche Demokratiebewegung versank, von den Adligen abgelehnt, im Chaos, weil der König von Preußen die Krone aus den Händen der gewählten Abgeordneten der Frankfurter Paulskirche abgelehnt hatte. Er wollte kein Kaiser des Volkes sein.

Viele Demokraten mussten nach dem Scheitern der Revolution von 1848 nach Amerika fliehen. Ich bin der Meinung, dass genau diese fehlende Bereitschaft der höchsten Kreise Deutschlands, rechtzeitig demokratische Strukturen zuzulassen, schließlich radikale Menschen an die Macht brachte und letztlich zu beiden Weltkriegen mit all ihren Schrecken geführt hat.

Quellenlektüre zur Ergänzung

Vielleicht habe ich bei manchen Lesern Interesse geweckt, sich nun noch genauer der belegten Geschichte zu nähern. Dazu bietet sich die hier vorgeschlagene weitere Literatur, die auch für mich zum Teil als Quellen gedient haben, an:

Festschrift der Kreissparkasse LB in Großbottwar zur Ausstellung
„Matern Feuerbacher und der Bauernkrieg"
Dr. Hermann Ehmer hat dafür Quellentexte gesammelt und veröffentlich, die zum Teil schon beim 450-Jahr-Gedächtnis 1975 überarbeitet wurden.

Peter Blickle, Die Revolution von 1525, München-Wien 1975

Klemens Ludwig, Die Schwarze Hofmännin, Knecht-Verlag Freiburg 2010

Friedrich Engels, Der deutsche Bauernkrieg, 8. Auflage, Berlin 1965

Wilhelm Zimmermann, Der große deutsche Bauernkrieg.
Nachdruck 6. Auflage. Sie wurde von Wilhelm Blos herausgegeben, Berlin 1980

Und wer einen Computer hat:
Einfach „Matern Feuerbacher, Bauernkrieg" über Wikipedia suchen und man findet noch viele Zugänge zu städtischen oder regionalen Veröffentlichungen mit interessanten Querverbindungen.
Martin Luthers Schrift: „Von der Freiheit eines Christenmenschen"

Nun wünsche ich viel Spaß beim Lesen meiner Erzählung, die mehr Interesse wecken und auch spannend sein soll, als nur lückenhaft die exakte Geschichte abzubilden.

Hanns-Otto Oechsle
Oberstenfeld, im November 2013